Michelle Marly

Der Glanz der Zukunft

Loulou de la Falaise und Yves Saint Laurent

HarperCollins

1. Auflage 2023
Originalausgabe
© 2023 by HarperCollins in der
Verlagsgruppe HarperCollins Deutschland GmbH, Hamburg
Gesetzt aus der Stempel Garamond
von GGP Media GmbH, Pößneck
Druck und Bindung von CPI books GmbH, Leck
Printed in Germany
ISBN 978-3-365-00430-2
www.harpercollins.de

PROLOG

Mode vergeht, Stil bleibt ewig.
Yves Saint Laurent

25. Januar 1973

Paris

Der Beginn fast jeder Modenschau im Salon der Rue Spontini Nummer 30 lief nach demselben Muster ab: Einhundertzwanzig ausgewählte Gäste, vornehmlich Damen der besseren Gesellschaft, Vertreterinnen der Presse sowie Prominenz aus Film und Fernsehen, wurden von den Saaldienern zu ihren Plätzen geleitet. Am Rande des mit einem cremefarbenen Teppich bespannten Laufstegs standen goldene, mit rotem Samt bezogene Stühle aufgereiht, auf denen mit Namen versehene Kärtchen für die entsprechende Zuordnung sorgten. Von vorn nach hinten wurden die in Kategorien – und nach Wichtigkeit – eingestuften Besucherinnen und Besucher gesetzt. Doch bevor alle ihre Plätze einnahmen, herrschte wie immer, so auch an diesem Morgen, ein reges Treiben, Gespräche hallten von den saalartigen Wänden des Salons wider. Begrüßungen wurden ausgerufen, und die meisten Gäste tauschten sich mit gedämpfter Stimme über ihre jeweiligen persönlichen Erwartungen an die neue Haute-Couture-Kollektion von Yves Saint Laurent aus.

Hinter dem großen Torbogen am Ende von Raum und Laufsteg knisterte die Luft vor Lampenfieber und angespannter Erwartung. Dabei hatten sie die Präsentation gestern noch einmal genau durchgespielt: der Modeschöpfer, sein Partner Pierre Bergé, die Atelierleiterin Anne-Marie Muñoz – und Loulou de la Falaise, Freundin, Muse und Assistentin, die mit einer Sofortbildkamera Fotos von den Modellen und Kleidern geschossen hatte. Eine Wolke aus Haarspray, Puder und Zigarettenrauch schwebte über den Köpfen der Männer und Frauen, gestern wie heute.

Wie ein Dompteur würde Pierre Bergé die Mannequins gleich nach draußen schicken und sich dabei oftmals eines etwas harschen Tones bedienen, den die Menschen in seiner unmittelbaren Umgebung allerdings schon gewohnt waren. Indes kam es Loulou zu, trotz der allgemeinen Nervosität Ruhe und gute Laune zu verbreiten. Bevor Pierre seines Amtes waltete, würde sie ein letztes Mal Hand anlegen, Hüte auf den Köpfen der Vorführmädchen richten, Schals zurechtzupfen, Ketten arrangieren, Falten oder Manschetten überprüfen und dabei ausführen, was sich Yves Saint Laurent wünschte: Nichts sollte die Aufmerksamkeit auf ein bestimmtes Detail ziehen, die Blicke mussten gleichmäßig von den Schultern bis zum Saum wandern. Gerade Linien zeichneten seine Entwürfe für Frühjahr und Sommer aus, zum ersten Mal brachte er elegante Seidenpyjamas für drinnen und draußen, Tag und Abend.

Durch einen Spalt im beigen Vorhang, der an dem Triumphbogen befestigt war, spähte Loulou zu den Zuschauerinnen und Zuschauern. Deren Urteil entschied über Erfolg oder Niederlage in jeder Saison. Benahmen sich alle gelassen? Oder herrschte eine negative Stimmung? Lag eine gewisse Vorfreude über der Szenerie? Was war das nur für ein plötzlich hektisches Flüstern zwischen manchen Leuten?

Loulou fiel Eugenia Sheppard vom *International Herald Tribune* auf einem der bestplatzierten Stühle auf. Die über siebzigjährige Ikone des Modejournalismus wirkte mit ihrer blondierten, toupierten Frisur über einem freundlichen Gesicht und in einem pastellfarbenen Kostüm von Chanel einfach nur wie irgendeine nette wohlhabende Dame. Doch der Schein trog –

Loulou wusste, wie bissig gerade diese Kolumnistin sein konnte: Vor zwei Jahren hatte die Amerikanerin Yves' Mode »abscheulich« genannt, was einen verheerenden Misserfolg nach sich zog. Nicht nur die Saison damals war schlecht gelaufen, Yves hatte sich daraufhin zunächst geweigert, jemals wieder Haute Couture während der Pariser Modewoche zu präsentieren, und sich erst vor Kurzem umstimmen lassen. Aber heute, bei der ersten Show seit jener schicksalhaften Saison, wirkte Eugenia entspannt, als könnte nichts ihre Laune trüben, und sie lächelte versonnen. An welch glückliches Ereignis sie sich auch erinnern mochte, es war ein gutes Zeichen, dass sie keine schlechten Gedanken hegte. Eine stille Heiterkeit lag auf den Zügen der alten Dame, und das beruhigte auch Loulou.

»Offensichtlich hat Madame Sheppard die Neuigkeit noch nicht erreicht«, flüsterte eine Frauenstimme in Loulous Rücken.

Überrascht fuhr Loulou herum. »Was ist los, wovon sprichst du?«

Clara Saint stand hinter ihr, eine klassisch schöne, etwas herbe Blondine, ihres Zeichens Pressechefin der Prêt-à-porter-Kollektion *Rive Gauche* und enge Freundin. Sie schlug sich die Hand vor den Mund. »Oh, du weißt es auch noch nicht? Dann habe ich ja Hoffnung, dass Yves erst nach der Show erfährt, was passiert ist.«

Stumm hob Loulou die Schultern.

»Es geht um den Tod von Talitha«, raunte Clara. »Die Behörden in Rom haben eine neue Untersuchung eingeleitet. Paul Getty soll zur Befragung vorgeladen werden.«

»Aber die Staatsanwaltschaft hat ihn doch bereits …«

»Die italienische Presse setzte die Ermittler wohl unter Druck«, unterbrach Clara leise. »Es scheint neue Erkenntnisse zu geben, wie sie verstorben ist und dass der Totenschein zu leichtfertig ausgestellt wurde. Die Vermutungen, dass irgendjemand ihr eine tödliche Dosis Heroin gespritzt haben könnte, werden in den

Klatschspalten so oder so wieder hochkochen, was auch immer die Polizei herausfindet.«

Mit ihrem unerschütterlichen Hang, selbst schlechte Nachrichten in ein positives Licht zu wenden, erwiderte Loulou: »Ich bin sicher, Paul wird beweisen können, dass an den Gerüchten kein Funken Wahrheit ist.«

»Keine Ahnung, ob er das kann. Jedenfalls befindet er sich auf der Flucht.«

Loulou schnappte nach Luft. Was immer John Paul Getty II. bewogen haben mochte, sich einer Aussage vor den italienischen Behörden zu entziehen, es war fatal. Alles Mögliche konnte in sein Verhalten hineininterpretiert werden, und sicher betrachteten es manche Leute als ein Schuldeingeständnis. War Paul verantwortlich für den Tod seiner Frau? Nur er wusste, was damals geschehen war, aber bisher schwieg er beharrlich. Falls sich Yves Saint Laurent so kurz vor seiner Präsentation mit dieser Frage auseinandersetzen müsste, käme dies einer Katastrophe gleich. Immerhin waren Talitha und Paul seine besten Freunde gewesen. Der plötzliche Tod von Talitha vor eineinhalb Jahren hatte ihn stark mitgenommen. Wenn man den Fall nun neu aufrollte, war ein Zusammenbruch des nicht sonderlich nervenstarken Modeschöpfers unausweichlich.

Unwillkürlich flogen Loulous Augen zu dem nur mittelgroßen Mann in einem exzellent geschnittenen Blazer, der zwischen den Mannequins stand und Nummern verteilte wie ein Oberster Richter Gesetzesblätter. »Weiß Pierre es schon?«

»Er bat mich, die Sache von Yves fernzuhalten.«

Loulou ließ sich nicht anmerken, wie schockiert sie selbst über die Nachricht war. Nicht nur die Sorge um das Seelenheil ihres Freundes Yves trieb sie um. Die unter mysteriösen Umständen verstorbene Talitha Getty hatte Loulous Leben lange begleitet. Anfangs war sie allgegenwärtig wie ein langer Schatten gewesen, später wurde sie zur Freundin und schließlich zu einem ersten

Bindeglied zu Yves Saint Laurent. Angefangen hatte alles lange vor ihrer ersten persönlichen Begegnung in einem wenig aussichtsreich scheinenden Winter ...

ERSTER TEIL

Die meisten Frauen wählen ihr Nachthemd
mit mehr Verstand aus als ihren Mann.
Coco Chanel

1966

London

1

»Ich verstehe wirklich nicht, warum du nicht ein wenig mehr Interesse an deinen Ballettstunden zeigst«, meinte Lady Rhoda Birley empört, während sie ihre Teeschale so energisch auf der Untertasse absetzte, dass das Porzellan klirrte.

Durch das Geräusch aus ihrer Lethargie geweckt, zuckte ihre Enkeltochter zusammen. Für die achtzehnjährige Louise Le Bailly de la Falaise war die Teestunde mit ihrer Großmutter immer ein wenig ermüdend – aber andererseits hatte sie in ihrem Alltag ansonsten wenig Ablenkung. Von dem, was alle Welt das *Swinging London* nannte, war sie in diesem Haus in St John's Wood im Norden der Stadt weit entfernt. Und Rhoda war so exzentrisch, dass sie gar nicht wahrnahm, was sich ein junges Mädchen wie Loulou eigentlich wünschte. Die Ballettstunden waren es jedenfalls nicht …

Gemeinsam mit einer Freundin, der vor vierzig Jahren berühmten Ballerina Marie Rambert, hatte Rhoda eine Ballettausbildung für Loulou beschlossen, ohne sich um deren Zustimmung zu scheren. Ihre zarte Gestalt sei wie geschaffen dafür, ihr schönes Gesicht zudem eine Augenweide für jeden Zuschauer. Bla, bla, bla! In wohlwollenden Momenten dachte Loulou, dass

Rhoda ihr auf diese Weise eine geregeltere Zukunft schenken wollte als das, was ihr ihre unstete Mutter vorlebte. Was genau Maxime de la Falaise zurzeit machte, war Loulou nämlich nicht ganz klar: Sie war Fotomodell, Autorin, Muse, Schauspielerin … Dass der berühmte Cecil Beaton sie einmal »die einzig wirklich elegante Frau Englands« genannt hatte, fand sie allerdings beeindruckend – vor allem da er Hoffotograf war und sowohl Königin Elizabeth als auch Prinzessin Margaret vor der Kamera gehabt hatte. Maxime war wunderschön, aber ichbezogen und flatterhaft, ihre Ehe mit dem französischen Grafen Alain de la Falaise wurde nach vier Jahren, zwei Kindern und etlichen Affären geschieden. Unbeeindruckt von irgendwelchen familiären Verpflichtungen zog Maxime nach New York, wo sie sich inzwischen als Förderin der Pop-Art hervortat.

Jedenfalls wollte das Ansinnen von Madame Rambert und Rhoda hinsichtlich Loulous beruflicher Zukunft nicht so recht fruchten, und das größte Problem war nicht einmal mangelndes Talent oder Loulous geringe Begeisterung, sondern ihr Alter. In den Jahren, in denen kleine Mädchen üblicherweise mit dem Ballettunterricht begannen, hatten sich ihre Eltern scheiden lassen und sie in ein kleinbürgerliches Internat gesteckt, wo niemand an klassischen Tanz dachte. Und nun war sie deshalb im Anfängerkurs mehr als doppelt so alt wie die anderen Elevinnen, mit denen sie an der Stange Pliés übte. Nicht nur dass sie sich im Training mit süßen Ballettratten wiederfand, sie wurde von Rhoda jeden Abend um neun Uhr ins Bett geschickt, als wäre sie ein Kind wie die anderen. Der Hintergrund war wohl, dass die Großmutter um Loulous Tugend fürchtete. Nur ein unberührtes junges Mädchen würde eines Tages einen geeigneten Mann finden.

Seit einigen Monaten wohnte Loulou in dem viktorianischen Haus der Birleys und fühlte sich einsam – sie kannte keine Gleichaltrigen von gemeinsamen Schulbesuchen, aus Sportclubs oder Ähnlichem. In den gehobeneren Kreisen ihrer Großmutter sorgten üblicherweise aufmerksame Familienmitglieder für einen passenden Umgang, aber Rhoda verschwendete keinen Gedanken an so etwas – sie hatte das Debüt ihrer Enkeltochter schlichtweg vergessen. Deshalb befand sich Comtesse Louise Le Bailly de la Falaise auch nicht auf der relevanten Liste der *Times*, wo die in dieser Saison eingeführten Debütantinnen aufgeführt wurden. Loulou erhielt somit auch keine Einladungen zu Partys und Picknicks, Pferderennen und Ausstellungseröffnungen. Es wusste ja niemand von ihrer Existenz.

»Ich habe keine Lust auf die Ballettstunden«, schmollte sie.

»Hm.« Rhoda musterte sie mit demselben charakteristischen scharfen Blick, mit dem sie auch die Rosen im Garten ihres Landsitzes in Sussex nach Schädlingen absuchte. Ihre Pflanzen waren ihr Ein und Alles, und in den dunklen Monaten des Winters kompensierte sie das Fehlen ihrer geliebten Blüten mit schrillen Farben, in die sie sich kleidete. Während eines Aufenthalts in Indien, als ihr Mann Mahatma Gandhi porträtierte, hatte sie ein Faible für leuchtend bunte Stoffe entwickelt. Doch nicht einmal all das Smaragdgrün und Purpur täuschten über das britische Wetter hinweg, und die Farben kaschierten auch nicht die kühle Distanz, die sie zu ihren Mitmenschen aufbaute, auch zu Tochter und Enkelin.

»Dann werden wir uns auf deine anderen künstlerischen Fähigkeiten konzentrieren müssen. Sofern vorhanden.«

Natürlich, dachte Loulou grimmig, ich kann nichts und bin ein Niemand.

Schlimmer noch: Sie selbst wusste nicht so richtig, wohin mit sich. Mit vierzehn Jahren war sie aus dem x-ten Internat geflogen, diesmal im schweizerischen Gstaad, weil sie einen verletzten Berner Sennenhund von der Straße aufgelesen und in den Schlafsaal mitgenommen hatte. Dann hatte sie auf Veranlassung ihres Vaters das nächste Flugzeug nach New York bestiegen, um fortan bei ihrer Mutter zu leben. Diese Lösung war Alain Le Bailly de la Falaise lieber gewesen, als sich selbst um seine Tochter zu kümmern. Maxime schenkte Loulou zwar keine Geborgenheit, aber sie führte sie in Manhattan ein: Trotz ihres Schulbesuchs im Lycée Français jobbte sie in der Galerie von Alexander Iolas, dem Kunsthändler von Max Ernst, René Magritte, Andy Warhol und anderen. Für einen Teenager eine tolle Zeit, die zudem ihr Auge für die schönen Künste sowie für Farben und Formen schulte. Doch dann schickte Maxime Loulou nach London – und hier saß sie nun, beim Tee mit Rhoda, deren großmütterliche Fürsorge noch weniger ausgeprägt war als Maximes Hinwendung als Mutter.

»Du schreibst doch Gedichte, nicht wahr?«

Alles in Loulou bereitete sich auf eine Gegenwehr vor. Was immer ihre Oma von ihren Schreibversuchen hielt, sie wollte es nicht wissen. Die Zeilen waren nur für sie selbst bestimmt, ein Ausdruck ihrer Gefühle – und teilweise ziemlich rebellisch. Ihre Gedichte waren wie ein Ventil für ihr unglückliches Dasein, allein Rhoda beschrieb sie darin häufig nicht gerade schmeichelhaft. Es waren Worte, die sie an einen imaginären Zuhörer richtete, sie waren nicht für reale Ohren bestimmt.

»Ich frage mich«, fuhr Rhoda fort, »ob es nicht eine gute Idee wäre, wenn wir dein Talent als Autorin präsentierten. Eine Lesung scheint mir eine gute Idee.«

Blankes Entsetzen erfasste Loulou. »Nein, bitte nicht!«

»Warum denn nicht? Alle möglichen Schriftsteller halten andauernd Lesungen. Leider auch solche, die es besser bleiben lassen sollten.«

»Eben!«, gab Loulou patzig zurück, »deshalb lasse ich es.« Sie wusste nicht, was schlimmer war: Sätze zu rezitieren, die sie nur für sich geschrieben hatte, oder ihre intimsten Gedanken vor Wildfremden auszubreiten. »Ich schreibe nicht für die Öffentlichkeit!«

»Sei nicht albern.« Wieder klapperte das Porzellan. »Wenn du nur für dich schreiben willst, führe ein Tagebuch. Gedichte sind nichts, was man für sich behält. Im Grunde ist doch jeder künstlerische Ausdruck für die Öffentlichkeit bestimmt, oder?« Die Frage war reine Rhetorik, Rhoda erwartete gewiss keine Antwort.

»Nein!«, stieß Loulou hervor.

»Wovor hast du Angst? Oscar Wilde sagte einmal: ›Sich durch Poesie ruiniert zu haben, ist eine Ehre.‹ Halte dich daran und werde eine Frau von Ehre!«

Loulou war bewusst, dass sie der einmal gefassten Meinung ihrer Großmutter nur wenig entgegensetzen konnte. Woher wollte Rhoda überhaupt wissen, dass Loulou sie nicht furchtbar blamieren würde?

»Du hast neulich ein Heft im Wintergarten liegen lassen, und ich habe ein wenig darin geblättert. Das war gar nicht so schlecht. Ich würde sogar sagen, dass deine Gedichte in Teilen wundervoll waren. Sofern man moderne Literatur mag.«

»Trotzdem möchte ich nichts daraus lesen«, beharrte Loulou. Sie war hin- und hergerissen zwischen ihrer trotzigen Unsicherheit und dem Stolz über das unerwartete Lob.

»Mein liebes Kind, sei nicht so egoistisch. Irgendetwas musst du schließlich tun, und die Birleys haben die Kunst im Blut. Überdies bin ich bekannt dafür, junge Talente zu entdecken.«

Das stimmte, räumte Loulou in Gedanken ein. Lady Birley veranstaltete seit dreißig Jahren auf ihrem Landsitz Charleston Manor das mehrwöchige *Sussex Festival* für Literatur. Doch wäre es nicht ein Imageverlust, wenn ausgerechnet die Lyrik ihrer Enkeltochter bei ihrem handverlesenen Publikum durchfiele? Loulou hoffte, endlich ein Argument gefunden zu haben, das gegen ihren Vortrag sprach.

»Ach was!«, wehrte Rhoda ab. »Wenn du gemeinsam mit meiner Freundin Iris Tree auftrittst, wird die Qualität deiner Gedichte gar nicht auffallen. Die allgemeine Aufmerksamkeit wird sich auf Iris richten. Es ist also abgemacht. Möchtest du noch etwas Tee, meine Liebe?«

Wenn es etwas gab, das sich in den Frauen ihrer Familie weitervererbte, so war es der Eigensinn. Loulou hatte nicht die Absicht, aufzugeben – ihr gingen nur langsam die Ideen aus, womit sie ihrer Großmutter widersprechen konnte.

Ein Gedanke blitzte in ihrem Kopf auf. Während sie die Möglichkeiten erwog, strich sie sich das glatt gebürstete kupferrote Haar hinter das Ohr und erklärte: »Ich bin mit einer Lesung nur einverstanden, wenn du außer deinen Freunden genauso viele Leute in meinem Alter einlädst!« Niemals würde ihre Großmutter in ihrem Haus eine Horde unbekannter Teenager bewirten.

Rhoda sah sie verblüfft an. Sie zog die Augenbrauen zusammen und überlegte. Es dauerte eine Weile, bis sich ihre Züge entspannten, aber dann lächelte sie. »Das ist eine vortreffliche Idee, Louise. Ich werde mir gleich ansehen, wer für die Gästeliste infrage kommt. Erinnerst du dich, wo ich die neue Ausgabe des *London Life*-Magazins mit den Fotos dieser unsäglichen Debütantinnenbälle hingelegt habe?«

Unwillkürlich wartete Loulou darauf, dass Rhoda über ihren eigenen Witz zu lachen begann. Doch hatte sie den Humor ihrer Großmutter überschätzt.

2

Nach dem ersten Schrecken war Loulou überzeugt davon, dass es undenkbar war, so viele fremde junge Leute um sich zu versammeln. Das war genauer betrachtet noch schlimmer als eine Lesung ihrer Gedichte vor den Freunden ihrer Großmutter.

Worüber sollte sie mit der Londoner Jugend sprechen? Sie war unter völlig anderen Bedingungen aufgewachsen, ihre Mutter war in keinem der bekannten Wohltätigkeitskomitees aktiv, Loulou hatte keines der altehrwürdigen Internate besucht, kannte sich kaum mit Pferderennen aus, und ihr höchstes Ziel war nicht die Vorstellung bei Hofe. Sie befürchtete, die Aussätzige auf ihrer eigenen Party zu sein. Allerdings: War es wirklich vorstellbar, dass die jungen Leute der Einladung einer ihnen unbekannten alten Frau einfach so folgten? Es waren immerhin Teenager aus den vornehmsten Familien, deren Namen Rhoda aus einem Gesellschaftsmagazin herausgesucht hatte.

Loulou beschloss, sich keine Sorgen mehr zu machen. Wahrscheinlich kam ohnehin niemand – und am Ende war das die Pointe, über die Rhoda herzlich lachen würde.

*

Schwankend zwischen Hoffnung und Unsicherheit trug sie an jenem frühen Abend ihre Gedichte artig vor den Freunden ihrer Großmutter vor. Die bekannte Poetin Iris Tree war so liebenswürdig, Loulous Lyrik als »vielversprechend« zu bezeichnen, was nett gemeint war, aber vermutlich niemanden überzeugte. Für Loulou war Iris ein ebenso alter Kauz wie die anderen recht betagten Gäste der Lesung. Die Dame war fast siebzig und hatte ihre abenteuerlichste Zeit lange vor dem Zweiten Weltkrieg erlebt. Selbst ihre Rolle in Federico Fellinis *La Dolce Vita* lag schon eine Weile zurück.

In Loulous eigenen Ohren klangen ihre Verse plötzlich wie die kitschigen Ergüsse eines aufsässigen Teenagers ohne Ziel und Vernunft, von Verstand ganz zu schweigen. Da war nichts mehr von hehrer Rebellion, wie sie ursprünglich gedacht hatte, sondern nur noch Depression. Der Ehrengast von Lady Birley, der aktuelle Vorsitzende der Konservativen Partei, Edward Heath, lächelte zwar wohlgesinnt, doch Loulou war überzeugt, sich nach der Peinlichkeit ihres Vortrags für eine spätabendliche Party wappnen zu müssen, zu der niemand kam.

Zwei Stunden später stand sie wider Erwarten im Mittelpunkt einer großen Gruppe Gleichaltriger und etwas älterer Begleiter – und fühlte sich so schüchtern wie nie zuvor. Die meisten jungen Frauen und Männer waren wohl aus Neugier auf die unbekannte Comtesse gekommen. Vielleicht nutzten die Teens und Twens aber auch nur jede Gelegenheit zu einem Treffen in einer für ihre Eltern respektablen Umgebung. Jedenfalls begann ein rauschendes Fest im alten Atelier ihres Großvaters, bei dem Loulou zunächst mehr staunend zusah als mitwirkte.

In der gleichaltrigen Camilla Shand hatte sie gleich zu Beginn der Party eine Schwester im Geiste gefunden. Dabei verband sie eigentlich nichts: Camilla war die Tochter eines Landadeligen, schien wenig an Kunst und Mode interessiert und war auch nicht besonders auf ihr Äußeres bedacht, dafür besaß sie aber eine von Herzen kommende Fröhlichkeit, war neugierig auf das Leben und scherte sich wenig um Konventionen; über ihr Debüt in der vorigen Saison und ihren derzeitigen Job bei einem Raumausstatter sprach sie wenig, dafür aber umso mehr über ihre Pferde, ihre Neugier auf das Leben und die Liebe. Und dann waren da noch die Geschichten über ihre Urgroßmutter Alice Keppel, die als einflussreiche Mätresse König Edwards VII. von England berühmt geworden war. »Sie sagte immer, eine königliche Geliebte gehört ins Bett«, erzählte Loulous neue Freundin, »und ich möchte gerne herausfinden, was das ist, durch das große Männer so verzaubert werden. Wer weiß, vielleicht macht es ja sogar Spaß.«

»Ohne verheiratet zu sein?«, entfuhr es ihr.

»Natürlich. Wir leben in den Sechzigern!«

Loulou war so damit beschäftigt, sich von dem ungewöhnlichen Hinweis zu erholen, dass sie den Hünen nicht gleich bemerkte, der verspätet eintraf. Er füllte den Raum mit seiner Persönlichkeit aus, war groß, blond und attraktiv auf eine erwachsene Art, nicht so glatt und angepasst wie die anderen Jungen und Mädchen, die alle aussehen wollten wie Paul McCartney oder John Lennon. Er schien älter als die meisten anderen Gäste zu sein, wirkte auf eine altmodische Art aristokratisch, dabei gelassen und fast überheblich. Sein Anzug sah aus wie ein Requisit aus einem Film über den britischen Landadel der Zwanzigerjahre. Viele der Anwesenden kannten ihn offenbar und begrüßten ihn mit einer Wiedersehensfreude, als wäre er gerade von einer ebenso langen wie weiten Reise zurückgekehrt.

»Das ist Desmond FitzGerald«, flüsterte Camilla in Loulous Ohr. »The Knight of Glin. Sein Anwesen liegt irgendwo im Nirgendwo in Irland. Nimm dich in Acht vor ihm: Er steht auf so fragile Frauen wie dich. Zuletzt hatte er eine Affäre mit Jane Birkin. Und davor mit Talitha Pol.«

Loulou hörte kaum hin, fasziniert von dem hochgewachsenen Mann, der just in diesem Moment direkt auf sie zukam. Stimmengewirr, Gelächter und Gläserklirren schienen weit weg, Camillas raue Stimme klang wie durch Watte. »Wer ist Jane Birkin?«, murmelte Loulou. Der andere Name klang zu fremd, um sich in diesem Moment der Verwirrung in ihr Hirn einzugraben.

»Eine Schauspielerin von hier, die gerade für ihre erste oder zweite Rolle gefeiert wird.«

»Oh …!« Loulou brach vor Verlegenheit in schallendes Gelächter aus. Sie lachte und lachte, als hätte Camilla einen vortrefflichen Witz gemacht.

»Guten Abend, Comtesse Le Bailly de la Falaise.« Desmond FitzGerald verneigte sich formvollendet. Dann nickte er Camilla zu: »Miss Shand.«

»Ich bin Loulou«, kicherte sie.

»Man sagte mir, dass Sie Louise heißen.«

»Loulou genügt völlig.«

»Meine Freunde nennen mich Knighty.«

Sie blickte in seine meerblauen Augen. »Hallo, Knighty.«

Der Ritter lächelte charmant – und drehte sich einen Joint. Loulou war hingerissen.

»Bitte entschuldigen Sie meine Verspätung, ich musste leider noch auf eine Telefonverbindung mit den Staaten warten. Ein Freund in New York brauchte meinen Rat.«

Loulou hing an Desmond FitzGeralds Lippen, als er von seinem kürzlich beendeten Studium in Harvard erzählte, das mit vielen Besuchen in Manhattan verbunden gewesen war. Sie stellte fest, dass er viele Orte, die ihr vertraut waren, ebenfalls kannte. Vor allem die Galerien im East Village hatten sie beide – jeder für sich – irgendwann besucht, und sie tauschten sich über besondere Ausstellungen aus. Dann forschten sie in ihren Erinnerungen, ob sie womöglich schon einmal zur selben Zeit am selben Ort gewesen waren, vielleicht als Gäste einer Vernissage. Einer von Desmonds besten Freunden war Kurator im Metropolitan Museum of Art, und Desmond selbst würde demnächst im Victoria and Albert Museum in London anfangen: John McKendry arbeitete in der Abteilung für Fotografie, Desmond indes bei den antiken Möbeln.

Sie redeten und redeten, und Loulou wunderte sich, wie viel sie einem Fremden erzählen konnte. Dabei bemerkte sie nicht, dass sich Camilla diskret entfernte. Erst viel später in dieser Nacht wurde ihr bewusst, dass sie ihre Pflichten als Gastgeberin verletzte, indem sie ausschließlich dem ihrer Ansicht nach bewundernswertesten Mann diesseits und jenseits des Atlantiks ihre ungeteilte Aufmerksamkeit schenkte.

3

Als Loulou am darauffolgenden Nachmittag erwachte, drehte sie sich in ihrem Bett auf den Rücken, blickte sich in ihrem Zimmer um und fühlte sich zum ersten Mal in London zu Hause.

In ihrer Kindheit war es einmal ähnlich gewesen, als sie beim Bruder ihrer Mutter und vor allem dessen Frau Geborgenheit und Zuwendung erfahren hatte. Ihre Ferien während der frühen Jahre im Internat waren stets wundervoll – bis ihr Vater dafür sorgte, dass sie Mark und Annabel Birley nicht mehr besuchen durfte. Dieser Anfall von Eifersucht bedeutete freilich nicht, dass er sich anschließend um Loulou kümmerte; es ging Alain nur darum, dass sie niemanden zu sehr in ihr Herz schloss, schon gar nicht mehr als ihn. Er erwarb sich damit jedoch nicht ihre Liebe, und die Einsamkeit aufgrund seines unsinnigen Handelns vergaß sie ihrem Vater nie.

Seit gestern Abend besaß sie neue Freunde, die ihr Alain nicht nehmen konnte. Die meisten ihrer Gäste hatten zum Abschied mit schwerer Zunge genuschelt, dass Loulou mit einer Gegeneinladung rechnen könne und man sich auf der einen oder anderen Cocktailparty wiedersehen werde. Zwar waren alle betrunken oder anderweitig benebelt gewesen, aber sie bezweifelte nicht die Ernsthaftigkeit der Versprechen. Am nachhaltigsten war ihr der altmodische Handkuss in Erinnerung geblieben, mit dem sich Desmond FitzGerald verabschiedet hatte. Wenn sie sich Mühe gab, spürte sie noch Knightys Lippen auf der Haut.

Die Teestunde mit Rhoda wurde zu Loulous Frühstück. Entzückt betrachtete sie die vielen Blumen, die im Lauf des Tages für Lady Birley geliefert und von dem Hausmädchen auf dem Kaminsims, dem Sideboard und auf Beistelltischen arrangiert worden waren. Es war wie der Einzug des Frühlings an einem grauen Wintertag. »Das sind die Danksagungen meiner Gäste«, erklärte Loulous Großmutter. »In den beiliegenden Karten wird deine Lesung stets sehr wohlwollend bedacht.«

Loulou nickte geistesabwesend. Eigentlich hatte sie nicht nur den *alten Knackern* gefallen wollen ...

Die Teekanne war fast leer, die Kerze im Stövchen heruntergebrannt, als der Butler einen Strauß leuchtend gelber Rosen brachte. Er überreichte Lady Birley die Karte und stellte die Vase auf die Fensterbank.

»Oh!« Rhoda rückte ihre Brille zurecht. »Wie nett! Der Knight of Glin bedankt sich für einen bezaubernden Abend. *Bezaubernd* ist ein Zitat.« Sie legte das Billett neben ihr Gedeck auf den Tisch.

Loulou schnappte sich die Nachricht, warf einen Blick darauf und legte sie mürrisch wieder weg. »Desmond war *mein* Gast! Warum bedankt er sich nur bei dir?«

»Weil er Stil hat, mein Kind.«

»Er erwähnt mich mit keinem Wort!« Die Enttäuschung nagte an ihr. »Ich finde das sehr unfreundlich von ihm.«

»Das ist Ansichtssache.« Rhoda erhob sich von ihrem Platz. »Ich habe noch zu tun. Willst du dir nicht auch eine sinnvolle Beschäftigung suchen?«

*

Loulou verbrachte den Rest des Nachmittags im Bett. Sie blätterte in einem neuen Exemplar des *Queen*-Magazins und in der britischen Ausgabe von *Harper's Bazaar*. Sie sah sich Fotos der jungen amerikanischen Filmschauspielerin Sharon Tate an, die gerade von ihren ersten Dreharbeiten mit Deborah Kerr und David Niven aus London abreiste. Was für eine wunderschöne Frau! Auch Loulou sehnte sich so sehr nach Schönheit und Erfolg. Doch kam es ihr vor, als wäre ihre Mutter mit diesen Attributen dermaßen im Überfluss beschenkt worden, dass das Schicksal nichts mehr für sie übrig hatte.

Vor allem aber wünschte sie sich die Aufmerksamkeit von Desmond FitzGerald.

Doch allzu lange musste sie nicht warten, schon der nächste Vormittag lehrte sie, auf die Kraft ihrer Gedanken zu vertrauen: Ihr wurde eine einzelne rote Rose gebracht, an deren Stiel ein kleines Kuvert gebunden war. Loulou zog die Seidenschleife auf, um die Karte zu entnehmen. Unter einem in das schwere

Büttenpapier geprägten Wappen hatte Desmond in flüchtiger Schrift mit dem Füller eine Einladung hingeworfen: »Louise, wollen wir heute Abend acht Uhr im Star of India essen? Ich hole dich ab. D.«

Im Grunde nahm er seiner Frage die Antwort voraus. Seine höfliche Direktheit ließ ihr keine Wahl – und sie wollte es auch nicht anders. Vielleicht war diese Deutlichkeit ja ein Ausdruck der Sechzigerjahre, über die Camilla gesprochen hatte. Unwillkürlich fragte sich Loulou, ob sie gleich mit Desmond ins Bett gehen würde. Sie kannte ihn kaum, aber spontan ging ihr ein lautes JA durch den Kopf.

Als würde sie ihn auf diese Weise besser kennenlernen, unterzog sie die Heraldik seiner Familie einer genauen Betrachtung. Der bewaffnete Eber und daneben zwei Greifvögel mit Kragen und Ketten vor einem normannischen Schild wirkten ziemlich martialisch. Sie rief sich Desmonds länglich-schmales Gesicht ins Gedächtnis, erinnerte sich an die weichen Züge um seinen Mund. Obwohl seine Persönlichkeit allein durch die Körpergröße raumfüllend war, stand sein sanfter Blick in einem deutlichen Kontrast zu seiner anscheinend düsteren Familienchronik.

Beim Tee erklärte Loulou ihrer Großmutter, dass sie am Abend ausgehen würde.

»Achte auf deinen Ruf«, erwiderte Rhoda, »schließlich bist du gesellschaftlich seit ein paar Tagen kein unbeschriebenes Blatt mehr. Wer hat dich eingeladen?«

Stumm reichte Loulou ihr die Karte, die sie fast den ganzen Tag lang in der Hand gehalten und mit sich herumgetragen hatte.

»Ah, sehr gut!«, sagte Rhoda. »Gegen deinen Umgang ist nichts einzuwenden. Die FitzGeralds sind eine der ältesten Familien Irlands. Es gab Gerede, als sich Desmond diese wunderschöne Schauspielerin … Wie hieß sie doch gleich …?« Rhoda legte die Stirn in Falten, was anscheinend hilfreich war, denn sie fuhr sogleich fort: »William Pol ist ihr Vater. Ja. Jetzt erinnere ich mich: Sie heißt Talitha. Ungewöhnlicher Name, nicht wahr? Nun ja, eigentlich ist sie Holländerin, ist aber hier aufgewachsen. Also, es gab Gerede, als sich Desmond FitzGerald dieses Mädchen von John Paul Getty ausspannen ließ. Aber ein Ölimperium hat auf manche Mädchen vermutlich eine größere Anziehungskraft als ein altes Schloss im Südwesten Irlands. Immerhin soll dieser Getty blendend aussehen.« Ihre Sicht der Dinge war nicht nur durch ihren abfälligen Ton erkennbar, sondern wurde mit Kopfschütteln bekräftigt.

Zweifellos besaß Desmond eine Neigung zu sehr schönen jungen Frauen, Leinwandstars waren ja eigentlich immer schön. Loulou indes fühlte sich im Angesicht dieser Konkurrenz mehr wie ein hässliches Entlein als jemals zuvor.

Sie überlegte sich, was Desmond bloß an ihr finden konnte. War er nur auf der Suche nach ein wenig Ablenkung, nach einer Alternative zu der Leere, die erst eine neue Freundin von der Bühne oder vom Film ausfüllen könnte? Flirtete er mit ihr, weil er sich langweilte? Sie war hin- und hergerissen zwischen einem inneren Glühen und lähmender Unsicherheit und ärgerte sich, weil sie sich als Lückenbüßerin fühlte. Vor allem aber beschäftigte sie länger als nötig die Frage, was sie zu ihrer Verabredung anziehen sollte. Stundenlang probierte sie Kleider, Röcke und Blusen, tauschte eigentlich zusammengehörende Ensembles zu bunten Mischungen und war letztlich doch nicht zufrieden mit ihrem Spiegelbild. Rhoda hatte ihr erklärt, dass das Star of India ein ebenso ausgezeichnetes wie respektables indisches Restaurant im noblen South Kensington war, weshalb sich Loulou schließlich für eine etwas konservativere Garderobe entschied. Ihr Minikleid war nicht ganz so kurz wie der letzte Schrei und der Stoff nicht so farbenfroh, dazu wählte sie als kleinen Stilbruch hohe Lederstiefel. Sie striegelte ihre Locken, bis ihr halblanger, von einem Mittelscheitel geteilter Bob ihr blasses Gesicht glatt und seidig umrahmte.

Bei der erneuten Betrachtung ihres Spiegelbildes war sie noch immer nicht zufrieden. Ich sehe aus wie eine langweilige Britin, stellte sie fest. Am liebsten hätte sie sich noch einmal umgezogen – doch dafür blieb keine Zeit. Das Hausmädchen klopfte und meldete, Mr. FitzGerald sei eingetroffen und warte im Salon.

*

Loulou nahm das Aufleuchten in seinen hellen blauen Augen wahr und mochte kaum glauben, dass es ihrer Erscheinung galt. Seine Begrüßung im Beisein ihrer Großmutter indes war so formvollendet wie die eines Kavaliers aus der Regency-Ära.

Als er sie in seinem Cabriolet von Nord nach Süd durch die Stadt fuhr, war Loulou zu schüchtern und zu aufgeregt für Konversation. Desmond spürte das wohl und machte sie in einer leutseligen Art auf die Sehenswürdigkeiten aufmerksam, die sie passierten: das Abbey Road Studio etwa, wo das London Symphony Orchestra ebenso Platten aufnahm wie die Beatles oder Cliff Richard und Shirley Bassey. Vor dem Gebäude, das im gelben Licht der Straßenlaternen wie ein Wohnhaus aussah, lungerten ein paar Jugendliche herum, Fans, deren Zigarettenspitzen in der Dunkelheit wie Glühwürmchen in heißen Sommernächten leuchteten. Kurz darauf in der Edgware Road erzählte Desmond von vielen Franzosen, die sich hier im 18. Jahrhundert niedergelassen hatten. Sie verstand diesen Ausflug in die Geschichte als Nettigkeit gegenüber dem französischen Zweig ihrer Familie. Wie nebenbei wollte Desmond wissen, ob Loulou Protestantin sei, und sie stellten fest, dass sie beide römisch-katholisch getauft worden waren. Als dies geklärt war, berichtete er, dass sich die Anwohnerschaft der Edgware Road inzwischen gewandelt hatte und hier mehr Araber als Hugenotten lebten.

Dann passierten sie den Bahnhof Paddington, und Desmond zitierte aus der berühmten Geschichte des kleinen Bären, der an dieser Haltestelle ausgesetzt worden war: »*Mrs. Brown sagt, dass in London jeder anders ist, und das bedeutet, dass jeder anders sein darf...*«

»Mir gefällt, dass Paddington-Bär für den Notfall immer ein Marmeladenbrot unter seinem Hut versteckt hat«, antwortete Loulou lächelnd.

»Und was befindet sich unter deiner Kopfbedeckung?«

Sie hob ihre Hand zu dem Turban, den sie sich vor Verlassen des Hauses noch rasch aus einem Schal geschlungen hatte. »Nur mein Kopf«, gab sie lachend zurück.

»Der ganz entzückend ist«, flirtete er.

Langsam verlor Loulou ihre Scheu und traute sich, etwas mehr von sich zu erzählen: »Als ich ein kleines Mädchen war, nahm mich meine Tante Gloria Swanson in Paris mit zu einer Modenschau...«

»Der Hollywoodstar Gloria Swanson ist deine Tante?«, unterbrach Desmond.

»Sie war eine Zeit lang mit dem Bruder meines Vaters verheiratet. Ich habe keine Ahnung, der wievielte ihrer Ehemänner Onkel Henri war, sie hatte so viele.« Sie freute sich, dass Desmond in ihr Lachen einfiel. Und sie war ein bisschen stolz, dass ihn die Filmschauspielerin in ihrer Familie beeindruckte, auch wenn Gloria Swanson schon sehr alt war. Er hörte ihr interessiert zu und gab ihr das Gefühl, nichts Falsches sagen zu können. »Jedenfalls waren wir bei der Präsentation von Madame Grès, und da sah ich zum ersten Mal diese Turbane aus Samt. Danach habe ich mir meine Schals immer so umzubinden versucht, wie ich es damals bei den Mannequins gesehen hatte.«

Es war leicht, sich auf Anhieb in ihn zu verlieben. Desmond war zehn Jahre älter als Loulou, ihn umgab jene Aura von Grandezza, die sie bereits auf den ersten Blick bewundert hatte. Er benahm sich kultiviert, wirkte dabei inzwischen jedoch überhaupt nicht mehr altmodisch, höchstens angenehm distinguiert. Während des Essens sprach er offen vom Erbe seines früh verstorbenen Vaters, das aus dem Titel und Glin Castle in der südwestirischen County Limerick bestand, erbaut im 13. Jahrhundert, dessen Park und Landwirtschaft jedoch wenig mehr als Schulden abwarfen. Der Ritter war kein Millionär, aber das machte ihn nicht weniger sympathisch, sie besaß ja selbst nicht viel mehr als einen klangvollen Namen. Ein wenig sarkastisch fügte er an, dass es die vielen Partys während einer Saison jedem leicht machten, sich kostengünstig zu betrinken. Jede Einladung bedeutete darüber hinaus einen Imbiss, und so zogen die Teens und Twens von Party zu Party. Zumindest wusste Loulou nun, was ihre Gäste angezogen hatte. Aber es störte sie nicht, wenn es nur die Drinks gewesen sein sollten, andernfalls wäre sie Desmond nicht begegnet.

An das Abendessen und ihre stundenlange Unterhaltung schloss sich kein Clubbesuch an, wie Loulou insgeheim gehofft hatte. Als Erwachsener hätte Desmond sie, die noch nicht volljährig war, bis zweiundzwanzig Uhr in eine Bar mitnehmen können, doch er brachte sie nach Hause. Immerhin meinte er auf dem Weg zu ihrer Großmutter, sie sei bestimmt schon einmal im Annabel's gewesen. Alle Welt wusste, dass der exklusive Nightclub Mark Birley gehörte, Rhodas Sohn, und trotz ihres Alters hatte Loulou gewiss Zugang zu dem Etablissement ihres Onkels, so vermutete er.

»Wegen meines Alters gerade nicht«, erwiderte sie und wunderte sich über sich selbst, weil sie kichern musste. »Onkel Mark möchte nicht ausgerechnet meinetwegen Ärger bekommen. Das ist in Ordnung. Ich mag ihn sehr. Als kleines Mädchen habe ich die Ferien am liebsten bei ihm und Tante Annabel verbracht. Leider war das viel zu selten der Fall.«

»Deine Mutter …«

»Meine Mutter hatte nie viel Zeit«, fiel sie ihm ins Wort.

»Das kenne ich. Das kenne ich sogar sehr gut.«

Sie sah ihn von der Seite an, konnte seine Gesichtszüge im dunklen Wageninneren aber nicht erkennen. Er hatte so traurig geklungen, dass sie ihn am liebsten in den Arm genommen hätte, doch sie wagte nicht einmal, ihre Hand über die seine zu legen, die auf dem Schalthebel am Steuerrad lag.

Vor Rhodas Haus angekommen, nahm er jene Hand und führte sie an seine Lippen. »Schlaf gut und bis bald, kleine Loulou.«

»Gute Nacht, Desmond.« Sie würden sich wiedersehen, das war sicher und mehr wert als der fehlende Abschiedskuss auf den Mund, den sie jedoch schmerzlich vermisste.

Er wartete, bis der Butler öffnete. Als sie die Villa betrat, hörte Loulou in ihrem Rücken den Motor aufheulen.

4

Auf die formelle Einladung zu dem Dinner folgten Anrufe und Verabredungen, Briefe und Blumen, Besuche in Museen und Streifzüge durch Galerien, Abende in Restaurants, Theatern und Konzerten. Der illustre Titel schien Desmond mehr Türen zu öffnen, als es lediglich ein prall gefülltes Bankkonto ermöglicht hätte. Loulou war begeistert von diesem Hin und Her zwischen dem Glanz der Upperclass und dem Rausch des Swinging London der bürgerlichen Jugend. Er zeigte ihr genau die Welt, nach der sie sich gesehnt hatte.

Durch ihre Gespräche wob sich rasch ein Band um Loulou und Desmond. Ihre einsame Kindheit spiegelte sich in seinen Erinnerungen wider. Seine Mutter schien in ihrer Egozentrik eine Zwillingsschwester von Maxime zu sein, seine frühen Erfahrungen mit Kindermädchen und wechselnden Schulbesuchen deckten sich mit ihren: »Vermutlich habe ich mehr Schulen besucht, als ein Durchschnittsengländer eine warme Mahlzeit zu Abend isst«, behauptete er. Immerhin war er eine Zeit lang Internatszögling in Eton gewesen und hatte dort, ebenso wie später während seines Studiums in Harvard, viele Freunde gefunden. Atemberaubend skandalös klang seine Beziehung zu Dorothy Dean, einer dunkelhäutigen Kommilitonin, und was er von den gemeinsam verfassten Aufsätzen berichtete. Seit diesen ersten Erfahrungen schrieb er gelegentlich Texte für Zeitungen, und er bat Loulou, ihm aus ihren Gedichten vorzulesen. Von Talitha Pol, Jane Birkin oder anderen schönen Filmschauspielerinnen erzählte er nichts, sodass sich Loulous anfängliche Eifersucht vorübergehend in den Nebelschwaden auflöste, die über dem See im Hyde Park waberten, als sie sich dort zum ersten Mal aneinanderschmiegten und küssten.

Eine andere Geschichte waren seine ebenfalls an der Universität geknüpften Kontakte zu berühmten Kunstsammlern und -händlern. Trotz großer Bemühungen seinerseits wurde Desmond das Anwesen in Irland zwar nicht los, aber durch seine Bekannten in der Provence, in Florenz und auf Capri konnte er einige Wertgegenstände verkaufen, die so geschickt ausgewählt wurden, dass sein Besitz nicht an Glanz verlor, sein finanzielles Überleben aber gesichert war. Während er ihr das erzählte, saßen sie in dem italienischen Restaurant La Famiglia, und trotz der hervorragenden Küche schlich sich eine gewisse Schwermütigkeit in Desmonds Tonfall. Flüchtig befürchtete Loulou, er könnte die Rechnung nicht bezahlen, doch nach dem ersten Schrecken begegnete sie seinen Stimmungsschwankungen mit Verständnis. Wer wollte schon einen Freund, der so glatt war wie das Cover einer Schallplatte? Seine Ecken und Kanten machten ihn anziehender, und Loulou war zweifellos bereit, für ihn Teller zu waschen, wenn nötig.

Sie gingen seit etwa vier Wochen miteinander aus, als Desmond beschloss, eine Party zu veranstalten, um Loulou seinen Freunden vorzustellen. Er bewohnte eine kleine Wohnung, deren noble Adresse an der Pont Street in Belgravia über den Zustand des

Anwesens hinwegtäuschte: Desmond besaß keine Küche, und es gab nur einen offenen Kamin. Das Fehlen einer Heizung tat er mit dem Argument ab, das Schloss seiner Vorfahren habe dergleichen auch nicht. Loulou konnte sich kaum vorstellen, dass sich irgendjemand aus der Jeunesse dorée in dem karg ausgestatteten Junggesellenapartment einfinden würde, aber sie hatte sich ja bereits vorher in den Partygängern Londons getäuscht. Alles schien möglich in dieser Stadt, und Aufregung und Vorfreude bescherten ihr mehrere schlaflose Nächte. Was sollte sie bloß anziehen?

Nachdem sie feststellen musste, dass sie sich die schrillen Kreationen in den Modeläden der Carnaby Street nicht leisten konnte, verbrachte sie Stunden auf dem Flohmarkt an der Portobello Road, um sich für den besonderen Anlass einzukleiden. Mit wachsender Begeisterung wanderte sie an den bunt gestrichenen oder mit rohem Backstein belassenen Häusern von Notting Hill entlang, bestaunte die Angebote von Gemüse und Obst aus dem Commonwealth, bemitleidete die exotischen Vögel in ihren Käfigen, duckte sich unter Kleiderstangen hindurch und wühlte in großen Körben mit Hüten, Schals und Tüchern unterschiedlichster Qualität. Loulou konkurrierte mit Hausfrauen aller Hautfarben sowie mit modebewussten Teens und Twens um die besten Angebote. Körperlich ging sie unter in der Menge, auch ihre Fähigkeit zu handeln war begrenzt, aber irgendwie schaffte sie es schließlich doch, sich in dem bunten Treiben zu behaupten.

An dem Stand eines alten Mannes, der eine Uschanka trug und so aussah, wie sie sich einen Russen aus dem Zarenreich vorstellte, hielt sie sich länger auf. Ein leicht von Motten befallener, aber immer noch prächtiger Persianermantel hatte es ihr angetan. Sie strich über die langen Grannen des breiten Fuchskragens, betrachtete die Nähte. Die Qualität schien gut zu sein, er würde nicht sofort in alle Teile zerfallen, wenn sie ihn trug. Der Mantel war elegant und wäre mit den richtigen Accessoires ungewöhnlich. Vor allem aber war er warm genug für den längeren Aufenthalt in einer ungeheizten Wohnung. Entschlossen zog sie ihn über, dann betrachtete sie sich in dem fleckigen, an einer Ecke zersplitterten Standspiegel, den der Händler aufgestellt hatte. Jede Skepsis war bei ihrem Anblick dahin.

»Sie sehen aus wie eine echte Lady«, schmeichelte der Mann.

Loulou erwiderte nicht, dass sie von adeliger Herkunft war. Aber er hatte recht: In der knöchellangen Hülle wirkte sie wie eine Wiedergeburt Katharinas der Großen. Oder wie Elisabeth I. von England. Die hatte, wenn sie die Porträts der Königin richtig in Erinnerung hatte, sogar dieselbe Haarfarbe wie sie. Der Gedanke an das Empire brachte Loulou plötzlich auf Ideen, als würde ihre Kreativität von den historischen Vorbildern angekurbelt wie die Musik in einem Leierkasten.

Ihre neue Errungenschaft über den Arm geworfen, stürzte sie sich nach der wahrscheinlich viel zu großzügigen Bezahlung mit einem gewissen Glücksgefühl wieder ins Getümmel. Auf der Portobello Road herrschte ein schier unübersichtliches Schieben und Drängen. Dennoch stach ihr ein kleiner Stand sofort ins Auge – vielleicht lag das an dem hochgewachsenen Mann mit dem schön geschnittenen Gesicht unter dem roten Tarbusch und an seinem breiten Lächeln, das eine gerade Reihe schneeweißer Zähne freigab.

Jedenfalls fanden sich auf seinem Tisch Armbänder und Ketten, die Loulou magisch anzogen. Materialien wie Glasperlen, Leder, Holz, Kupfer und Messing waren zu ungewöhnlichen Kreationen verarbeitet. Die Schmuckstücke mochten für eine zierliche Person wie sie zu klobig sein, doch Loulou freute sich über den Kontrast. Obwohl ihr Budget den Kauf eigentlich nicht zuließ, erstand sie ein paar dicke Reife aus Ebenholz für ihre Handgelenke und große Ohrringe aus bunten Steinen, den dazu passenden Halsschmuck konnte sie sich leider nicht leisten. Der Verkäufer bot ihr zwar einen Nachlass an, aber sie lächelte entschuldigend und versprach, so bald wie möglich wiederzukommen.

Der Bummel über den Flohmarkt war für Loulou viel mehr als der Einkauf von Garderobe. Sie ertappte sich dabei, wie sie aus einer unzähligen Menge an Waren ihren eigenen Stil zu entwickeln begann. Es war nicht die blanke Not oder der bloße Wunsch, zu provozieren, die sie antrieben. Ein sehr kurzer Minirock oder eine durchsichtige Chiffonbluse bedeuteten natürlich Rebellion, aber Loulou stellte fest, dass es ihr darauf nicht ankam. Es war ein Gefühl, das aus ihrer Seele kam, das sie mit ihrer Garderobe vermitteln wollte – und im Moment passte ein Rausch von Farben am besten dazu. Schwarz, dachte sie, als sie ein Kleid zur Seite legte, das ihr auf den ersten Blick recht gut gefallen hatte, Schwarz trägt man nur, wenn man unglücklich ist.

Sie erstand einen violetten Turban und eine wie von Mozart getragene Weste aus hellblauem Samt mit goldener Stickerei, die wunderbar zu dem lässigen Herrenhemd aussehen würde, das bereits in ihrem Schrank hing. Doch immer wieder zog es sie zu den Auslagen mit traditioneller Kunst. Ob orientalischer Silberschmuck oder Taschen aus Marokko, sie war fasziniert von den Handarbeiten. Aufmerksam betrachtete sie jedes Angebot, während die Ellenbogen anderer potenzieller Kunden sie in den Rücken stachen.

Aus den Lautsprechern eines tragbaren Plattenspielers irgendwo in der Nähe übertönten die Beach Boys den üblichen Lärm aus Feilschen, Begeisterung und wortreichen Empfehlungen. Loulou horchte für einen Moment auf den Text und dachte unwillkürlich an Desmond: »God Only Knows …« Ja, nur Gott wusste, was sie ohne ihn war. Letztlich war sie nur wegen ihm hierhergefahren, um auf seiner Party als seine Freundin zu glänzen. Doch es kam ihr nun vor, als fände sie auf seltsame Weise zu sich selbst. Ein Mysterium aus Farben, Mustern, Materialien und auch Fremdländischem sollte sie umgeben. So war es richtig!

Beschwingt trat sie den Heimweg an. In den U-Bahn-Stationen wechselten sich die Wahlplakate der Bewerberinnen und Bewerber um die Parlamentssitze Ende des Monats mit den Werbungen für Schallplatten und Kinofilme ab. Doch Loulou sah nichts davon. Sie strich zärtlich über den Fuchskragen ihres neuen Mantels, fühlte die anderen gerade erstandenen Besitztümer in ihrem Einkaufskorb und vergaß die Welt um sich herum.

5

Zu Desmonds Freundeskreis zählten so viele Leute, dass das Fehlen einer Heizung von niemandem bemerkt wurde, denn durch die Menge wurde es trotz des feuchten, kühlen Wetters an diesem Märzabend unglaublich schnell warm. Loulou schwitzte in ihrem Pelzmantel, aber sie legte ihn nicht ab, weil ihr der modische Effekt gefiel – und auch weil Desmond gesagt hatte, dass sie toll aussah. Sie trug den Turban, hatte aber ein dezenteres Minikleid übergeworfen als die schrille Weste. Sie wollte Desmond nicht durch ein zu gewagtes Outfit verstören.

Sie versuchte charmant zu plaudern, blieb jedoch trotz der spektakulären Hülle das scheue Reh in einem lärmenden Umfeld. Bald schwirrte ihr der Kopf von den vielen Namen und dazugehörenden Gesichtern, die Desmond ihr vorstellte. Oder besser, denen er *sie* präsentierte. Er behandelte sie wie einen kostbaren Besitz, war ebenso stolz wie verliebt, was ihr sehr schmeichelte. Es war ein bisschen wie bei Professor Higgins und Eliza Doolittle; tatsächlich entsprach Loulou wohl noch mehr als das literarische Vorbild der süßen Lady.

Manche der Anwesenden kannte sie bereits, sie waren vor rund vier Wochen ihre eigenen Gäste gewesen. Damals noch Unbekannte, inzwischen ein wenig vertrautere junge Frauen und Männer, die ihr an Desmonds Seite auf ihren Streifzügen durch London zudem hin und wieder zufällig begegnet waren. Mit dem dünnen Typen, der in seinem konservativen Jackett und dem Rollkragenpullover darunter wie ein schüchterner Oxford-Absolvent wirkte, verband sie bislang jedoch nichts. Er fiel ihr auf, weil er wie verloren mit einem Glas in der Hand nahe der improvisierten Bar stand und wohl ebenso schüchtern war wie sie selbst. Es war amüsant, dass er wie ein bekannter Rockstar aussah. So eine Ähnlichkeit, dachte Loulou, wären da nicht die bürgerliche Verkleidung und diese Zurückhaltung. Sie fand den jungen Mann sympathisch und lächelte ihn an.

»Darf ich dir meinen Freund Christopher Gibbs vorstellen?«

In Loulous Blickfeld schoben sich Desmond und ein Mann, der etwa in seinem Alter war, aber völlig anders aussah. Christopher Gibbs hatte halblanges brünettes Haar und trug ein buntes Hemd unter einem Seidensakko zu Schlaghosen aus Samt – und wirkte darin unglaublich elegant. Loulou wollte gerade fragen, ob er Musiker sei, als er anhob: »Ich kenne Ihre Großmutter. Wie geht es Lady Birley?«

»Danke, gut«, erwiderte sie automatisch. Loulous Blicke wanderten zwischen dem Typen an der Bar, Desmond und Christopher Gibbs hin und her. Was für eine ungewöhnliche Gästeschar! Der Dandy, der vor ihr stand, war einfach umwerfend, das krasse Gegenteil zu dem stillen Streber weiter hinten. Obwohl sie nicht neugierig wirken wollte, entfuhr ihr: »Woher kennen Sie meine Großmutter?«

»Als Kunsthändler kann man Lady Birley nicht übersehen.«

»Christopher fährt seit Jahren regelmäßig nach Marokko und bringt von dort die wundervollsten Lampen, Kleinmöbel und Teppiche mit«, behauptete Desmond.

»Ich liebe Marrakesch«, fügte sein Freund hinzu. »Waren Sie schon einmal dort, Louise?«

»Nein. Ich bin noch nicht viel gereist.«

Desmond legte seinen Arm um sie. »Ich werde dir die Welt zeigen.«

Bevor Loulou auf dieses Versprechen reagieren konnte, rief Christopher Gibbs aus: »Oh, da sehe ich Mick Jagger. Dem muss ich Hallo sagen. Entschuldigen Sie, Louise, wir sehen uns später.« Und schon trat er auf den jungen Mann an der Bar zu.

Loulou spürte, wie sich ihre Wangen färbten. »Das ist Mick Jagger? Der sieht so … äh … anders aus.«

»Er entstammt einer bürgerlichen Familie, sein Vater ist Sportlehrer. Aber er wäre gerne ein Gentleman. Ich finde, das gelingt ihm schon recht gut. Komm, ich mache euch bekannt.«

Sprachlos trottete sie neben Desmond zu dem vermeintlichen Elitestudenten, der doch keine Kopie seiner selbst war. Ihr scheues Lächeln drückte nun nur tiefes Unbehagen aus.

»Knighty und ich hatten eine tolle gemeinsame Zeit auf Glin Castle«, schwärmte Mick, nachdem Desmond seine neue Freundin vorgestellt hatte. »Dein Mantel passt großartig dorthin. Vergiss ihn nicht, wenn ihr nach Glin fahrt!«

Die anfängliche Verlegenheit über ihre neue Bekanntschaft verwandelte sich in Überraschung – und dann in Zuversicht. Mick Jaggers Hinweis klang überraschend, Loulou hatte noch gar nicht daran gedacht, Desmond in Irland zu besuchen. Warum sollte sie das aber nicht tun? Mit einem Mal fühlte sie sich angenommen: Auf gewisse Weise schien sie nun auf einer Stufe mit den Filmschauspielerinnen in Desmonds Vergangenheit zu stehen, und das war ein großartiges Gefühl. Sie strahlte Mick dankbar an.

*

Es sollte noch ein wenig Zeit vergehen, bis sie das erste Mal nach Glin reiste. Der Pelz von der Carnaby Street landete derweil ganz hinten in ihrem Schrank, ebenso wie der Turban und die anderen verrückten Flohmarktteile. Ihr Geschmack in Sachen Mode wurde im Lauf der nächsten Wochen deutlich konservativer, denn ohne bewusst darüber nachzudenken, versuchte sie sich mit dem entsprechenden Habitus als Lady zu empfehlen.

Plötzlich interessierte sich Loulou für Pferderennen. Sie zeigte sich, ihm zu Gefallen, an Desmonds Seite in den Logen an den Bahnen in Kempton, Aintree und Cheltenham, trug Blazer und Hemdbluse und statt eines Minirocks eine Cordhose, als käme sie direkt von einem Landgut. Um den Hals schlang sie sich ein Seidentuch in gedeckten Farben, mit goldenen Trensen bedruckt. Sie wirkte wie eine Pferdenärrin. Dabei jubelte sie Vollblütern zu, deren Namen sie schon vergessen hatte, kaum dass das erste Hindernis übersprungen war. Doch das Gejohle auf den Tribünen war ansteckend, die Atemlosigkeit aufregend, wenn die Wette auf einen Hengst oder eine Stute gewonnen wurde – oder verloren.

Zweifellos war ihr Pferdeverstand nicht sonderlich ausgeprägt, obwohl sie ein Gefühl für die Rassetiere durchaus im Blut haben sollte. Nach der erfolgreichen Episode mit Gloria Swanson versuchte sie Desmond zu beeindrucken, indem sie ihm von ihrer Urgroßmutter väterlicherseits erzählte: »Sie entstammte der Cognac-Dynastie Hennessy und heiratete verwitwet in zweiter Ehe Lord Douglas, mit dem sie in Berkshire einen Rennstall gründete.« Erst nachdem sie geendet hatte, wurde ihr bewusst, dass Desmond nun sicher bessere Kenntnisse des Sports von ihr erwartete, die sie ja eben nicht besaß. Glücklicherweise hatte sie noch nicht erwähnt, dass ihr Vater mehr an der Pariser Rennbahn anzutreffen war als sonst wo; dann hätte sie allerdings hinzufügen müssen, dass Alain sie dorthin nicht mitnahm. Wahrscheinlich hätte sie sich vor ihrer Prahlerei mit Henriette Hennessy von ihrer neuen Freundin Camilla in die Gepflogenheiten des Pferdesports einführen lassen sollen. Das hätte alles vereinfacht. Hatte sie aber nicht. Also hielt sie wieder schüchtern den Mund.

In Cheltenham stapfte sie neben Desmond her, als er zum Führring schritt, wo sich Zocker aller Gesellschaftsschichten versammelt hatten, um die Teilnehmer des Hauptrennens zu begutachten. Nach den durcheinanderwirbelnden Wortfetzen, die Loulou erhaschte, schienen die Zuschauer besser über die aktuelle Form der Pferde Bescheid zu wissen als Tierärzte, Trainer, Jockeys und Besitzer jenseits der Absperrungen. Offenbar war ein großer Brauner der Star um den Gold Cup, ihm galten die meisten Kommentare. Eigentlich ein höchst alberner Zirkus!, fuhr es ihr durch den Kopf, doch sie verwarf diesen Gedanken sofort – er war nun wirklich nicht angemessen für eine Lady!

Desmond steuerte auf einen hochgewachsenen Mann zu, der ein wenig älter als er selbst wirkte, ihm aber ähnelte, einschließlich des glatten, gescheitelten blonden Haares, der formellen Garderobe und der vornehmen Attitüde. An der Seite des Herrn stand eine brünette Frau, die Loulous besondere Aufmerksamkeit auf sich zog, weil sie Ballonhosen und hohe Stiefel trug. Diese Garderobe passte perfekt zu dem Anlass, war zugleich sehr modisch und trotzdem auf gewisse Weise bodenständig. Eine Mischung, die Loulou auf Anhieb mochte.

Mit großer Herzlichkeit begrüßte Desmond das Paar und stellte Loulou als »meine Freundin Comtesse Louise Le Bailly de la Falaise« vor, was sie überraschte, weil er ihren Titel sonst kaum in dieser Ausführlichkeit erwähnte. Die beiden hießen Desmond und Mariga Guinness, und Louise fand es lustig, dass die beiden Männer nicht nur eine gewisse äußere Ähnlichkeit besaßen, sondern auch denselben Vornamen trugen.

»*Enchanté, Mademoiselle.* Leider waren wir verhindert, als Desmond seine Party für Sie gab«, entschuldigte sich Desmond Guinness charmant in fließendem Französisch. »Wir leben eigentlich in Irland und kommen nur hin und wieder zu Besuch nach London. Heute sind wir hier, weil ein in Irland gezüchteter *pur sang* der Favorit ist.«

»Die Wettquote liegt bei eins zu zehn«, sagte Loulous Desmond. »Arkle scheint wieder gut in Form zu sein, die englischen Außenseiter werden auch diesmal keine Chance haben.«

»Schaut euch um«, gab Mariga Guinness zurück. »Es sieht aus, als würden die Fans aus Irland die britische Rennstrecke erobern. So viele habe ich hier noch nie gesehen.«

Der Nationalstolz überraschte Loulou nicht. Den hatte sie an ihrem irischen Ritter schon bemerkt, aber durch ihre internationale Erziehung war ihr so etwas fremd. Selbst ihre in Irland geborene Großmutter hing nicht so stark an ihrer Heimat, für Rhoda war dies der Landsitz in Sussex. Loulous Unsicherheit wuchs – und bevor sie das in Desmonds Ohren womöglich Falsche sagte, blieb sie wieder einmal stumm. Es trat ein verlegenes Schweigen ein, das umso peinlicher war, da das Ehepaar Guinness annehmen könnte, Loulou befände sich in der irischen Frage auf britischer Seite. Genau genommen stand sie jedoch auf gar keiner Seite. Höchstens auf der von Desmond FitzGerald. Also doch auf der irischen.

Sie holte tief Luft. »Ich würde gerne einmal nach Irland fahren.«

»Dann müssen Sie uns in Leixlip Castle besuchen!«, rief Mariga aus und sah dabei von Loulou zu den beiden Desmonds und zurück. »Es ist nicht weit von Dublin entfernt, aber leider doch ein wenig weiter von Glin Castle, als uns allen lieb ist.«

Der Ritter legte den Arm um Loulous Schultern. »Ich habe vor, ihr schon bald die Schönheit unseres Landes zu zeigen, und dabei könnt ihr mir natürlich helfen.«

Er neigte seinen Kopf zu ihr und fügte hinzu: »Mariga und Desmond haben die Irish Georgian Society wiederbelebt, eine Gesellschaft, die sich für den Erhalt architektonisch und historisch bedeutsamer Bauwerke in Irland einsetzt. Ich versuche die beiden zu unterstützen, wo ich kann.«

»Großartig«, antwortete Loulou mit glühenden Wangen. Ihre

Begeisterung für die Organisation war jedoch zweitrangig. In ihren Ohren klangen Desmonds Reisepläne nach.

Die Menge wurde unruhig. Aus den Augenwinkeln beobachtete Loulou, dass die Jockeys aufsaßen.

»Es geht los«, stellte Desmond Guinness fest. »Lasst uns zurück zu unseren Plätzen gehen. Wir wollen den Aufgalopp nicht verpassen.«

Nach dem Start des Jagdrennens feuerte sie mit Desmond und dessen Freunden den Galopper an und blickte interessiert durch das Fernglas, das ihr gereicht wurde. Sie fragte sich, wie schmerzhaft es für die Tiere sein mochte, von der Gerte des Jockeys angetrieben zu werden.

Die Zuschauerinnen und Zuschauer auf den Tribünen und am Geläuf schrien auf, als der Favorit strauchelte. Arkle galoppierte in ein Hindernis, statt es zu überspringen, und verlor durch diesen Fehler seinen enormen Vorsprung. Unwillkürlich hielt auch Loulou den Atem an. Doch das Pferd fing sich wieder und raste seinen aussichtslos erscheinenden Konkurrenten davon. Erst als der Vollblüter unter tosendem Applaus über die Ziellinie galoppierte, stieß sie die Luft aus.

»Ein großartiges Rennen!«, befand Desmond Guinness. »Wir sollten Arkles Besitzerin gratulieren.«

»Kennen Sie Nancy schon?«, richtete sich Mariga an Loulou.

»Ich glaube nicht«, murmelte sie und kramte in ihrem Kopf nach einer Nancy in Desmonds Freundeskreis, die zu einem Gestüt passen könnte.

»Die verwitwete Herzogin von Westminster«, raunte ihr Desmond zu. »Eine wunderbare Frau, gebürtige Irin. Du wirst sie gleich kennen- und bestimmt auch schätzen lernen. Sie ist übrigens eine Freundin der Königinmutter.«

In diese Kreise als Desmonds Freundin eingeführt zu werden, bedeutete sehr viel. Es war fast so etwas wie eine Verlobung. Loulou sah ihn von der Seite an und dachte, dass sich vor ihr eine strahlende Zukunft auftat. Trotz der vielen Stunden, die sie zusammen verbrachten, hatten sie noch nicht über Heirat gesprochen. Womöglich änderte sich das ja demnächst.

6

Zuerst sprach jedoch Rhoda von einer Hochzeit: »Ich finde, du solltest noch in diesem Jahr heiraten, Louise!«

Aus dem Mund der alten Dame klang der Hinweis auf eine Vermählung weit weniger romantisch als in Loulous Tagträumen. Plötzlich tauchte die praktische Frage auf, wie eine verheiratete Frau ihren eigenen Haushalt führte. Sie hatte keine Ahnung, denn ihre Mutter war als Hausfrau gewiss kein Vorbild, und Rhoda war besser als Gärtnerin. Die Hummersuppe, mit der ihre Großmutter die Rosen goss, wurde von einer Köchin zubereitet. Zu dieser ernüchternden Überlegung kam Loulous Alter, sie würde demnächst neunzehn werden – war sie damit nicht noch zu jung, um sich für den Rest ihres Lebens zu binden? Sollte sie es nicht wie Camilla machen und erst einmal das Leben mit all seinen Spielereien kennenlernen? Camilla hatte ihren Spaß mit einem jungen Eton-Absolventen namens Kevin Burke, eine ernsthafte Beziehung war das wohl nicht. Bedauerlicherweise machte Desmond noch keine Anstalten, mit Loulou *Spaß* zu haben, er verhielt sich absolut korrekt. Außer ein paar Küssen war noch nichts passiert.

Andererseits: Desmond war ein attraktiver Mann. Wenn Loulou zu lange wartete, würde er ihr womöglich von einer anderen weggeschnappt. So wie er Talitha Pol an John Paul Getty verloren hatte. Schöne junge Filmschauspielerinnen gab es zur Genüge. Das bedeutete, dass sie keine Zeit für schwierige Überlegungen besaß. Aber wie sollte sie Desmond von einer Ehe überzeugen? »Er hat noch nicht um meine Hand angehalten«, murmelte Loulou in sich hinein.

Ihre Großmutter zuckte die Achseln, hob die nachmittägliche Tasse Tee an die Lippen und schien für eine weitere Erklärung nicht zuständig.

Loulou öffnete den Mund, um etwas zu sagen, aber es kam ihr vor Ratlosigkeit kein Wort über die Lippen, nicht einmal ein rebellisches.

Rhodas Drängen machte ihr – außer der möglichen Attraktivität von Desmond für andere Frauen – klar, dass sie sich ihrer Familie entziehen musste. Die ständigen Vorschriften und Erwartungen waren zu viel. Selbst ihre Mutter erkundigte sich in ihren Briefen auffallend oft nach Loulous Freund und gemeinsamen Zukunftsplänen. Loulou kam es vor, als müsste sie ersticken an dem Druck, den Rhoda und Maxime aufbauten. Beide waren enorm fordernd – und in Desmonds Gegenwart schien Loulou mehr sie selbst sein zu dürfen als jemals zuvor. Sie war überzeugt, nur mit seiner Hilfe der Dominanz dieser starken Frauen entfliehen zu können.

In der Republik Irland waren in diesen Wochen alle Banken wegen eines Streiks geschlossen worden, im britischen Nordirland zündete eine protestantische Untergrundgruppe eine Bombe, Mao setzte in China die sogenannte Kulturrevolution durch, und überall auf der Welt wurde gegen den Krieg in Vietnam demonstriert, während ein Streik der britischen Handelsmarine das Land lahmzulegen begann. Der Mai war ein turbulenter Monat, doch Loulou nahm die politischen Ereignisse nur am Rande wahr, zu sehr mit sich beschäftigt, gleichzeitig wie elektrisch aufgeladen von der Begeisterung, mit der sie auf privaten Partys etwa zu »Paint It Black« tanzte, dem Song, mit dem die Rolling Stones erstmals an die Spitze der Charts stürmten. Ihre Ballettstunden besuchte sie – zu Rhodas Verdruss – nicht mehr. Wenn die Enttäuschung der Großmutter ein Teil des Spaßes von Swinging London war, so nahm sie das hin.

Mit Herzklopfen wartete sie sowohl auf Desmonds Einladung nach Glin als auch auf seinen Antrag.

Am vierten Mai feierte sie ihren neunzehnten Geburtstag. Natürlich wollten sie ausgehen, auf irgendwelchen Cocktailpartys tanzen, die an diesem Mittwoch irgendwo von irgendjemandem veranstaltet wurden. Dass die irische Nationalmannschaft gleichzeitig ein Fußballländerspiel gegen die Bundesrepublik Deutschland in Dublin bestreiten würde, schien Desmond ein wenig die Vorfreude auf den Abend zu nehmen. Offenbar war er mit seinen Gedanken bei dem sportlichen Großereignis und nicht nur bei ihr. Als er im Hause Birley mit einem Blumenstrauß gratulierte, wirkte er recht einsilbig. Und auf dem anschließenden Spaziergang im Regent's Park lief er ohne ein Wort energisch voran, sodass sie kaum mit ihm Schritt halten konnte.

Plötzlich blieb er stehen und drehte sich zu ihr um. Seine Miene war ernst, richtig sorgenvoll – und jagte ihr einen gehörigen Schrecken ein. Das Schnattern der Enten im Rudersee, an dessen Ufer er neben einer Weide angehalten hatte, klang in Desmonds Schweigen ohrenbetäubend. Auf der Wiese neben ihnen saß nicht weit entfernt eine Gruppe Hippies in friedlicher Runde, ein langhaariger Junge mit einem bunten Stirnband hatte eine Gitarre dabei und zupfte verträumt an den Saiten.

Der leichte Wind spielte mit Loulous Haaren, nervös strich sie sich eine Strähne hinter das Ohr.

Desmond fing ihre Hand auf, hielt sie fest. »Ich weiß gar nicht, wo ich anfangen soll«, sagte er. »So etwas habe ich noch nie gemacht, weißt du, und ich fühle mich ein wenig ratlos.«

Sie spürte körperlich die Herzschmerzen, die ihre Seele ergriffen. Um göttliche Hilfe flehend, sah sie in den blassblauen Londoner Frühlingshimmel. Es war ihr klar, dass Desmond eine andere gefunden hatte, von der er verhext worden war. Wie von Talitha Pol …

»Ich weiß nicht, wie ich es anders sagen soll, deshalb mache ich es kurz, Louise: Willst du mich heiraten?«

Sie schluckte, starrte ihn mit vor Staunen und Entzücken offenem Mund an. Er hatte *Louise* gesagt und nicht *Loulou*. Das bedeutete, er meinte es ernst.

Der Hippie spielte einen Riff auf seiner Gitarre. Ein paar Akkorde, die Loulou nie vergessen würde.

»Ja.« Sie stellte sich auf die Zehenspitzen und fiel Desmond um den Hals. »Ja. Natürlich. Was denn sonst?«

Er legte seine Arme um sie, hob sie hoch, um sie zu küssen. »Wenn ich es fertigbringe, dich wieder loszulassen«, sagte er atemlos, »sollte ich den Ring finden, der in meiner Jackentasche liegt, und ihn dir anstecken. Aber vorher möchte ich …« Weiter kam er nicht, weil sich ihre Lippen wieder auf seinen Mund senkten.

Geliebter Desmond, fuhr es Loulou durch den Kopf, liebster Knighty …

Plötzlich tauchte zwischen den Zärtlichkeiten in ihren Gedanken eine Frage auf: Wie wird eigentlich die Frau eines Ritters angesprochen? Was ist die weibliche Form von Ritter?

Im nächsten Moment dachte sie, dass sie ein Leben lang Zeit hatte, um das herauszufinden. Sie war mit Desmond FitzGerald Knight of Glin verlobt – und nur das zählte!

Als hätten sie mitbekommen, was zwischen den beiden Verliebten vor sich ging, riefen die Blumenkinder auf der Wiese plötzlich »Yeah!« und klatschten Beifall.

New York City

7

Es schien, als wäre Rhoda glücklicher über die Verlobung als Loulou. Vielleicht freute sie sich, dass sie demnächst der Verantwortung für ein junges Mädchen loswurde. Oder sie war dankbar für den unerwarteten gesellschaftlichen Aufstieg ihrer Enkelin. Sicher hielt Lady Birley den irischen Ritter für die bestmögliche Partie, die Loulou machen konnte. Jedenfalls zeigte sie sich entzückt, als Desmond zunächst bei ihr als einzigem in London anwesenden nahen Familienmitglied um Loulous Hand anhielt. Loulou befand sich währenddessen in ihrem Zimmer, kichernd vor Aufregung und tatsächlicher Belastung durch das altmodische Ritual.

Nach diesem Ereignis reisten Desmond und Loulou nach Paris, wo er seine Aufwartung bei Comte Alain de la Falaise machte. Loulou fand das Prozedere eigentlich überholt, doch sie machte alles geduldig mit. Immerhin veranstaltete ihr Vater ihr zu Ehren eine Verlobungsparty. Er lud einen Haufen Gäste aus dem französischen Hochadel ein, Menschen, die sie kaum und Desmond gar nicht kannte. Offenbar hatte Desmond keine Lust, groß Bekanntschaft mit diesen Leuten zu machen – er zog sich in eine Ecke zurück und überließ ihnen seine Braut. Loulou indes antichambrierte in der Hoffnung auf die Liebe und Aufmerksamkeit ihres Vaters. Am nächsten Tag reisten sie zurück nach London.

Zur selben Zeit liefen die Drähte der Telegrafen- und Telefonämter in Paris, London, New York und Vancouver heiß, zudem wurden Briefe zwischen Alain, Rhoda, Maxime und Desmonds in Kanada wieder verheirateter Mutter via Luftpost hin- und hergeschickt. Schließlich wurde Desmond einbezogen, Loulou jedoch nicht gefragt. Die Familien und der Bräutigam einigten sich rasch auf den Rahmen der Hochzeit. Zwei verschiedene Karten wurden gedruckt, eine auf Englisch und eine auf Französisch, als Termin nannte man den sechsten Oktober. Die Trauung sollte in der katholischen Kirche St Mary's in der Cadogan Street in London stattfinden, danach ein Empfang mit Abendessen im Hotel Claridge's, dem ein Ball kurz vor Mitternacht folgen würde. Verschickt wurden die auf Büttenpapier gedruckten Karten an so ziemlich alle Adressen, die sich in den Adelsregistern finden ließen. Die Kosten wurden irgendwie zwischen den Eltern aufgeteilt, wobei die größte finanzielle Last für die beabsichtigte *Hochzeit des Jahres* an dem Vater der Braut hängen blieb.

Die Betriebsamkeit aller Beteiligten war enorm, nur die Braut blieb weiterhin außen vor. Als Loulou im Sommer nach New York flog, erwartete Maxime sie aufgeregt am Flughafen: »Ich habe ein wundervolles Hochzeitskleid für dich gefunden und kann es kaum abwarten, dich darin zu sehen. Du musst es sofort anprobieren, wenn wir zu Hause sind!«

Loulou wollte einwenden, dass sie die Robe gerne selbst ausgesucht hätte, aber sie war zu müde von dem langen Flug, um ihrer Mutter zu widersprechen. Sie wusste, wie schwierig es war, Maxime zu bremsen, wenn die sich für irgendetwas begeisterte. Also ergab sie sich ohne Protest den Wünschen.

Noch immer bewohnte Maxime die Wohnung, in der Loulou vor zwei Jahren untergekommen war. Es war ein Apartment am West Broadway zwischen der Prince und der Houston Street in einem etwas heruntergekommenen Gebäude der Gusseisenarchitektur, und Loulou würde wieder auf der offenen Galerie wohnen. Für einen Teenager war es damals nicht einfach gewesen, in diesen räumlichen Verhältnissen mit einer Frau wie Maxime zu leben. Heute jedoch kam Loulou als Verlobte eines irischen Aristokraten an – und sie beabsichtigte, sowohl die mangelnde Privatsphäre als auch die Besuche von Maximes Liebhaber mit mehr Gelassenheit zu ertragen. In wenigen Wochen würde sie die Herrin über ein Schloss werden. Unter diesem Vorzeichen konnte sie sehr großzügig sein.

In dem an Maximes kleines Schlafzimmer angrenzenden Ankleideraum hing ein Kleidersack aus Naturleinen. Als sie den Stoff zurückschlug, wehte ein leichter Geruch nach Mottenkugeln auf, und es kam ein cremeweißes Satinkleid zum Vorschein. Das hatte lange Ärmel und war – außer einem kleinen V-Ausschnitt – hochgeschlossen, der Rock war nur wenig ausgestellt und fiel fast gerade herab.

Stolz drehte sich Maxime um. »Was sagst du? Ist das nicht großartig?«

»Ich weiß nicht ...« Loulou zögerte. Das schlichte Kleid hatte ihren Enthusiasmus noch nicht geweckt.

»Ich habe es in einem Antiquitätengeschäft entdeckt, das auf die Belle Époque spezialisiert ist. Es soll sich um einen frühen Entwurf von Edward Molyneux handeln. Vielleicht ist es aber noch älter. Auf jeden Fall entspricht es der mittelalterlichen Tracht der irischen Frauen.«

Loulou riss ihre Augen auf. »Eine ... mittelalterliche Tracht?«

»Ja. Und deinen Schleier lassen wir aus irischer Spitze fertigen ...« Maxime unterbrach sich, lächelte gequält. »Natürlich tun es belgische Spitzen nicht, obwohl die leichter zu bekommen sind. Auf jeden Fall wird dein Schleier im Stil der Kopftücher gehalten, die die Irinnen im ...«

»... Mittelalter?«, warf Loulou ein.

»Genau. Dein Schleier wird aus Spitze sein und so drapiert, wie die Irinnen im Mittelalter ihre Kopftücher trugen. Auf diese Folklore musst du als künftige Frau eines irischen Ritters achten, mein Liebes. Außerdem ist meine Idee nicht so langweilig wie das, was Bräuten üblicherweise zugemutet wird.« Mit selbstzufriedener Miene sah Maxime sie an. »Willst du das Kleid nicht endlich probieren?«

Loulou nickte ergeben.

»Dein Vater und ich haben entschieden, dass wir deine Brautschuhe in Italien anfertigen lassen«, plauderte Maxime weiter. Sie blickte an Loulous nackten Beinen entlang zu ihren Füßen, die in derben Stiefeletten steckten. »Aber du brauchst auch noch andere Schuhe, ich weiß. Das hat Desmond mir geschrieben.«

Unwillkürlich streifte Loulou die Stiefel ab. »Was hat Desmond geschrieben?« Sie kam sich recht albern vor, weil sie die Bemerkungen ihrer Mutter ständig wiederholte. Aber Maximes Nebensätze hatten es in sich.

»Dein Bräutigam war so umsichtig, mir eine Liste von Kleidungsstücken zu schicken, die du in der ersten Zeit deiner Ehe brauchen wirst.«

Loulou dachte an das Vergnügen, das es ihr bereitete, auf Flohmärkten nach einer Garderobe zu suchen, von der sie meinte, dass sie ihrem persönlichen Stil entsprach. Bunte Gewänder mit langen Röcken, Puffärmeln, Rüschen und Blumen hatten zuletzt ihrer Stimmung sehr gut entsprochen. Diese Kleider passten wohl mehr zu britischen Landfrauen als zu den Mädchen in Swinging London, aber die Entdeckung dieser Mode war Loulous Versuch, dem konservativen Stil der Blazer und Halstücher zu entfliehen und gleichzeitig schick für ihre neue Rolle zu sein.

Ihre Mutter schien ihre Verunsicherung nicht zu bemerken. Während sie die winzigen Knöpfe in Loulous Rücken schloss, stellte sie fest: »Ich habe es genau richtig ausgesucht. Die Größe ist perfekt«, sie zupfte an den Nähten herum, »nur an wenigen Stellen müssen wir noch etwas ändern lassen.«

Wie immer war Maximes Geschmack sicher und ihr Auge vorzüglich. Inzwischen barfuß, drehte sich Loulou vor dem Spiegel und versuchte etwas Positives an dem weißen Kleid zu sehen, das mehr als doppelt so alt war wie sie. Es war ziemlich elegant, befand sie schließlich. Ein wenig zu schlicht, aber klassisch schön.

»Du siehst aus wie ein Filmstar!«

Genau das würde Desmond gefallen, dachte Loulou.

»Wir dürfen nicht vergessen, einen bekannten Fotografen für die Hochzeitsbilder zu engagieren. Wie wäre es mit dem Earl of Lichfield? Patrick ist in Desmonds Alter und besitzt als Cousin der Queen das perfekte Renommee.«

»In London ist er eher für seine erotischen Fotografien bekannt«, warf Loulou errötend ein.

»Das mag sein, aber einen Skandal wird er schon nicht verursachen …« Maxime nieste. »Diese verdammten Mottenkugeln! Ich fürchte, dieser Satin hat die Jahrzehnte nur überdauert, weil er in Unmengen von Naphthalin eingepackt war. Wir müssen das Kleid gleich morgen in die Reinigung bringen. Und auf dem Rückweg beginnen wir mit dem Einkaufsbummel für deine Aussteuer.«

»Was steht denn auf Desmonds Liste?«, wiederholte Loulou.

»Ach, er hat ziemlich viel aufgeschrieben. Ich werde versuchen, das eine oder andere Stück im Großhandel zu beschaffen, oder wir müssen uns im Ausverkauf umsehen. Sonst kosten uns seine Wünsche ein Vermögen. Sie nicht zu erfüllen, wäre allerdings die schlechteste Option.«

In Gedanken rollte Loulou die Augen. »Aber was will er denn nun?«

»Sei nicht so ungehalten, Louise! Desmonds Fürsorge ist vorbildlich.«

Stumm nickte sie. Und wartete.

Als sie die Knöpfchen in Loulous Rücken wieder öffnete, zählte Maxime endlich auf: »Du brauchst – abgesehen von den Schuhen natürlich – ziemlich viele Sachen für den Tag: Kleider, Hosen, Pullover, Jacken, einen Mantel. Außerdem sollen wir etwas zum Wechseln für die Cocktailstunde besorgen und dann ein oder zwei Ballroben. Was wir nicht hier in Manhattan finden, kaufen wir in Paris, wenn wir nach Europa fliegen. Ich habe, Gott sei Dank, noch gute Beziehungen zu einigen französischen Modehäusern.«

Loulou schwirrte der Kopf von der Menge an Kleidungsstücken. Für das Geld, das Maxime in den zweifellos noblen Geschäften ihrer Wahl ausgeben würde, könnte Loulou auf dem Flohmarkt eine ganze Partygesellschaft einkleiden. Aber die von ihr bevorzugten Secondhandklamotten waren nicht die Art von Mode, die Desmond für seine Gemahlin vorschwebte. Schade, ihr gefiel dieser Stil so sehr … Sie schwankte zwischen dem Bedauern, dass er nun einen absolut konträren Geschmack zu dem ihren zeigte, und ihrem Herzenswunsch, ihm zu gefallen. Und das, was Maxime *Desmonds Fürsorge* nannte, versetzte ihr bei jedem Gedanken daran einen winzigen Stich.

*

»Madam«, der grauhaarige kleine Chinese hinter der Theke verneigte sich mit einer tiefen Verbeugung, »ich bitte vielmals um Entschuldigung.«

Maxime runzelte die Stirn. »Ist etwas passiert?«

»Das wunderschöne Satinkleid, das Sie bei uns abgegeben haben, hat in der chemischen Reinigung gelitten.« Es schien, als wollte er sich noch einmal verneigen, tatsächlich beugte er sich aber unter seinen Tisch. Wie unter einer schweren Last richtete er sich auf, in den Händen hielt er ein in Seidenpapier eingewickeltes Paket. Auf den ersten Blick sah es aus wie ein Stoffballen.

Loulou blickte von dem Mann zu ihrer Mutter. Sie presste die

Lippen zusammen, um nicht laut loszuprusten. Die Situation – und vor allem Maximes ungewöhnlich verstörter Gesichtsausdruck – war zu komisch.

Der Mann legte das Paket auf die Theke und faltete das Papier vorsichtig auseinander. Blitzsaubere cremeweiße Satinstreifen waren nun sichtbar. Ein Kleid war nicht mehr zu erkennen. »Die Nähte haben nicht gehalten«, erklärte er mit gebrochener Stimme. »Es ist alles auseinandergefallen. Bitte entschuldigen Sie, Madam.« Diesmal verneigte er sich wieder.

»Dann war es wohl doch ein wenig zu alt«, resümierte Loulou erleichtert glucksend. Nun konnte sie ihre Mutter sicher überzeugen, dass sie irgendwo ein Gewand finden würden, das ihr mehr zusagte als dieser steife, wenn auch schöne Entwurf von vor fünfzig Jahren.

Statt sich wie erwartet einen Tobsuchtsanfall zu gestatten, raffte Maxime die Teile der Antiquität energisch zusammen.

»Was machst du da?«, fragte Loulou. »Wir brauchen das nicht mehr.«

»Doch«, widersprach Maxime. »Wir werden dieses Brautkleid aus einem neuen Stoff nachschneidern lassen.«

»Aber …«

»Denkst du etwa, zerrissene Nähte wären ein böses Omen?« Maxime schüttelte den Kopf. »Papperlapapp! Das ist Aberglaube und völliger Unsinn. Ich bin überzeugt, dass dieses Modell das richtige für dich ist. Desmond wird es gefallen. Und auf etwas anderes kommt es sowieso nicht an.«

Natürlich hatte ihre Mutter wieder einmal recht. Loulou wollte diesen ganz bestimmten Glanz in Desmonds Augen sehen. Wenn Maxime meinte, das würde dieser Entwurf – und nur dieser! – hervorrufen, wollte sie ihr nicht widersprechen. Eine neue Version war dann sicher die beste Wahl – und würde nicht nur Desmond, sondern auch Loulou glücklich machen. Schließlich sah sie darin aus wie ein Filmstar …

London

8

Es fühlte sich an wie eine Verkleidung, in die Loulou an ihrem Hochzeitstag schlüpfte. Ihr Schleier aus irischer Spitze harmonierte zwar mit dem neuen schlichten Kleid, war jedoch äußerst ungewöhnlich: Er verbarg fast vollständig ihr streng nach hinten gekämmtes und aufgestecktes Haar, der eine Schal fiel über ihre linke Schulter, der rechte Zipfel war hochgenommen, umschloss ihren Hals und war auf der linken Seite festgesteckt worden. Den Dutt auf ihrem Kopf zierte ein Krönchen aus ebenso kleinen wie falschen Perlen und Diamanten, entworfen von Madame Rébé, einer in Paris bekannten Friseurin, die sich auf Hochzeitsfrisuren spezialisiert hatte und eigens nach London angereist war. Loulou hatte sich inzwischen Fotografien von irischen Trachten angesehen und hätte wohl eher ein Schultertuch aus Spitze über einem Spencer, einen weiten Rock und ein Cape bevorzugt, dessen Kapuze den Schleier ersetzte. Aber als künftige Gattin eines Ritters war jene Garderobe, die die Dorfbewohner aus Glin seit Jahrhunderten trugen, für den sogenannten schönsten Tag ihres Lebens wohl nicht passend.

Die Wochen bis zur Hochzeit schienen so schnell vergangen zu sein wie ein Fingerschnippen. In New York war Loulou kaum dazu gekommen, alte Freunde zu treffen. Anschließend flog sie mit ihrer Mutter nach Paris, um die restliche Aussteuer einzukaufen, die Desmond wünschte, was auch sehr viel Zeit in Anspruch nahm. Als sie nach London zurückkehrte, befanden sich in ihrem Gepäck ein schlichtes rotes Wollkleid mit passender Jacke neben zwei weiteren Kleidern in gedeckteren Farben, ein weißes und ein silbergraues Cocktailkleid sowie zwei Ballroben, ein Cordmantel, mehrere bequeme Hosen und dazu passende Pullover. Maxime hatte sie ausstaffiert wie eine wesentlich ältere Lady, lediglich die meisten Säume entsprachen der Mode für junge Frauen und endeten oberhalb des Knies.

In der Zwischenzeit gestaltete Desmond seine Junggesellenbude zu der Wohnung eines Ehepaares um. Maxime schenkte dem Paar die fehlende Küche zur Hochzeit, an den Einbau einer Heizung war jedoch nicht zu denken. Dafür bekamen die Wände einen neuen Anstrich: Desmond orientierte sich an seiner Freundin Mariga Guinness, die den Eingangsbereich ihres Zuhauses in Flaschengrün gestaltet hatte, das Esszimmer in Sonnengelb und den Salon in Tomatenrot. Der Innenarchitekt David Mlinaric, einer seiner Freunde, setzte Desmonds Sammlung irischer Antiquitäten vorteilhaft in Szene. Zu diesen antiken Kostbarkeiten kamen die Geschenke, die sich das Brautpaar, eigentlich aber vor allem Desmond, von seinen Gästen wünschte und über die eine Liste geführt wurde: Überwiegend waren das erlesene Haushaltsgegenstände vom Silberlöffel bis zum Papierkorb aus Leder, die gut zum Rest der Einrichtung passen würden. Loulou ließ ihn gewähren – sie hatte auch keine andere Wahl.

Als sie schließlich unter den Fanfaren der eigens engagierten Trompeter am Arm ihres Vaters die Kirche St Mary's betrat, kam sich Loulou vor wie eine jener Schauspielerinnen, die früher Desmonds Herz erobert hatten. Wie eine Vorhut stolperten die Kinder von Desmonds Freunden mit Loulous Cousinen voraus, und Loulou sah ihnen und sich selbst bei diesem Film zu – genauso wie die Gäste in den voll besetzten Kirchenbänken. Die Juwelen der Damen funkelten intensiver als ein Sternenhimmel, Desmonds Augen glitzerten auch, doch wirkte sein Blick etwas verschwommen, auf seinen schmalen Lippen lag ein glückseliges Lächeln. Er wartete im grauen Cutaway vor dem Altar und winkte ihr zu. Zwei Musiker aus Irland spielten auf Flöte und Gitarre klassischen Folk.

Die Zeremonie lief vor ihr ab, ohne dass sie sonderlich viel davon wahrnahm. Sie hörte Desmonds »Ja, ich will« und hauchte wohl dasselbe, sicher war sie sich vor lauter Aufregung nicht. Sie spürte seine Hand und stellte fest, wie erhitzt er war, als er ihr den Ring über den Finger schob. Ihr war nicht klar, ob sie selbst fror oder schwitzte. Es war alles so unwirklich. Schritt für Schritt kam sie langsam wieder zu sich, als sie an seiner Seite die Kirche verließ.

Im Fond des gemieteten Rolls-Royce, mit dem sie zu ihrem Empfang ins Hotel Claridge's fuhren, beugte sich Desmond vor und küsste sie sanft auf den Mund. »Herzlichen Glückwunsch, Mrs. FitzGerald.«

»Nur Mrs. FitzGerald, mein Ritter?«, alberte die vormalige Comtesse Le Bailly de la Falaise kichernd.

Desmond sah sie überrascht an. »Was meinst du? Natürlich bist du als meine Frau Mrs. FitzGerald. Ein Titel ist für die Gemahlin des Knight of Glin nicht vorgesehen.«

*

Nach einem rauschenden Fest begaben sich Loulou und Desmond auf Hochzeitsreise nach Mexiko. Während Desmond voller Begeisterung Pyramiden in Yucatán erklomm, die Tempelanlagen der Maya besichtigte und von den spanischen Eroberern erbaute Kirchen besuchte, wurde Loulou wie magisch angezogen von der tropischen Pflanzenwelt und den lauten Märkten, auf denen sie die farbenfrohen Rüschenkleider der einheimischen Frauen und der dazu passende Schmuck aus verschiedenen bunten Steinen, Glasperlen und Stickereien faszinierten. Sie erlebten die hohe Luftfeuchtigkeit des Dschungels, die wie Regentropfen in den Haaren klebte, ebenso wie romantische Sonnenuntergänge und Exkursionen zu Korallenriffen und Orangenplantagen. Loulou verliebte sich in die Lebensfreude der Mittelamerikaner, ihre Tänze und ihre Musik. Sie fand ihre eigene Fröhlichkeit darin wieder. Der ein paar Wochen währende Aufenthalt berührte auf märchenhafte Weise all ihre Sinne.

Die Einschiffung auf der Queen Mary erschien ihr trotz des Sonnenscheins im malerischen Hafen von Acapulco wie eine kühle Rückkehr in die Zivilisation. An Bord des Passagierdampfers nach New York City waren die unbeschwerten Stunden in Shorts und flatternden Baumwollfähnchen vorbei, statt Sandalen und Cowboystiefeln wurde von ihr erwartet, Pumps zu tragen. Da ihre Frisur während des Urlaubs gelitten hatte, bändigte sie ihre Locken mit den mit allerlei exotischen Blumen bedruckten Tüchern, die sie gekauft hatte, und war selten ohne einen Turban anzutreffen. So fühlte sie sich wohl, auch wenn die elegant und konservativ gekleideten Damen in der Erste-Klasse-Lounge offenbar nicht immer ihren Geschmack teilten.

Loulou strahlte ihre Mitreisenden an, setzte sich an einen Tisch und bestellte sich bei dem netten Steward einen Kaffee, während sie auf Desmond wartete. Sie vernahm ein Flüstern: »Das ist die junge Mrs. FitzGerald, die Frau des Ritters von Glin.« Und sie ärgerte sich darüber, dass Desmond allein durch den Klang seines Titels so viel mehr Respekt entgegengebracht wurde als ihr mit dem bürgerlichen Namen.

Um sich abzulenken, griff sie nach dem Exemplar der amerikanischen Ausgabe der *Vogue* auf dem Sessel neben ihr, das wohl irgendjemand liegen gelassen hatte und vom Kellner nicht weggeräumt worden war. Anfangs blätterte sie rasch durch das Hochglanzmagazin auf der Suche nach den Modefotos, doch plötzlich hielt sie inne, schlug eine Seite zurück, dann noch eine. Mit wachsendem Interesse betrachtete sie die Fotografien auf der Seite mit den Gesellschaftsnachrichten.

Das größte Bild zeigte eine junge Frau in einem weißen, pelzverbrämten, eine Handbreit über dem Knie endenden Mantelkleid mit einer Kapuze, die sie sich locker über das lange dunkle Haar gezogen hatte. Unwillkürlich wünschte sich Loulou, dieses Outfit auch tragen zu können. Der Bildunterschrift entnahm sie, dass die Frau Talitha Pol war, die in Rom den Ölerben John Paul Getty II. geheiratet hatte – und das schicke Ensemble war ihr Hochzeitskleid. Auf einer anderen Fotografie war zu erkennen, wie das Paar im römischen Rathaus die Trauungsurkunden unterschrieb, und Loulou fiel auf, mit was für einem gut aussehenden Mann Desmonds Ex-Freundin zusammen war. Der Text informierte die Leserin des Weiteren darüber, dass Mr. und Mrs. Getty künftig in Rom leben würden, die Hochzeitsreise nach Marokko gehe und die beiden in Marrakesch für eine gewisse Zeit ausspannen wollten.

Loulou verglich Talitha als Braut mit sich selbst zwei Monate zuvor. Sie hatte mit ihrem Schleier ein bisschen wie eine altertümliche irische Nonne ausgesehen, Talitha dagegen war atemberaubend modisch. Wieder fühlte sie sich als zweite Wahl. Doch in Loulous Innerem begehrte etwas dagegen auf.

»Was tust du da?«, erkundigte sich Desmond und ließ sich in den Sessel fallen, auf dem zuvor die Zeitschrift gelegen hatte.

Sie hatte nicht bemerkt, dass er an den Tisch herangetreten war. Rasch schlug sie die *Vogue* zu. »Ich blättere nur ein bisschen«, erwiderte sie scheinbar arglos.

»Hast du die neue Mode erkundet?«, fragte Desmond gutmütig, fügte jedoch kopfschüttelnd hinzu: »Ach, Loulou, ich habe noch nie jemanden getroffen, der so davon eingenommen ist wie du. Du bist regelrecht fasziniert von Kleidern und Hüten und was es sonst noch so gibt.«

»Meine Mutter behauptet immer, ich sei nicht mit Weihwasser, sondern mit ihrem Parfüm getauft worden«, erzählte Loulou lächelnd. »Es war ›Shocking‹ von Elsa Schiaparelli, für die *Maman* damals als Mannequin arbeitete. Ich brauche allerdings keine Haute Couture, mir genügen die Straßenmärkte, da finde ich alles, was mir gefällt.«

»Solange du kein Vermögen für deinen Stil ausgibst, soll es mir recht sein. Ich weiß ja, dass du immer gut angezogen bist. Nur wenn wir in Irland sind, bitte ich dich um eine etwas konventionellere Garderobe. Dort ist es anders als in New York oder London, wo es ausreicht, elegant zu wirken. Du bist nun einmal Mrs. FitzGerald von Glin Castle.«

»Ich weiß. Mach dir keine Sorgen, Knighty.« Vielmehr machte sie sich Sorgen, weil sie nicht wusste, ob sie es für immer im Schatten eines Mannes aushalten würde. Aber es handelte sich um ihren geliebten Desmond. Und was hätte sie auch sonst tun sollen?

1967

Glin Castle, Grafschaft Limerick

9

Zunächst bestand Loulous Garderobe zu Hause vor allem aus Pullover, Hose und dicken Socken. Denn abgesehen davon, dass Desmonds Schloss zwar durchaus hübsch, aber eingestaubt und ein wenig heruntergekommen wirkte, war es bitterkalt. Von dem Paradies, das sie nach allen begeisterten Berichten erwartet hatte, war wenig zu erkennen. Jedenfalls nichts, was mit Wärme und leichter Kleidung einherging.

Zugegebenermaßen war es eine schöne Anlage: Die Grünflächen reichten bis zum Ufer des Shannon, und wenn Loulou aus ihrem Schlafzimmerfenster sah, konnte sie die Schiffe erkennen, manchmal die wechselnden Gezeiten und bei klarem Wetter sogar den Sonnenuntergang. Meist jedoch wurde die Sicht durch den aufsteigenden Nebel oder von Regenschauern eingeschränkt. Die Wiesen waren tatsächlich so saftig grün wie in den Versen von Thomas Moore, der Park mit seinen uralten Bäumen wirkte geheimnisvoll, und die wilden Moore dahinter sahen geradezu mystisch aus. Doch die dicken Mauern schienen die Feuchtigkeit des irischen Regens aufzusaugen wie ein Schwamm und in die Innenräume abzugeben. Außerdem zog es ständig durch die venezianischen Fenster, die mit Fresken verzierten Decken waren zu hoch, die Salons zu groß, um sich durch ein Kaminfeuer ausreichend beheizen zu lassen. Alles wirkte grau und kühl – nicht zuletzt, weil der Frühling noch weit und eine bunte Blütenpracht, wie Loulou sie liebte, noch nicht einmal an den Knospen zu erkennen war.

Hin und wieder hatten sie Gäste, aber ihre Freunde blieben nie länger als ein Wochenende. Christopher Gibbs und David Mlinaric fachsimpelten mit Desmond dann vor allem über verschiedene Einrichtungsstile und Möbel. Mick Jagger, Brian Jones und die anderen aus deren Clique brachten zwar kurzfristig das moderne London in die alten Gemäuer, doch nach ihrer Abreise waren Stille und Einsamkeit noch bedrückender als zuvor. Mariga und Desmond Guinness kamen zu Besuch und sprachen mit Desmond über die Kulturschätze, die es in Irland zu bewahren galt. Anschließend erklärte er seiner jungen Gattin, dass er vorhabe, ein Buch über irische Architektur zu schreiben, und zog sich stundenlang in die Bibliothek zurück. Hin und wieder lud er amerikanische Touristen ein, die für viel Geld ein malerisches Anwesen nebst herrschaftlichen Bewohnern und vor allem einen echten Ritter besichtigen wollten, aber diese Gäste waren für Loulou am anstrengendsten. Sie konnte einen zwanglosen Abend planen, sogar eine Cocktailparty organisieren, hatte aber nie gelernt, ein sogenanntes »gesetztes Essen« zu veranstalten, Menüpläne und Tischordnungen zu erstellen. Also fror sie und fühlte sich manchmal überfordert, meist aber langweilte sich Loulou.

In diese etwas eintönige Zeit platzte die Nachricht von Maximes neuer Liebe wie eine Bombe. Loulou las den Brief ihrer Mutter mehrmals, bevor sie erfasste, dass es sich nicht um einen Scherz handelte. Sie thronte in ihrem Herrenpyjama aus wärmendem Flanell auf dem Bett im Schlafzimmer der Hausherrin, das durch die goldene Holzkrone gekennzeichnet war, die den Himmel aus zwei Samtportieren zusammenhielt, und las und las. Als sie schließlich begriff, was in Manhattan vor sich ging, sprang sie auf, schwenkte das dünne Luftpostpapier wie einen Fächer und lief auf den Flur und die Treppe hinunter. Da sie vor Aufregung vergessen hatte, ihre Schuhe anzuziehen, war sie nur auf Strümpfen unterwegs. Ungeachtet ihrer unpassenden Garderobe klopfte sie kurz, um dann in Desmonds Bücherzimmer zu stürzen.

Auf dem niedrigen Tisch vor dem Kamin und auf der Sessellehne daneben lagen ein paar dicke Wälzer. Desmond schenkte seine Aufmerksamkeit jedoch dem Billardtisch, den einer seiner Vorfahren zwischen den Bücherregalen platziert hatte. Er lag mit gestrecktem Arm über der mit einem grünen Tuch bespannten Platte und zielte mit einem Queue auf die weiße Kugel links hinten vor der roten, richtete sich jedoch bei ihrem Eintreten sofort auf. »Loulou?!«

»Meine Mutter hat sich verliebt«, verkündete sie aufgeregt.

Ein wenig entnervt wandte er sich wieder dem Billard zu. »Wenn ich dich richtig verstanden habe, kommt das andauernd vor.«

Loulou hatte sich bewusst Zeit für die Pointe gelassen. Nun platzte sie heraus: »Sie hat sich in deinen Freund John McKendry verliebt.« Das Luftpostpapier raschelte wie zur Bestätigung.

Mit einem ratschenden Geräusch glitt das Ende des Queues an den Bällen vorbei über den Tisch. »John ist mindestens zehn Jahre jünger als sie.«

»Na und? Ich bin auch mindestens zehn Jahre jünger als du.«

»Das ist doch etwas völlig anderes«, protestierte er.

Loulou trat auf ihn zu, stellte sich auf die Zehenspitzen und küsste ihn auf die Wange. »Sei nicht so konservativ, Knighty! Sie haben sich auf unserer Hochzeit kennengelernt und nach ihrer Rückkehr in New York verabredet. *Voilà.* Nun sind sie ein Paar.«

»Warum haben wir nichts bemerkt, als wir sie besucht haben?«

»Keine Ahnung, vielleicht waren Maxime und John diskret. Aber nun wollen sie es öffentlich machen.« Sie hielt ihm den Brief hin. »Lies selbst.«

Desmond nahm ihr das Blatt ab und warf einen Blick darauf. Seine Augenbrauen hoben sich. Er blickte auf. »Die beiden wollen im Sommer heiraten …?« Sein Ton war ein einziges Staunen.

»Yeah!«

»Freust du dich etwa darüber? Eine Frau wie deine Mutter wird einen Feingeist wie John … ähm … Wie soll ich es ausdrücken …? Meinst du, sie wird ihm guttun?«

»Warum nicht? *Maman* ist eine schöne, kluge und kreative Frau. Sie ist keine gute Mutter, aber es hat sich meines Wissens noch keiner ihrer Liebhaber je über sie beklagt.«

Desmond verdrehte die Augen.

»Sie kennt Gott und die Welt in Manhattan, in der Kunstszene ebenso wie in der High Society. Deshalb ist sie bestimmt die perfekte Partnerin für einen Mann, der am Metropolitan Museum Karriere machen möchte.«

»Ja«, stimmte er zögernd zu. »Aber müssen sie deshalb gleich heiraten?«

Loulou lachte. »Sie ist nun einmal in manchen Dingen ebenso konservativ wie du.«

»Anscheinend muss ich mich erst daran gewöhnen, dass einer meiner besten Freunde meine Schwiegermutter liebt.«

»John vergöttert sie!« Loulous Lachen verwandelte sich in ein Kichern. »Jedenfalls schreibt sie das.« Sie stupste Desmond in die Seite. »Komm, freu dich. Wir werden eine große Familie sein.«

»Ich freue mich ja«, behauptete er, bevor er ihr einen Kuss auf den Scheitel hauchte. »Das heißt, wir fliegen im Sommer wieder nach New York und …«

»Wann fahren wir eigentlich nach London?«, warf Loulou ein.

Mit einer großzügigen Geste deutete Desmond auf die Bücher, die auf dem Tisch vor dem Kamin lagen. »Ich brauche noch eine

Weile, um diese Werke durchzugehen. Darin habe ich einen guten Ansatz für mein Vorhaben gefunden, die historische Betrachtung der irischen Architektur zu beleuchten.«

»Ich ziehe die Gegenwart vor«, gab Loulou seufzend zurück.

»Dann unternimm doch einen kleinen Spaziergang und sieh nach, ob die ersten Knospen am Ginster schon aufgehen. Zwischen den Regengüssen haben wir heute herrliches Wetter. Und morgen machen wir einen Ausflug zur Schafsfarm und zur Wollfabrik. Da müssen wir uns unbedingt mal wieder sehen lassen.«

Ohne Widerworte trat sie den Rückweg an, der Hinweis auf die Pflichten von Mrs. FitzGerald dröhnte lauter in ihren Ohren als die Bässe von Brian Jones' Gitarre.

In der Halle blieb sie vor den Gemälden von Desmonds Vorfahren stehen, betrachtete die Porträts eines nach dem anderen. Honorige Männer mit strengem Blick, hohen Kragen und Halstüchern, Perücken und Stolas – mehrere Hundert Jahre an Rittern waren hier vertreten. Die dazugehörenden Damen jedoch waren meist in Bildern zu finden, die über Kaminsimsen oder als Miniaturen neben Fensternischen hingen, in der Ahnengalerie hatten die nichts zu suchen. Dabei hatten sie an der Ahnengalerie entscheidend mitgewirkt, fuhr es Loulou durch den Kopf. Der Titel Knight of Glin wurde aber nur an männliche Nachkommen vererbt, und falls sie keinen Sohn gebar, wäre Desmond der letzte Ritter Irlands.

Darüber nachzudenken, hatte sie jedoch noch Zeit, entschied Loulou. Sie hatte ihr Leben noch vor sich – und den Gedanken an eine Mutterschaft auch. Obwohl sie Desmond ihre Zukunft geschenkt hatte, würde sie nicht Maximes Fehler wiederholen und gleich nach der Hochzeit schwanger werden. Sie hatte zu sehr unter der frühen Trennung ihrer Eltern gelitten, um das Mysterium der Ehe nicht erst einmal auskundschaften zu wollen, bevor sie selbst ein Kind bekam. Und sie wollte leben. Feiern. Unter anderen Menschen sein. Genau genommen wollte sie in

London sein und nicht in dieser Einsamkeit am Ufer des Shannon!

Obwohl sie meist frei von Neid war, fühlte sie einen Stachel in ihrem Herzen. Es war lächerlich, aber mit einem Mal war sie eifersüchtig auf Maxime, die mit dem Mann, den sie offenbar liebte, das gewohnte Leben führen konnte, deren Turbulenzen und Glanz Loulou ebenso schätzte wie Maxime. Der gut aussehende John McKendry, der Samtsakkos trug und an jedem Finger einen Silberring, war ein Dandy, der ausschweifende Nächte auf Partys und in Clubs genoss, aber am nächsten Morgen in seinem Büro saß und unverdrossen seiner Arbeit als Kurator nachging, die Berufung für ihn war. Er war ein Intellektueller, aber keiner, der sich hinter seinen Büchern versteckte. Nun ja, er besaß auch kein Schloss und keinen märchenhaft klingenden Titel.

Als Loulou schließlich Desmonds Ratschlag befolgte und nach einem kurzen Schauer zu einem Spaziergang aufbrach, drängten sich ein paar Sonnenstrahlen durch die blassgrauen Wolken. An den Gräsern und den Blättern des Klees auf der Wiese glitzerten die Tropfen wie ein Meer aus Diamanten. Loulou stapfte in ihren Gummistiefeln an Eiben, Fichten und einem Weißdorn vorbei zu dem Hügel, der sich am Rande des Parks über den Fluss erhob. Desmond hatte ihr den Platz gezeigt, von dem man einen wunderschönen Blick auf den Sonnenuntergang hatte. Nach Romantik stand Loulou jedoch an diesem Nachmittag nicht der Sinn. Mit großen Schritten erklomm sie die Erhebung, sodass sie atemlos auf dem Gipfel ankam.

Sie entdeckte eine Herde braun gefleckter und schwarzer Rinder, Kerrykühe und Vertreter der Dexterrasse bereicherten die hiesige Landwirtschaft. Friedlich wiederkäuend boten sie einen herrlichen Kontrast zu den bei dieser Beleuchtung intensiv smaragdgrün schimmernden Weiden. Am Himmel zogen die Wolken vorbei, nahmen eine dunklere, blaugraue Farbe an und wurden zunehmend schwerer. Die Regenpause hielt nicht lange. Sicher würde Loulou es nicht trockenen Fußes zurück ins Schloss schaffen, und das Kopftuch, das sie sich umgebunden hatte, würde ihr Haar kaum schützen.

Doch eigentlich wollte sie gar nicht vor der Kraft der Natur davonlaufen. Sie wollte die Elemente wahrnehmen, ihre Lebendigkeit spüren, wie sie den Verkehrslärm des Piccadilly Circus früher in sich aufgesogen hatte, um die Großstadt zu fühlen. Mit dem Unterschied freilich, dass sie mit allem, was das Leben hier ausmachte, auf Dauer nichts anfangen konnte. Sie wollte zurück nach London, das wurde ihr in diesem Moment schmerzlich bewusst.

Als die ersten Regentropfen fielen, breitete sie die Arme aus und drehte sich um die eigene Achse. Sie schrie sich den Frust von der Seele.

Es hörte sie niemand.

Marrakesch, Marokko

10

Die Farben waren wundervoll. Das kräftige Kobaltblau des Himmels erstreckte sich über dem Ocker der Mauern, dem Gelb der Wüste, dahinter schimmerte der Schnee auf den Gipfeln des Atlasgebirges. Silberne Olivenbäume, Aleppokiefern mit purpurnen Zapfen und das satte Grün der Orangenbäume sorgten für ein wenig Ruhe in der spektakulären Ansicht. Doch nach ein paar Schritten im Garten des Hotels La Mamunia erlebten die Augen der Betrachterin wieder ein buntes Feuerwerk: Violett blühende Jacarandas und die roten Blüten von Oleander, Rosen und Bougainvillea verströmten zudem einen betörenden Duft. Es war ein magischer Ort, berauschend und sinnlich.

Talitha Getty fühlte sich angezogen von der prächtigen Schönheit, die sich vor ihr ausbreitete, ebenso wie von der Vielfalt Marokkos. Die berührte sie mehr als das schillernde Leben, das sie in London und Rom führte, ihrem alten wie neuen Zuhause. Das Kunsthandwerk der Berber zog sie an, die Stickereien und Stoffe. Ebenso die Aromen von Gewürzen wie Zimt, Safran und Muskatnuss, die zusammen mit dem Potpourri aus Tabak und wer weiß was noch alles aus unzähligen Wasserpfeifen über die Place Djemaa el Fna waberten und zu dem mitten in der Altstadt gelegenen La Mamunia wehten, wo sie sich mit den Blütendüften verbanden.

Tief durchatmend spazierte sie an diesem Spätnachmittag über die stillen Wege. Paul war am Telefon aufgehalten worden, und sie hatte keine Lust verspürt, die ewigen Streitereien mit seinem Vater mitanzuhören, deshalb war sie allein losgezogen. Ihr Mann war zwar der Sohn des reichsten Mannes der Welt, aber es war kein leichtes Schicksal, John Paul Getty II. zu sein. Für eine junge Frau, die aus einem harmonischen Familiengefüge stammte, war die Härte erschreckend, mit der der egoistische und misstrauische erste Paul mit seinem Nachfolger umging. Durch das Erbe seiner Großmutter mangelte es ihrem Gatten, der das Büro des amerikanischen Öltycoons in Rom leitete, nicht an stattlichen Einnahmen, wohl aber vermisste er Aufmerksamkeit und Anerkennung, von elterlicher Liebe ganz zu schweigen.

Als sie ihm das erste Mal bei einem Abendessen in London begegnet war, berührten sie seine Schüchternheit und Bildung. Sie hatte das Gefühl, diesen attraktiven und frisch geschiedenen Mann zum Leben erwecken zu müssen. In der Öffentlichkeit wurde er zwar als Vertreter des römischen *Dolce Vita* wahrgenommen, aber Talitha begriff rasch, dass Paul auf der Suche nach Sinnhaftigkeit und einer inneren Wahrheit war. Dieser Wunsch führte sie auf Hochzeitsreise nach Marokko, wo alles leichter, freier und ursprünglicher zu sein schien als in Italien, Großbritannien oder auch den USA. Sie wurden beide nicht enttäuscht.

Obwohl der Sandboden den Klang der Absätze fast verschluckte, nahm sie hinter sich Schritte wahr. Als sie sich umdrehte, bemerkte sie einen mittelgroßen Mann Ende dreißig in Jeans und einem in Blautönen gehaltenen geblümten Oberhemd, dessen oberster Knopf offen stand. Er hatte brünettes gescheiteltes Haar, das eine hohe Stirn in einem glatt rasierten Gesicht umrahmte, und schützte seine Augen gegen die Sonne mit einer modernen Pilotenbrille. Ein Tourist wie sie, wahrscheinlich ein Hotelgast, der ihr im Vorbeigehen ein freundliches Lächeln schenkte. Um ihm nicht wie ein Schatten zu folgen, änderte sie ihre Richtung und kehrte langsam zu dem orientalischen Palast zurück, in dem sich die Gästezimmer befanden.

Etwas abseits von Schwimmbad und Terrasse hatte jemand einen Liegestuhl unter die Bäume geschoben. Talitha achtete nicht gleich darauf und stolperte über die Füße der Person, die gerade die Beine seitwärts schwenkte, vermutlich um aufzustehen. Sie verlor ihr Gleichgewicht und landete in den Armen des Fremden. Ihr stieg ein frischer, seltsam pfeffriger Duft von Lavendel und Zeder in die Nase. Es war ein angenehmes Aroma – trotzdem musste sie niesen.

»*Sorry*«, murmelte sie verwirrt.

»*Pardon*«, erwiderte der Mann, der sie festhielt.

Während sie sich, von ihm tatkräftig unterstützt, aufrappelte, fielen Block und Bleistift herunter, die auf dem Liegestuhl gelegen hatten. Automatisch bückte sie sich nach dem Skizzenheft. Das zuoberst liegende Blatt zeigte mehrere figürliche Zeichnungen, es waren handwerklich perfekt ausgeführte Darstellungen der marokkanischen Landestracht: Farasia, Kaftan, Sedria, Dschellaba, vor allem die Garderobe der einheimischen Männer, die Stickereien waren ebenso klar ausgearbeitet wie die Falten der Überwürfe, Knöpfe und die üblicherweise gewebten Gürtel. Über den Köpfen flatterten Bienenfresser, die ebenso lebendig wirkten wie die Vögel, die überall in den Bäumen über Talitha zirpten.

»Wow!« Sie reichte ihm die Arbeiten. »Das ist großartig.«

»Nur eine kleine Spielerei«, antwortete er bescheiden auf Englisch. Er sprach mit einem starken Akzent und sehr langsam, als fiele es ihm schwer.

Endlich sah sie ihn direkt an. Er war recht groß und sehr schlank, ein junger Mann von etwa dreißig Jahren mit einem schmalen, kantigen Gesicht, das von einer dunklen Hornbrille dominiert wurde. Sein welliges hellbraunes Haar stieß im Nacken auf den Kragen eines langen weißen Baumwollhemds. Er wirkte wie eine Mischung aus Schönling und Schuljunge, dabei eher schüchtern als keck. Sie lächelte ihn an.

»Sie sollten Ihr Talent nicht in den Schatten stellen.«

Schmunzelnd legte er seinen Skizzenblock wieder auf den Liegestuhl.

»Ich kenne mich ein bisschen aus mit Malerei«, plauderte Talitha, »und kann eine große Begabung erkennen.« Sie fügte nicht an, dass sowohl ihr Vater Willem Pol als auch der Vater ihrer Mutter, Augustus John, bekannte Künstler waren.

Er schwieg eine Weile, und sie wollte sich schon abwenden, weil sie vielleicht zu aufdringlich war, als er plötzlich sagte: »Modezeichnungen sind mein Beruf.«

»Tja, dann ...« Nun war sie verlegen.

Eine vertraute Stimme unterbrach sie: »Da bist du ja, Liebling. Ich habe dich schon überall gesucht.«

Paul war neben sie getreten. Etwas größer noch als der Fremde, in eine schlichte Dschellaba gehüllt, deren Kapuze er über sein dunkles Haar gezogen hatte, die kurzsichtigen Augen hinter einer Sonnenbrille verborgen.

Sie stellte sich auf die Zehenspitzen, um ihren Mann auf die Wange zu küssen. »Ich bin eben über diesen Herrn hier gestolpert.«

Der Fremde schüttelte den Kopf. »Es ist nichts passiert.«

»Sind Sie im Urlaub hier? Woher kommen Sie?«, fragte Paul und streckte dem anderen die Hand hin. »Wir sind auf Hochzeitsreise.«

»Mein Freund und ich machen Ferien von Paris.«

»Oh, Franzosen!«, resümierte der Amerikaner aus Rom. »Warum nehmen wir nicht einen Drink an der Bar? Ich heiße Paul. Paul Getty. Und das ist meine Frau Talitha.«

Ein winziges Zögern, als wäre es ihm unangenehm, sich vorzustellen, dann: »Mein Name ist Yves Saint Laurent.«

*

Die Drinks an der Hotelbar wurden zu einem Bestandteil ihrer Nachmittage. Es schien Talitha, als hätten sie und Paul Gleichgesinnte gefunden, mehr noch als das, irgendwie waren sie seelenverwandt mit Yves und seinem Partner Pierre Bergé – dem freundlichen Mann, dem Talitha auf ihrem Spaziergang begegnet war.

Paul und Yves waren sich nicht unähnlich – auf gewisse Weise waren sie beide Suchende, die in Marrakesch fündig zu werden hofften, beide scheu und ständig von einer stillen Traurigkeit beherrscht. Natürlich war Paul nicht von seiner vielen Arbeit gestresst wie Yves, aber es verband sie die Sehnsucht nach Frieden und einem Ort der Ruhe. Hinzu kam, dass der Modeschöpfer trotz seiner persönlichen Affinität Frauen liebte, und Talitha war offenbar genau der Typ, den er anbetete. Sie verstanden sich – und Pierre Bergé wirkte dabei wie ein liebevoller Vater, der die Geschicke in die richtigen Bahnen zu lenken versuchte. Ein Mann mit großem Geschäftssinn, wie sich herausstellte. Als Talitha und Paul begannen, sich nach einem eigenen Haus in der Altstadt umzusehen, waren ihnen sowohl Yves mit seinem vortrefflichen Geschmack als auch Pierre mit seinem scharfen Verstand hilfreich.

Gemeinsam erkundeten sie die verwinkelten Gassen der Medina, geführt von einem Immobilienmakler, der sich gut genug auskannte, um sie nicht in irgendwelche Sträßchen zu führen, die unter geschlossenen Arkaden der Souks endeten, wo sie als Ausländer von aufdringlichen Händlern umzingelt werden könnten. Trotz des nicht ungefährlichen Aufenthalts zog es Yves aber immer tiefer in dieses undurchdringlich scheinende Labyrinth, vor allem zu den Wollfärbern wollte er, die ihre mit leuchtend bunten Pigmenten versehene, zu Fäden gesponnene Ware an langen Leinen zum Trocknen aufhängten. Er konnte sich anscheinend nicht daran sattsehen, ebenso an den gewebten Schals, Tüchern und Decken der Berber.

»Hier kann ich endlich atmen«, sagte er zu Talitha.

Verständnislos sah sie zu ihm auf. Sie fand das Treiben in dem überdachten Marktgässchen zwar aufregend, aber nicht unbedingt befreiend für ihre Lungen. Es roch nach allerlei Gewürzen und Kräutern, Duftstoffen und Obst, aber auch ein wenig nach Ausdünstungen und Kloake. Sie kannte eine ähnlich lebhafte Stimmung aus ihrer frühen Kindheit, die sie in der damaligen Kolonie Niederländisch-Indien auf der Insel Java verbracht hatte, und es waren dank der japanischen Besatzung im Zweiten Weltkrieg nicht nur frohe Erinnerungen.

Yves lächelte versonnen, als befände er sich mit seinen Gedanken ganz woanders. »Ich wurde in Oran geboren, einer großen Stadt in Algerien«, sagte er wie zu sich selbst. »Meine Eltern waren *pieds-noirs*, so nannte man Franzosen, die in der Kolonie lebten – bis uns der Unabhängigkeitskrieg die Heimat nahm. Es gibt so vieles, das ich von dort vermisse. Vor allem das Licht und die Farben.«

»Das verstehe ich«, erwiderte Talitha enthusiastisch. Sie waren beide entwurzelt. »Das Licht zog meinen Vater nach Indonesien, er wollte dort malen. Ich wurde auf Java geboren, aber dann kam der Krieg auch nach Asien, und wir konnten nicht zurück nach Europa.« Über die Jahre, die sie mit ihrer Mutter, getrennt von Willem Pol, in einem japanischen Frauenlager verbracht hatte, sprach sie nicht gerne, deshalb setzte sie nur hinzu: »Die bunte Fülle auf den Märkten ist mir noch gut in Erinnerung.«

»Ich hasse Krieg«, stieß Yves überraschend heftig hervor.

Sie wollte ihn fragen, ob er jemals Soldat gewesen sei, doch sie unterließ es aus Höflichkeit, nicht aus mangelndem Interesse.

Die Werkstatt eines Wollfärbers war sicher nicht der richtige Platz für ein derartiges Gespräch. Marrakesch sollte ein Ort der Leichtigkeit sein, in der Sprache der Berber bedeutete der Name »Land Gottes«, die meisten Reisenden – Einheimische wie Touristen – nannten die Stadt »Perle des Südens«. Insofern waren düstere Gedanken vollkommen unangebracht.

Aus den Augenwinkeln beobachtete sie, dass Paul und Pierre, tief in eine Unterhaltung versunken, mit dem Makler weitergezogen waren. Sie zupfte Yves am Ärmel. Sie sollten weitergehen, um die anderen nicht zu verlieren und sich womöglich zu verlaufen. Gerade als sie ihn darauf aufmerksam machen wollte, gestand er in seinem holprigen Englisch: »Als ich zum Militärdienst eingezogen wurde, erlitt ich einen Nervenzusammenbruch.«

»Das tut mir sehr leid.« Vielleicht hätte sie ihm jetzt von den japanischen Aufsehern erzählen sollen, die die kleine Talitha mit ihren sadistischen Spielen fast zu Tode geängstigt hatten. Sie hätte von ihrer leiblichen Mutter berichten können, die das Kriegsende und die Umsiedlung nach England nur wenige Jahre überlebte. Sie hätte Yves deutlich machen können, dass sie seinen Schmerz verstand. Doch sie sagte nichts, legte nur den Arm um seine schmale Gestalt und stellte nach einer Weile leichthin fest: »Für einen Mann bist du viel zu dünn.«

Als hätte sie eine dunkle Wolke vertrieben, verflog Yves' Traurigkeit. Er lachte. »Da Pierre sehr gut kocht, werde ich sicher eines Tages Fett ansetzen.«

»Wie lange seid ihr schon zusammen?«

»Neun Jahre. Eine lange Zeit, nicht wahr? Wir sahen uns zum ersten Mal auf der Beerdigung von Christian Dior, aber da war so viel los, dass ich ihn gar nicht richtig wahrnahm. Er war damals noch ein unbekannter Journalist. Ein Jahr später trafen wir uns bei einem Abendessen wieder. Seitdem kümmert sich Pierre um mich.«

»Das tut er anscheinend sehr gut.«

»Pierre ist mein Freund und mein Partner, er ist mein Lebensretter. Ohne ihn bin ich verloren.«

So hatte sie sich das bereits nach ihren ersten Beobachtungen vorgestellt. »Das klingt sehr schön …«

»Es verpflichtet und engt manchmal ein«, fügte Yves traurig hinzu.

»Wir bemühen uns doch alle, die richtige Mitte zu finden. Dafür gibt es verschiedene Hilfsmittel, und wahrscheinlich müssen wir nur versuchen, unser Bewusstsein zu erweitern.«

Zwischen den vorbeischlendernden Männern und Frauen fiel in einiger Entfernung der wild gestikulierende Paul auf. Jede seiner Bewegungen verdeutlichte, dass Talitha und Yves endlich nachkommen sollten.

Talitha hakte sich bei Yves unter. »Komm, wir müssen uns beeilen.«

»Ich bin so froh, dass du verstehst …« In beredtem Schweigen brach er ab.

»Ja. Das tue ich. Mehr, als du weißt.«

Als sie die drei Männer erreichten, verkündete Paul euphorisch: »Wir müssen uns beeilen, bevor die Sonne untergeht. Monsieur Abbas will uns ein Haus auf der anderen Flussseite in Sidi Mimoun zeigen. Ein Riad, wie die Stadthäuser hier heißen, mit einer Dachterrasse und einem begrünten Innenhof.«

Talitha war erschöpft. Sie wollte lieber ins Hotel zurück, als noch weiter herumzulaufen. Das Gespräch mit Yves hatte sie nachdenklich gestimmt. Sie suchte Ruhe und würde die vielleicht beim Genuss der einen oder anderen Wasserpfeife finden. Sie wechselte einen Blick mit Pierre in der Hoffnung, ihn auf ihre Seite zu ziehen. »Können wir dieses Haus nicht morgen besichtigen?«

Prompt erklärte der Makler: »Madame, das *Palais du Zahir* ist sehenswert. Besonders kurz vor Sonnenuntergang finden Sie kaum einen schöneren Platz in Marrakesch. Es gibt auch noch andere Interessenten, und morgen könnte es zu spät sein. Sie verstehen?«

»Dann soll es nicht sein«, widersprach Talitha.

»Heißt *Palais du Zahir* nicht so viel wie *Palast der Lust*?«, warf Yves schmunzelnd ein. Auf das beflissene Nicken des Maklers hin entschied er: »Ich glaube, das dürfen wir uns nicht entgehen lassen.«

Und da Pierre alles möglich machte, was Yves sich wünschte, fügte sich Talitha stumm in ihren und Pauls Besichtigungstermin.

London

11

Die lang erwartete Rückkehr in die Pont Street war schließlich nicht etwa Loulous Sehnsucht geschuldet, sondern der puren Notwendigkeit. Desmonds Beurlaubung endete, er musste den Platz an seinem Schreibtisch im Victoria and Albert Museum wieder einnehmen und dem schnöden Alltag eines Angestellten den Vorzug vor dem Leben als Gutsherr geben.

Für Loulou bedeutete seine Berufstätigkeit, dass sie meist bis in den Nachmittag hinein schlief, um dann bis spät in die Nacht ausgelassen zu feiern. Desmonds Freunde schienen sie beide in einer unendlichen Woge von Partys wiedersehen zu wollen, es verging kein Tag ohne Einladungen. Nach ihrer Hochzeitsreise durch Mexiko, dem Aufenthalt in New York und der stillen Zweisamkeit in Irland wirkten die nicht enden wollenden Feste auf Loulou wie die Erfüllung all ihrer Träume. Darüber hinaus machte ihr Desmond hier keine Vorschriften mehr, was sie in ihrer Freizeit tun sollte.

Also erkundete sie zwischen Aufwachen und der nächsten Cocktailparty die Flohmärkte der Stadt und die Boutiquen der Carnaby Street. Eines Nachmittags traf sie ihre alte Freundin Jane Ormsby-Gore, die Tochter des ehemaligen britischen

Botschafters in Washington, die nach einer Affäre mit Mick Jagger kürzlich den Designer Michael Rainey geheiratet hatte und mit diesem eine Boutique in Chelsea führte. Die aktuellen Kollektionen bestanden aus stilisierten Uniformröcken wie aus der Regency-Ära und Kleidern, Hemden und Tuniken aus orientalischen Stoffen. Nach diesem sehr angenehmen Besuch machte sich Loulou auf den Weg zur King's Road, wo im eher heruntergekommenen Teil der Straße eine viel gerühmte Neueröffnung lag. Ihre Großmutter, dachte Loulou, wäre entsetzt, wenn sie wüsste, dass sie ohne Begleitung durch diese Gegend streifte.

Hinter einer in den Farben der Pop-Art leuchtenden Fassade verbarg sich ein Laden namens Granny Takes a Trip, dessen Berühmtheit trotz der Konkurrenz sogar Loulous Freundin Jane anerkannte. Die Wandmalerei zeigte ein überlebensgroßes Porträt von Jean Harlow, das offenbar eine Verbeugung vor dem Hollywood der Dreißigerjahre war, sicher aber auch ein Hinweis auf den Fundus des Geschäfts, ein Schaufenster fehlte nämlich. Die türkisblau gestrichene Eingangstür führte zu einer Art Himmel für Secondhand- oder vergangenen Zeiten nachempfundene Mode. In den Regalen und an den Kleiderstangen hing eine riesige Auswahl an Garderobe, die Loulous Herz auf den ersten Blick höherschlagen ließ. Auf dem Boden lagen türkische Teppiche übereinander, marokkanische Lampen standen auf antiken Tischen neben modernem Plastikdesign, afghanische Lederhocker dienten als Ablage für Hüte und Körbe mit Schals.

»Hallo, Mrs. FitzGerald … Louise …!«, rief ihr der bärtige Typ mit den dunklen Haaren zu, der hinter der Kasse auf einem Barhocker saß und bei ihrem Eintreten gedankenverloren an den Saiten einer Flamencogitarre gezupft hatte.

»Hi«, gab Loulou fröhlich zurück, während sie sich den Kopf darüber zerbrach, wo sie den jungen Mann schon einmal gesehen hatte. Ihm schien ihr Zögern aufzufallen.

»John Pearse«, stellte er sich lächelnd vor.

»Ich wusste, dass wir uns schon einmal getroffen haben«, erwiderte sie. Bestimmt war das bei irgendwelchen Musikerfreunden gewesen. Mit einiger Verzögerung fiel ihr ein, dass John eine eigene Show im Fernsehen hatte, in der er Gitarrenunterricht gab. »Schön, dich zu sehen. Eine nette Bühne hast du hier.«

»Mir gehört der Laden. Na ja, anteilig.«

»Und was für ein Laden!«, mischte sich eine weibliche Stimme ein. »Es ist einfach großartig hier.«

Hinter einem Paravent kam eine schlanke junge Frau hervor. Sie trug Schlaghosen, einen gerade geschnittenen Blazer über einer Chiffonbluse und so viele bunte Ketten wie Loulou. Auf ihre Schultern fiel glattes, langes dunkelbraunes Haar, und das ebenmäßige schmale Gesicht wurde von mandelförmigen Augen beherrscht. Diese blickten Loulou neugierig an. »Du bist also die Frau von Desmond FitzGerald, ja?« Die Frage war mehr eine Feststellung.

»Louise«, bestätigte sie unbefangen.

»Ich bin Talitha«, antwortete die andere und streckte Loulou die Hand entgegen. »Talitha Getty.«

Das hätte ich mir denken können, fuhr es Loulou durch den Kopf. Sie hätte Talitha auf den ersten Blick erkennen müssen, so oft wie sie in den vergangenen Wochen Fotos von Desmonds Ex-Freundin gesehen hatte. In Rom, in London, in Marrakesch. Aber natürlich war sie überrascht von der Begegnung. Sie hatte Talitha hier nicht erwartet.

»Es freut mich, dich kennenzulernen«, sagte Loulou automatisch. Tatsächlich fühlte sie sich hin- und hergerissen zwischen der alten Eifersucht auf die Filmschauspielerin und Bewunderung für die schöne Frau. Jedenfalls war Talitha umwerfend angezogen, und diese gelungene Mischung aus Hippie, Eleganz und Farben berührte Loulous Sinne.

»Deine Bluse ist toll«, murmelte sie, staunend, weil sie durch eine Bewegung feststellte, dass der Chiffon nirgendwo gefüttert war.

»Die ist aus der Rive-Gauche-Kollektion von Yves Saint Laurent«, erklärte Talitha strahlend. »Ich habe sie in seiner neuen Boutique in Paris gekauft.«

»Oh!« Loulou versuchte die Informationen zu sortieren. Trotz ihres familiären Hintergrunds war sie in Paris nie zu Hause gewesen. Deshalb war ihr die Modeszene dort vor allem durch Maximes frühere Tätigkeit als Mannequin für Elsa Schiaparelli und die gelegentlichen Entwürfe ihrer Mutter für das Modehaus Chloé ein Begriff. Loulous Hinwendung an Irland bestimmte ihren aktuellen Geschmack, aber sie hatte den Namen Yves Saint Laurent schon gehört, sogar in Manhattan wurde über ihn gesprochen. In ihrem Hirn kramte sie ihr Wissen zusammen. »Ist das nicht der ehemalige Assistent von Christian Dior?«

»Das stimmt, er ist sogar Diors Erbe. Aber vor ein paar Jahren hat sich Yves selbstständig gemacht, und seit Kurzem entwirft er neben der Haute Couture auch Prêt-à-porter. Wir sind gute Freunde.«

»Muss ich eifersüchtig sein?«, warf John Pearse lachend ein.

Talitha machte eine wegwerfende Bewegung. »Nein, keineswegs, mein Lieber. Die Mischung macht den Stil, nicht wahr?«

»Wir haben da ein paar Sachen, die dir gefallen könnten …«

»Ich weiß«, unterbrach Talitha den Ladenmitinhaber, »mir sind die vollen Schatullen mit dem orientalischen Schmuck schon aufgefallen. Komm, Louise, ich zeige sie dir.«

»Loulou … Meine Freunde nennen mich Loulou.« Mit diesen Worten schritt sie hinter Talitha her zu den Schränkchen, in denen die kostbaren Handarbeiten der marokkanischen Bergbevölkerung ausgestellt wurden, über die ihre neue Freundin anscheinend so gut Bescheid wusste.

Sie sahen sich Ketten, Armreife und Ringe an, dann stöberten sie gemeinsam in den Körben mit Schals und Tüchern, hielten sich Kleidungsstücke am Bügel vor den Körper und kicherten bei der Beurteilung der jeweils anderen. Loulou zeigte Talitha, wie sie einen Turban band, und Talitha legte ihr ein Cape um, das einem General Königin Victorias zur Ehre gereicht hätte. Die beiden jungen Frauen verstanden sich in ihrem gemeinsamen Sinn für Eleganz, der in den folgenden Stunden für reichlich Unterhaltung sorgte. Irgendwann dachte Loulou, dass sie sich schon lange nicht mehr so gut amüsiert und die unterschiedlichsten Styles ausprobiert hatte. Sie dachte auch an die Boutique ihrer alten Freundin Jane und daran, dass das Leben eigentlich so viel mehr zu bieten hatte als rauschhafte Nächte, verschlafene Vormittage und Cocktailpartys. Allein ihr fehlte das Geld für große Sprünge.

12

Desmond blickte hinter seiner aufgeschlagenen Ausgabe der *Times* hervor. »Du bist aber früh auf den Beinen«, stellte er erstaunt fest.

»Ich habe Pläne«, verkündete Loulou, während sie sich zu ihm hinabbeugte. Sie schmatzte ihm einen Kuss auf die Wange, schnappte sich ein Croissant aus dem Brotkorb neben seinem Frühstücksgedeck, und ihre Armreife klapperten leise dazu. »Mit meinen Erledigungen fange ich am besten gleich an.«

»Was hast du vor?«

Sie sah sich in dem mit schönen Antiquitäten ausgestatteten Speisezimmer um. Durch das schmale, hohe Fenster fielen die Strahlen des Morgenlichts und ließen Staubkörnchen in der Luft tanzen. Wenn sie es recht bedachte, hatte sie den Raum noch nie vor der Mittagszeit betreten. Dabei war es gemütlich hier, hell und freundlich. Und es war ihr noch nie aufgefallen, dass eine zweite Tasse auf sie wartete. Lächelnd setzte sie sich auf den freien Platz, griff nach der silbernen Teekanne und goss sich ein.

Desmond legte die Zeitung zusammengefaltet auf den Tisch. Stumm wartete er, bis sie den ersten Schluck getrunken hatte. Seine Verwunderung stand ihm ins Gesicht geschrieben.

»Ich möchte mich zu einem Schreibmaschinenkurs anmelden.«

»Was?«, entfuhr es Desmond. »Willst du etwa als Stenotypistin arbeiten? Das … das …« Er rang um die richtigen Worte. »Das passt nicht zu dir, Louise!«

»Ach? Wirklich?« Sie wusste, dass er eher meinte, sie passe nicht in ein Büro.

Er zögerte einen Moment und schlug schließlich vor: »Warum lernst du nicht kochen?«

»Keine Lust.«

Sein Stirnrunzeln war eigentlich Antwort genug, doch Desmond fügte geduldig hinzu: »Du könntest bei deiner Großmutter ein wenig Nachhilfe im Garten nehmen. Für die Madam von Glin Castle scheint mir das geeigneter als Tippen zu sein.«

Obwohl Loulou Blumen liebte, wollte sie sich auf Charleston Manor nicht in den Umgang mit Rosen einweisen lassen. Vor allem würde Rhoda das wohl auch nicht mitmachen. »Meine Großmutter würde sich freuen, wenn ich meine Ballettstunden wieder aufnähme«, gab sie trotzig zurück.

»Willst du das denn?« Sein Staunen hätte nicht größer sein können.

»Ja.« Sie lächelte ihn an. »Ich hatte daran gedacht. Die Ballettstunden geben meinem Leben Struktur, und in dem Schreibmaschinenkurs lerne ich etwas Vernünftiges …«

»Du bist meine Frau. Findest du das unvernünftig?«

Loulou brach in schallendes Gelächter aus. Schon in Glin hatte sie bemerkt, aber nicht unbedingt wahrhaben wollen, dass Desmond Ansprüche an sie stellte, die sie nicht erfüllen konnte. Langsam wurde ihr klar, wie stark sich ihre jeweiligen Vorstellungen von der Zukunft unterschieden. Vor allem da sie begriffen hatte, dass ihr Cocktailpartys und Joints nicht genügten. Sie wollte etwas tun, berufliche Erfahrungen sammeln, andere Menschen kennenlernen, arbeiten! Und ganz sicher wollte sie nicht ausschließlich Hausfrau, Schlossherrin und die Gattin eines Ritters sein. Insofern verliefen ihre Wege nicht einmal parallel.

»Was ist so lustig daran, mit mir verheiratet zu sein?«

Nichts, dachte Loulou – und fügte im selben Moment still hinzu: Das ist ja das Problem. Laut sagte sie: »Ich will mir eine Arbeit suchen, am liebsten würde ich irgendetwas mit Mode machen …«

»Ich kenne keinen Menschen, der so besessen von Kleidern und Accessoires ist wie du.«

»Nun«, sie zuckte mit den Achseln, »es macht mir Spaß, meine Garderobe auf meine eigene Weise zu gestalten. Es ist wie ein Abenteuer mit ungewissem Ausgang.«

»Oh, tatsächlich?!«

Sie ignorierte seinen etwas überheblich klingenden Einwand und fuhr fort: »Ich besitze aber nun einmal keinen Schulabschluss und habe keinen Beruf erlernt. Was auch immer ich in Zukunft tun könnte, ein paar Grundkenntnisse in Büroarbeit werden dabei nicht schaden.«

Desmond blickte sie fassungslos an.

Sie hatte nicht mit seiner Sturheit gerechnet. Sicher würde er ihr keine Steine in den Weg legen, viele ihrer Freundinnen taten noch irgendetwas anderes, als Partys zu besuchen, aber er würde ihr unausgesprochene Grenzen setzen. Sein mangelnder Enthusiasmus nahm ihr zudem die Freude an ihrem Vorhaben. Desmonds Uneinsichtigkeit enttäuschte sie. Allerdings hatte sie beschlossen, ihre eigenen Interessen nicht mehr schüchtern hintanzustellen. Zum ersten Mal in ihrem Leben würde sie durchsetzen, was sie für richtig hielt.

»Übrigens habe ich Talitha Getty in einer Boutique in Chelsea getroffen«, wechselte sie das Thema. »Wir sollten sie und ihren Mann einladen. Was hältst du davon?«

*

Es stellte sich als nicht so einfach für Loulou heraus, einen geeigneten Job zu finden. Während sie tapfer den Schreibmaschinenkurs absolvierte und auch wieder zu dem ungeliebten Balletttraining ging, hörte sie sich nach einer Arbeitsstelle um, doch meist wurde jemand mit einem Minimum an Berufserfahrung oder Grundkenntnissen gesucht, die sich zumindest aus einem Abitur ergaben. Da sie für nichts qualifiziert war, hatte sie das Nachsehen. Inzwischen kannte sie zwar eine Menge Leute in London, aber sie war bisher vor allem als Frau von Desmond und gegebenenfalls als Tochter von Maxime wahrgenommen worden, nicht als eigenständige Persönlichkeit. Darüber hinaus wimmelte es in der Stadt von hoffnungsfrohen Zwanzigjährigen ohne irgendeinen eigenen Hintergrund auf der Suche nach einer Verdienstmöglichkeit, sodass die Konkurrenz groß war. Immerhin bekam sie durch die Empfehlung ihrer Freundinnen die Möglichkeit, gelegentlich als Fotomodell zu arbeiten – für fünf Pfund pro Shooting. Zu posieren war ihr nicht fremd, das lag ihr als Enkelin des Porträtmalers Oswald Birley im Blut, und Mode präsentieren konnte sie, wenigstens das hatte Maxime ihr beigebracht. Ihren Bedürfnissen entsprachen die Aufnahmen jedoch nicht. Vor allem lehnte sie diese Tätigkeit auch deshalb ab, weil sie sich dabei viel zu sehr wie eine jüngere Kopie ihrer Mutter vorkam.

Sie war reichlich desillusioniert, als sie an Desmonds Seite zu einer Vernissage in die New Bond Street aufbrach. Sheridan Hamilton-Temple-Blackwood, seines Zeichens fünfter Marquess of Dufferin and Ava und ein Freund Desmonds, hatte mit einem Sammler namens John Kasmin eine Galerie gegründet. Der Einladung hatte Loulou entnommen, dass heute Abend die Eröffnung einer Ausstellung von Poolbildern des Künstlers David Hockney stattfand. Auf der Fahrt dorthin dachte sie, dass Desmond mit ihr und seinen Freunden wie bei einem Klassentreffen antanzen würde. Wie langweilig! Es war so öde, immer dieselben Leute auf denselben Partys zu treffen und über dieselben Themen zu reden. Doch was war die Alternative? Das Landleben im Südwesten Irlands gewiss nicht. Loulou fühlte sich wie ein Hamster im Rad auf der Suche nach dem Ausgang.

Obwohl Desmond und Loulou ziemlich pünktlich waren, drängte sich bereits eine fast unüberschaubare Menge an Menschen in dem Ausstellungssaal. Die Galerie The Kasmin war ungewöhnlich weitläufig und nur in Weiß gehalten, sodass die großformatigen Bilder an den Wänden die Szenerie in ein leuchtendes Wasserblau tauchten, als wäre dies kein grauer, regnerischer, typisch englischer Frühlingstag, sondern ein lauer Abend am Mittelmeer. Um in dem erwarteten Gewühl mit ihrer zierlichen Gestalt nicht unterzugehen, hatte sich Loulou eine Art Krone aus Fasanenfedern ins Haar gesteckt, die bei jeder Bewegung nun lustig über den anderen Köpfen schwankte wie der Schweif eines bunten Vogels auf dem Ast eines Olivenbaums.

»Der Aufenthalt in Kalifornien hat Davids künstlerischer Entwicklung gutgetan«, hörte Loulou eine Männerstimme irgendwo weiter hinten sagen. Sie hatte keine Ahnung, wer da sprach, aber wahrscheinlich war die Aussage richtig. Ihr gefielen die Werke, die Farben der Pop-Art-Bewegung mit ihrer Lebendigkeit sprachen sie an.

Sie trank Wein und verteilte Küsschen. Wenn Desmond sie nicht gerade sanft, aber nachdrücklich durch die Menge schob, nahm sie an der allgemeinen Plauderei über die Kunst, über Pferderennen und die nächsten Cocktailpartys der Saison teil. Interessiert lauschte sie den Gesprächen über die Beatles, die für das Cover ihrer neuen Schallplatte ihr Image verändert und die von dem französischen Modeschöpfer Pierre Cardin geschneiderten bürgerlichen Anzüge gegen Fantasieuniformen aus London getauscht hatten. Währenddessen war sie froh um ihre Idee mit dem Haarschmuck, der ihr immerhin eine gewisse Aufmerksamkeit verschaffte, wenn die langen Federn bei ihren Bewegungen über den Köpfen der anderen Gäste zitterten.

Es wurde eine lange Nacht – und als sie irgendwann sehr spät ins Bett ging, dachte sie, dass es eine Party wie jede andere gewesen war. Der Alkohol versetzte sie in einen kurzen Tiefschlaf, aus dem sie plötzlich aufschreckte und sich hellwach fühlte, obwohl nur wenige Stunden vergangen waren.

Sie grübelte, warf sich hin und her, überlegte, ob sie aufstehen sollte, aber ihre Glieder fühlten sich an, als wären sie aus Blei. Deshalb blieb sie liegen und schlief im Morgengrauen wieder ein.

Das Klingeln des Telefons weckte sie. Dummerweise endete das Läuten nicht, als sie sich ein Kissen über den Kopf zog, es war noch immer durchdringend und laut und hallte schmerzhaft in ihrem Kopf wider. Im Lauf des vergangenen Abends hatte das Band, an dem das Fasanengefieder befestigt gewesen war, gegen ihre Schläfen gedrückt. Ihre Zunge und ihr Gaumen fühlten sich pelzig an, gleichzeitig spürte sie einen unangenehmen Durst. Daran war der Haarreif aber gewiss nicht schuld.

Sie beschloss den Anruf zu ignorieren – oder Desmond zu überlassen. War der schon ins Büro gegangen? Egal. Es war bestimmt nicht so dringend, dass sie deswegen ihr Bett verlassen musste. Oder doch? Eine sich langsam steigernde Neugier erfasste Loulou. Als der Klingelton nicht endete, kroch sie aus den Federn und tappte zum Apparat. Dabei stellte sie fest, dass es bereits helllichter Tag war und sie entgegen ihrem Vorsatz wieder einmal viel zu lange geschlafen hatte.

»Hallo?« Sie klang rau, ihre Kehle war trocken.

»Spricht dort Mrs. FitzGerald?«, wollte eine zuvorkommende Frauenstimme wissen.

»Ja ...?!«

»Hier ist die Chefredaktion des *Queen*-Magazins. Mr. Landels möchte Sie sprechen. Ich verbinde Sie, einen Moment, bitte.«

13

Loulou erinnerte sich nicht, wann sie sich jemals so schnell angezogen hatte. Im wahrsten Sinne des Wortes war das Telefongespräch ein Weckruf gewesen. John Stefanidis, ein Antiquitätenhändler, dem sie gestern auf der Vernissage begegnet war, hatte gleich am Morgen Willie Landels angerufen und diesen auf Loulous unkonventionellen Geschmack aufmerksam gemacht. Zwei Stunden später klingelte das Telefon bei Mr. und Mrs. FitzGerald – und keine sechzig Minuten danach stürmte Loulou in die Redaktion. Ihre Armbänder klirrten und klapperten vor Aufregung ein wenig lauter als sonst, und sie hatte mehrere Röcke in unterschiedlichen Längen übereinander angezogen, weil sie sich vor ihrem Spiegel für keinen hatte entscheiden können.

Die Empfangsdame saß vor einer riesigen Collage aus den letzten Titelbildern der Zeitschrift. Porträts von jungen schönen Frauen zierten die häufig ziemlich bunt gehaltenen Cover. Unter dem groß gedruckten Namen *Queen* befanden sich nur ein oder höchstens zwei Hinweise auf eine Reportage im Innenteil. Loulou wusste als eifrige Leserin jedoch, dass es neben den informativen Berichten und Glossen namhafter Schriftsteller und Schriftstellerinnen mindestens eine Modestrecke gab sowie viel Platz für Gesellschaftsnachrichten, einschließlich einer berühmten Kolumne. Als sie sich als »Louise FitzGerald« vorstellte, wurde ihr gesagt, dass man sie bereits erwarte.

Willie Landels war der Artdirector von *Queen*, ein kleiner, etwas rundlich gebauter Venezianer, dessen kluge, flinke Augen Loulou musterten, während sein sympathisches Lächeln beruhigend auf sie wirkte. »Unsere Moderedakteurin benötigt eine Assistentin«, erklärte er rundheraus, »und wenn ich Sie so ansehe, denke ich, dass Sie genau die Richtige für den Job sein könnten.«

Fassungslos starrte sie ihn an – und bekam kein Wort über die

Lippen. Ihr Herz schlug bis zum Hals. Allein das Wort »Moderedakteurin« brachte alle ihre Sinne durcheinander.

»Sie sind exakt unsere Zielgruppe«, fuhr Landels fort. »*Queen* steht für die junge Generation des britischen Establishments. Was haben Sie bisher gemacht?«

Das war die Frage, die Loulou am meisten gefürchtet hatte. Sie schluckte, dann schob sie ihre Armreife nervös hin und her. Es war sinnlos, sie musste die Wahrheit sagen, auch wenn sie dafür hart auf der Erde aufschlug, nachdem sie sich kurz im Himmel gewähnt hatte.

»Ich war auf dem französischen Gymnasium in Manhattan ...«, begann sie ihre Geschichte zu erzählen. Das Internat in der Schweiz ließ sie aus, ihre Schulzeit dort war ja auch ewig lange her und spielte für ihre weitere Entwicklung ohnehin keine Rolle. Dafür hob sie ihren kleinen Job in der Galerie Iolas hervor und erzählte von ihrer Begeisterung für das Swinging London. Ein wenig atemlos schloss sie ihren am Ende doch recht dürftigen Bericht mit dem Besuch des Schreibmaschinenkurses. In Erwartung, dass sie gleich hinauskomplimentiert würde, rutschte sie an den Rand ihres Stuhls.

»Großartig!«, lobte Willie Landels.

Loulou starrte ihn an.

»Sie sind genau richtig. Wissen Sie, als Beatrix Miller das Magazin vor neun Jahren neu ausrichtete, erfand sie eine Leserin namens Caroline, die mit sechzehn die Schule abgebrochen hat, nicht übermäßig intellektuell ist, aber ein Mädchen, für das alle schwärmen. Dieses Mädchen und ihre Freunde wollen wir mit *Queen* ansprechen. Eine junge Frau wie Sie, Louise ...«

»Loulou«, murmelte sie.

»In Ordnung – Loulou!« Sein Lächeln wurde breiter. »Eine junge Frau wie Sie passt perfekt in das Konzept. Die Art, wie Sie sich kleiden, ist genau das, was den Geschmack der Jugend ausdrückt. Wann können Sie anfangen?«

Sie hatte Mühe, ihr Gleichgewicht zu halten und nicht vom Stuhl zu fallen. Aus Furcht, dass sich noch alles als ein Irrtum herausstellen würde, versuchte sie ihre Chance so schnell wie möglich zu ergreifen: »Vielleicht wäre morgen ein guter Termin. Spätestens übermorgen?« Sie klang plötzlich sehr nach der britischen Upperclass, nuschelte sogar ein wenig und sprach leise, das fiel ihr selbst unangenehm auf, aber in ihrer Unsicherheit flüchtete sie sich in eine gewohnte Rolle.

»Na«, Landels nickte ihr zu, »dann bis morgen. Willkommen bei *Queen*, Loulou!«

14

Anne Trehearne blickte Loulou mit einer Mischung aus Überheblichkeit und Missbilligung an. »Und was, bitte schön, soll ich mit Ihnen anfangen?«

»Mr. Landels sagte, Sie brauchen eine Assistentin.«

»Das mag sein, aber die möchte ich mir selbst aussuchen«, schnappte die blonde Moderedakteurin. »Mit anderen Worten: Ich kann Sie nicht gebrauchen.«

Verlegen trat Loulou von einem Bein auf das andere. Als sie sich bewegte, knurrte der Hund unter Anne Trehearnes Schreibtisch. Ohne sonderlich darüber nachzudenken, ging sie in die Knie und streckte die Hand nach der kurzen Stupsnase aus. Das Knurren verwandelte sich in ein freundliches Schnüffeln. Wenigstens Miss Trehearnes Mops schien mit Loulous Anwesenheit einverstanden zu sein.

Die offensichtliche Abneigung der Moderedakteurin war zwar überraschend, aber sie war nicht die einzige Person, die skeptisch auf Loulous Mitarbeit bei *Queen* reagierte.

Mit hochgezogenen Augenbrauen hatte Desmond die Nachricht von ihrem Job aufgenommen, bevor er antwortete: »Die

Redaktion besteht aus Debütantinnen, vulgärem Plebs und Halbprominenten. Bist du dir sicher, dass du dort gut aufgehoben bist?«

Seine Meinung war hart und hatte Loulou verärgert, doch in diesem Moment schien es, als sollte er zumindest mit seiner Frage recht behalten. Von Willie Landels Willkommen war sie hier weit entfernt. Der Hund nahm indes äußerst zufrieden zur Kenntnis, dass sie ihn hinter dem Knopfohr kraulte.

»Emma mag Sie«, stellte Anne Trehearne fest. Sie seufzte, als wäre die neu entwickelte Zuneigung des Mopses eine Qual für sie. »Aber ich will Ihnen etwas sagen, Louise ...«

»Loulou.«

»Ja, wie auch immer.« Offenbar aus dem Konzept gebracht, legte Anne eine Kunstpause ein, bevor sie fortfuhr: »Sie vermitteln mir das Gefühl, Ihre Garderobe in einem weitläufigen Landhaus aus einer alten Kiste gezogen zu haben. Das mag an Ihnen ganz passabel aussehen, aber das ist nichts, was ich unseren Leserinnen präsentieren kann.«

»Mein Rock ist von Ossie Clark«, protestierte Loulou, während sie sich aufrichtete.

Sie hatte sich das neue Designerstück eigens für ihren ersten Arbeitstag aus dem Kleiderschrank genommen. Es war nicht Secondhand, sondern von einem aufstrebenden britischen Modeschöpfer – das passte ihrer Ansicht nach perfekt zu ihrer Arbeit in einer Moderedaktion. Sie war Talitha dankbar, die sie in die Boutique Quorum an der King's Road geschleppt hatte, wo Ossies Entwürfe verkauft wurden. Anlässlich der Vernissage von David Hockney neulich war Ossie anwesend gewesen, sodass sie den jungen Mann, der nur ein paar Jahre älter als sie war, persönlich kennenlernen konnte. Er machte tolle Kleider, die aus Mode Magie werden ließen.

»*Welcher* Rock?«, gab Anne Trehearne trocken zurück.

Zugegeben, sie hatte sich bei der Kombination nicht ausschließlich auf Ossie Clark verlassen, sondern ihren eigenen Geschmack hinzugefügt.

»Wissen Sie, Louise ...« Anne legte eine winzige Pause ein, doch Loulou verkniff sich diesmal die Korrektur. Deshalb fuhr die Ältere kühl fort: »Ich habe vor bald zwanzig Jahren als Assistentin der Redaktion für dieses Magazin zu arbeiten begonnen. Ich habe eine Menge Leute kommen und gehen sehen, einschließlich der Verlegerinnen. Irgendwann bin ich auch gegangen. Ich habe einige Jahre für eine Fernsehproduktion gearbeitet, war Kostümberaterin für die Serie *Mit Schirm, Charme und Melone* und habe für die passende Garderobe der Figur namens Emma Peel gesorgt. Was Diana Rigg in den aktuellen Folgen trägt, ist etwas anderes als dieses Blümchentralala. Sehen Sie, ich bin nicht an diesen Schreibtisch zurückgekehrt, um die Emanzipation der Frauen allgemein und in der Mode insbesondere zu vernichten.«

Es war Loulou gleichgültig, ob es sich gehörte, dieser erfolgreichen Frau zu widersprechen. Da Anne Trehearne ihre Mitarbeit offenbar ablehnte, war es auch schon egal, ob sie angesichts der Hierarchie Zurückhaltung walten ließ oder eben nicht. »Kleidung ist ein Ausdruck der Stimmung und der Freude, deshalb lieben die jungen Leute Flower-Power ...«

Anne unterbrach sie mit einem bitteren Lachen: »Auch wenn Sie ihn und seine Röcke hier leidenschaftlich verteidigen, muss ich Ihnen sagen, dass *Queen* kein Geld für jemanden wie Ossie Clark investieren wird. Er hat Talent – ja. Aber die Mode, die wir im redaktionellen Teil zeigen, ist an Anzeigen gebunden. Kann sich Ihr Freund das leisten?«

Hilflos zuckte sie mit den Schultern.

»Das ist das Geschäft, mit dem wir hier zurechtkommen müssen.«

»Ich werde Ossie Clark zu einem Anzeigenkunden machen«, versprach Loulou mit fester Stimme. Sie hatte nicht die geringste

Ahnung, wie sie das anstellen sollte, sie kannte nicht einmal die Preise für Werbung in *Queen*, aber es störte ihren Gerechtigkeitssinn, die Unterhaltung jetzt auf sich beruhen zu lassen. Die Präsentation wunderbarer Mode am Geld scheitern zu lassen, erschien ihr einfach zu profan.

»Ach?« Anne zwinkerte irritiert. »Wenn Sie unbedingt hier arbeiten wollen, fangen Sie erst einmal da an, wo Willie Sie eingesetzt hat. Kennen Sie Helmut Newton?«

Loulou schüttelte den Kopf. Erst einen Moment später wurde ihr bewusst, dass Anne Trehearne sich offenbar nicht weiter ihrer Mitarbeit widersetzte. Mit klopfendem Herzen wartete sie, ob es sich um eine Fangfrage gehandelt hatte.

»Das habe ich befürchtet, so geht es den meisten unbedarften Personen. Helmut Newton ist ein begnadeter Fotograf, der hauptsächlich für die französische Ausgabe der *Vogue* arbeitet. Hin und wieder kommt er jedoch zu einem Engagement von Paris nach London. Wir wollen eine Modestrecke mit ihm produzieren, da er stets ungewöhnliche Orte für das Shooting wählt und die Mädchen ganz besonders in Szene setzt. Das passt zu *Queen* – und wir wollen die guten Fotografen auch nicht ständig der *Vogue* überlassen. Als Hintergrund stellt er sich eine verlassene Gleisanlage und alte Waggons vor. Er hat wohl schon einen alten Bahnhof gefunden, also kümmern Sie sich um das Drumherum, holen Sie die Genehmigungen bei den Behörden ein, und organisieren Sie alles, was sonst nötig ist …«

»Ja, Miss Trehearne.« Loulou wagte nicht auszuatmen, um nicht durch einen Stoßseufzer ihre Erleichterung zu verraten.

»Sagen Sie, welches Honorar hat Willie Ihnen zugesagt?«

»Zehn Pfund die Woche.«

»Na, dann verdienen Sie sich das mal.«

»Ja, Miss Trehearne, das werde ich«, versprach Loulou. Weil sie ihre Freude über den nun tatsächlich erlangten Job teilen wollte, strich sie dem kleinen Mops über den Rücken. Die Hündin war immer näher zu ihr gekrochen und hatte sich vor ihren Füßen zusammengerollt.

Ohne einen weiteren Kommentar gestattete sich die Moderedakteurin eine deutliche Handbewegung, mit der sie Loulou aus ihrem Büro hinauskomplimentierte.

*

»Ich glaube, ich habe Hunderte Telefongespräche geführt«, erzählte Loulou am Abend Desmond, als sie in der Küche stand und mangels eigener Kochkünste den Inhalt einer Dose in den Topf goss. »Womöglich waren es tausend! Mir tun die Ohren weh, aber es war großartig.«

Desmond, der hinter ihr stand, beugte sich vor und küsste sie auf den Hals. »Es freut mich, dass dir deine Arbeit Freude bereitet.«

»Nicht nur das!«, jubelte sie. »Es hat Spaß gemacht, Knighty! Es war ein wirklich ganz großer Spaß!« Selbst die anfängliche Abneigung von Anne Trehearne hatte sich im Lauf des Tages gewandelt. Die Moderedakteurin hatte ihre neue Assistentin zum Mittagessen in einem italienischen Restaurant eingeladen, bei dem sie ihr sogar ein paar Tipps gegeben hatte. Es hatte sich alles unerwartet entwickelt.

»Ich freue mich für dich«, wiederholte Desmond. Er sprach leise in sich hinein, was deutlich machte, dass er in Gedanken nicht mehr bei ihr war. Er wandte sich ab, trat ans Fenster und zündete sich eine Zigarette an.

»Gib mir bitte auch eine«, bat sie. Er kam dem sofort nach, und während sie an der Players zog, überlegte sie, ob sie Kokosmilch in die Bohnensuppe schütten sollte. Sie *verfeinerte* jedes Gericht mit Kokosmilch, einerlei, worum es sich handelte. Geschmacklich war das in der Regel nicht sonderlich vorteilhaft, aber sie hatte keine Ahnung, was sie sonst hätte verwenden können. Ihr Bruder, der gerade eine Lehre als Koch bei Onkel Mark im Annabel's absolvierte, hätte ihr womöglich mit der einen oder anderen Raffinesse aushelfen können, doch ab heute hatte sie einen anstrengenden Job und keine Zeit mehr, sich um ihre Kochkünste zu kümmern.

»Ich werde bei Modeaufnahmen assistieren«, sagte sie und nahm die Dose mit der Kokosmilch aus dem Schrank. »Du glaubst gar nicht, was man da alles bedenken muss!«

»Mhm«, antwortete Desmond schlicht.

Sie seufzte. Er hatte offensichtlich Sorgen, und das tat ihr sehr leid. Sie hätte früher darauf reagieren und nicht andauernd von sich erzählen sollen. Schon allein dass er heute Abend nicht ausgehen wollte, hätte sie hellhörig machen müssen. »Was ist mit dir?«

Traurig sah er sie durch die eben ausgeatmeten Rauchschwaden an. »Ich wünschte, du würdest deine Kraft auf Glin Castle konzentrieren. Wir sollten unser Leben dort organisieren! Ich weiß, dass ich Zauberei von dir erwarte, aber du hast mich vom ersten Augenblick an verhext – und deshalb dachte ich, du könntest das.«

Immer wieder ging es nur um Glin Castle! Das Anwesen war Desmonds eigentliche große Liebe. Sein Erbe. Seine Verpflichtung. Seine Gegenwart und seine Zukunft. Zudem war da seine Liebe zu Irland. Loulou fand sich und ihre Bedürfnisse bei ihrer stummen Aufzählung recht weit hinten auf seiner Herzensliste. Genau genommen war sie in diesem Moment überzeugt, das Schlusslicht darzustellen.

Mit dieser Erkenntnis konnte sie nur leider nicht leben. Doch ihr fiel keine Lösung ein. Das war kein gutes Gefühl. Verzweifelt goss sie eine zweite Dose Kokosmilch in die sprudelnd kochende Fertigsuppe.

15

Loulous spärliches Gehalt verbesserte ihre und Desmonds finanzielle Lage nicht unbedingt, aber es gab ihr ein gutes Gefühl. Eigentlich war ihr Job ohnehin unbezahlbar, denn sie hatte etwas gefunden, was sie sehr gerne tat – und auch gut konnte. Sie bewegte sich in der Welt der Mode, bekam den Eindruck vermittelt, dass sie gebraucht wurde, und ihre Arbeit trug Früchte. Anfangs waren es nur kleine Erfolge, behördliche Genehmigungen etwa, Gespräche mit Modelagenturen, Bestellungen bei Kosmetikfirmen, eine zündende Idee im richtigen Augenblick. Die meiste Zeit verbrachte sie am Telefon, hin und wieder musste sie Kartons mit Diaabzügen, gelegentlich auch Kisten mit an die Redaktion gelieferten Accessoires für ein Fotoshooting schleppen oder ihre neu erworbenen Schreibmaschinenkenntnisse unter Beweis stellen. Glücklicherweise gehörte die Kontaktpflege zu den angesagten Boutiquen, Designern und Modehäusern ebenfalls zu ihren Aufgaben, sodass sie mehr Zeit als je zuvor mit ihrem Lieblingsthema verbrachte. Daran änderte auch die ungeheuerliche Hektik nichts, die sich jeden Vormittag nach dem Eintreffen Miss Trehearnes in der Redaktion greifbar steigerte.

Sie war fleißig, ihr ungewöhnlicher Geschmack gefiel ihren Kolleginnen, und mit Celestia Sporborg, ebenfalls eine junge Assistentin, freundete sie sich an. Sie halfen sich gegenseitig, kauften gemeinsam ein Sandwich im Pub um die Ecke, wenn ein richtiges Mittagessen mal wieder ausfallen musste, und rauchten zusammen einen Joint, um die Anspannung besser zu ertragen. Celestia kannte David Cammell, den Agenten des Fotografen Helmut Newton, was die Vorbereitung der Modeaufnahmen erleichterte und den Weg zu Absprachen verkürzte. Schließlich stand der Fototermin bevor.

Im Gefolge der Moderedakteurin machten sich Loulou und Celestia auf den Weg nach Clapham. Mannequins, Maskenbildnerin und Garderobiere schwirrten bereits am Set umher, die Mädchen wurden auf einem Autositz geschminkt, die Umkleide war ein Lieferwagen. Unter dem strengen Auge von Anne Trehearne sortierte Loulou die Kleider, Röcke und Jacken von Foale and Tuffin und Mary Quant je nach Motiv, legte die Strickmode von Bill Gibb dazu, fand die passenden Hüte, Schals, Schuhe, Handtaschen und Schmuck. An alles musste gedacht werden, es war ausgeschlossen, auch nur ein auf den ersten Blick noch so unwichtiges Detail zu vergessen. Währenddessen sorgte Celestia für Getränke und Zigaretten und schickte ein paar Schaulustige weg, die sich trotz des schwülen, wolkenverhangenen Sommerwetters an dieser verlassenen Bahnstrecke eingefunden hatten. Um die wilden Pflanzen, die über die Gleise wucherten, surrten Mücken.

Es war ein völlig anderes Arbeiten als das, was Loulou bisher kannte. Die Fotos, mit denen ihre Mutter berühmt geworden war, waren überwiegend in Studios geschossen worden, gelegentlich auch in geschlossenen Räumen wie etwa Salons oder Hotelzimmern, und es einte sie ein starrer Ausdruck. Ihre eigene Tätigkeit als Model hatte sich vorwiegend auf diese etwas altmodische Art der Aufnahmen beschränkt. Helmut Newton jedoch bediente sich einer neuen Bildsprache, die Mädchen waren ständig in Bewegung. Er versuchte mit seinen Fotografien eine Geschichte zu erzählen, als wäre er ein Filmregisseur. Mit großen, staunenden Augen beobachtete Loulou den Fotografen, der ihr mit Ende vierzig ziemlich alt für dieses Metier zu sein schien, jedoch mit einer Lebhaftigkeit neue Ansätze kreierte, als wäre er viel jünger. Sie ging ihm zur Hand, wo es nötig war, hielt Reflektoren fest und schob Softboxes herum. Ohne Nachfrage oder gar Widerworte reagierte sie auf die kleinste Anweisung – und machte dabei anscheinend alles richtig.

»Bitte den Aufheller mehr nach rechts, Louise!«, rief der Fotograf hinter seiner Rolleiflex. »Die Falten des Schals werfen einen

Schatten. Louise, drapieren Sie das bitte neu ... Der Vorhang vor dem Abteilfenster im Hintergrund hat sich verschoben, Louise ... Louise, wir brauchen Sie, um die Kette anders unter den Kragen zu legen ...«

In einer erstaunlich ruhigen Art taxierte Helmut Newton lange seine Motive, korrigierte die Haltung des Modells: »Kinn etwas höher ... Sei ernster, aber nicht gelangweilt ... Den Arm weiter nach rechts ...« Dann erst klickte der Auslöser ein paarmal, bevor er die Szene auflöste und wieder nach *Louise* rief.

Während sie herumhastete, bemerkte Loulou aus den Augenwinkeln Anne Trehearnes Blick: Skepsis gepaart mit Neugier und Ärger. Die Moderedakteurin hielt sich im Hintergrund – und wohl nicht nur Loulou stellte fest, wie überflüssig ihre Chefin am Set war. Helmut Newton begegnete deren Arroganz mit Charme, aber auch einem gewissen Eigensinn, er wies sie zwar nicht direkt in ihre Schranken, wirkte aber recht siegesgewiss, wenn er ihr Polaroids reichte, die er immer wieder vor der eigentlichen Aufnahme anfertigte. Es gab nichts zu kritisieren, der Fotograf arbeitete exzellent, also gab es für Anne nichts zu tun. Loulou rauchte vor Anspannung Kette, ihre Assistenz lief wie am Schnürchen, ihr Styling gefiel, als wären sie und Newton ein schon lange eingespieltes Team.

Neben dem improvisierten Imbiss unterhielt sich ein lässig gekleideter Mann mit dunklen Locken mit David Cammell. Loulou traf auf die beiden, als sie in einer Pause Kaffee für die Models holen sollte. Celestia hatte sich ihr angeschlossen und strahlte den Unbekannten an. »Hallo, Donald, alles okay bei dir?« Es schien, als hielte sie die Anwesenheit dieses Fremden für völlig selbstverständlich.

»Ich berede schnell etwas mit Helmut«, entschied der Agent. Sprachs und war schon fort.

»Was tun Sie hier?«, erkundigte sich Loulou bei dem Mann, den Celestia so vertraut Donald genannt hatte.

Er grinste. »Ich seh mich ein bisschen um. Tolles Setting, das muss man schon sagen.«

»Das ist Donald Cammell«, stellte Celestia vor.

»Ich bin der kleine Bruder von David«, fügte der hinzu. Er fixierte Loulou aus seinen dunklen Augen, die unter dichten Brauen in einem schmalen, kantigen Gesicht lagen. Sein Blick war durchdringend, als wollte er in ihre Seele stechen und dort sein Zeichen hinterlassen.

»Und das ist Louise FitzGerald«, fuhr Celestia fort.

»Wie geht es Ihnen, Louise?«

Sie fragte sich, ob sie es mochte, derart gemustert zu werden. Donald Cammell sah sie an, als würde er sie ausziehen. Das taten die Männer ihrer Kreise für gewöhnlich nicht. Seltsamerweise empörte sie diese Deutlichkeit jedoch nicht, in ihrem Nacken kribbelte es. Loulou lächelte. »Mir geht's gut. Ich finde es auch toll hier.«

»Der Kaffee ist fertig«, verkündete die Mitarbeiterin hinter der Kaffeemaschine. Sie reichte Loulou und Celestia die frisch gefüllten Tassen.

»Ich muss los«, sagte Loulou.

Donald Cammell streckte die Hand aus und strich wie zufällig über ihren Arm. »Man sieht sich.«

Ihr Herz klopfte ungewöhnlich schnell, als Loulou zurück zu den Mädchen stolperte. Der Mann hatte eine Saite in ihr berührt, die so heftig nachklang, dass sie sich wie atemlos fühlte. Sie konnte sich nicht erinnern, ob sie die Erotik eines Menschen je so intensiv gespürt hatte, ohne ihn eigentlich zu berühren. Seine obsessive Männlichkeit war eine völlig neue Erfahrung.

»Oje«, murmelte Celestia neben ihr, »er hat angebissen. Nimm dich vor Donald Cammell in Acht! Mindestens die Hälfte aller Frauen in London ist verliebt in ihn, und davon hat die Hälfte ihre Ehemänner seinetwegen verlassen.«

Loulou zwang sich, sich nicht nach ihm umzudrehen. »So viele Frauen?«, antwortete sie, scherzhaft entrüstet.

»Er hatte ziemlich viele«, bestätigte Celestia. »Aber er hat kein größeres Interesse an seinen jeweiligen Gespielinnen. Jede ist nur eine kurze Affäre. Wie man hört, sind sie manchmal auch gleichzeitig seine Geliebten – gleichzeitig in seinem Bett!«

»Oh!«

Celestia verdrehte die Augen. »Er soll der beste Liebhaber weit und breit sein. Jedenfalls behauptet das Nicky Samuel, die sich seinetwegen von Nigel Waymouth trennte und dann natürlich von Donald sitzengelassen wurde. Wie alle anderen auch.«

Diese Information verstärkte das Kribbeln in Loulous Nacken. Loulou kannte Nicky entfernt von irgendwelchen Partys, sie war Fotomodell, und der Künstler Nigel Waymouth war Mitinhaber von Granny Takes a Trip.

»Was macht Donald Cammell denn, wenn er keine Frauen verführt?«

»Er ist Maler und Drehbuchautor. Demnächst will er wohl Regie bei einem Film führen. Ich weiß nichts Genaues. Ich weiß nur sehr genau, dass ich ihn nicht nehmen würde.«

Loulou lachte. »Will er dich denn?«

»Nein. Allerdings bin ich ziemlich sicher, dass er dich als Nächste will.«

»Quatsch …« Sie ärgerte sich über sich selbst, weil sie spürte, wie ihre Wangen heiß wurden und sich deren Farbe im Sekundentakt vertiefte. Die Kaffeetassen in ihren zitternden Händen balancierend, drehte sich Loulou nun doch um.

Donald Cammell stand nicht mehr neben der Kaffeemaschine. Er war gegangen. Wohin auch immer.

16

Der Alltag in der Redaktion von *Queen* zehrte an Loulou. Sie war eine derart anstrengende, nervenaufreibende, kräfteraubende Tätigkeit nicht gewohnt – und nach der ersten Aufregung stellte sich zu ihrer Begeisterung für alles, was sie tat, eine gewisse Mattigkeit ein. Dennoch lebte sie ihr vorheriges Leben weiter, die Partys bedeuteten ja nun nicht mehr zunehmend lähmende Treffen mit immer denselben Leuten, sondern waren eine Fortsetzung ihres Berufs, indem sie alte Freundschaften wiederbelebte oder neue Kontakte zu Menschen knüpfte, die allesamt aus der Modebranche waren. Während Desmond seine Beziehungen weiterhin vor allem zu Antiquitätenhändlern oder Innenarchitekten und gesellschaftlich bedeutenden Kreisen pflegte, umgaben Loulou immer mehr Designerinnen, Künstler und Models.

Nach dem Shooting erklärte Helmut Newton, dass er bei künftigen Engagements durch *Queen* nur noch mit ihr als Assistentin und Stylistin arbeiten wolle. Darüber freute sie sich sehr, es war ein Grund, mit Freunden zu feiern. Nicht dass sie den gebraucht hätte, aber wenn ein Fest einen Anlass hatte, schien es immer ein wenig bedeutsamer zu sein. Dummerweise war sie an diesem Abend müde von den zurückliegenden Anstrengungen. Spontan befand sie, es sei eine gute Gelegenheit, die Historie zu bemühen und sich an dem berühmtesten König Frankreichs zu orientieren.

»Du kannst doch nicht einfach im Bett bleiben!«, entgegnete Desmond entsetzt, als sie ihm von ihrem Vorhaben berichtete.

Loulou stopfte sich die Zierkissen in den Rücken und streckte die Beine in den bunten Pumphosen genüsslich aus. »Warum denn nicht? Der Sonnenkönig empfing seine Gäste selten an einem anderen Ort.«

»Du bist aber nicht Ludwig XIV.!«

»Ich bin auch nicht Marie Antoinette.« Sie blickte lachend zu Desmond auf. »Jedenfalls möchte ich meinen Kopf noch eine Weile behalten …«

»Sehr witzig«, schnaubte er.

»Ach, komm, sei kein Spielverderber. Es ist nichts Anzügliches an meiner … ähm … Lage …« Kichernd blickte sie an sich hinunter. »Ich bin vollständig angekleidet, und das Bett ist ordentlich gemacht – sogar mit dem Überwurf über den Laken. Niemand wird auf skandalöse Gedanken kommen.«

Offensichtlich teilte er ihre Meinung nicht, er schwieg jedoch.

»Du magst mit unserem Bett etwas anderes verbinden, Knighty, aber ich …«

»Louise, bitte!«

»Es ist doch egal, ob irgendwann alle auf unserem Sofa liegen oder sich zu mir auf den Bettrand setzen. Das eine ist so harmlos wie das andere.«

»Wenn du das sagst …« Desmond schüttelte den Kopf, doch seine Entrüstung schien sich zu legen.

»Natürlich«, bekräftigte sie strahlend.

»Ludwig XIV.! Tatsächlich?!« Ein kleines Schmunzeln funkelte in seinen Augen – und Loulou wusste, dass er ihr wieder einmal nichts abschlagen konnte, obwohl er eigentlich nicht einverstanden mit ihrem Tun war. Doch dann: »Ach übrigens: Die *Vogue* möchte über Glin Castle berichten. Es ist wichtig für mögliche Interessenten, dass wir einen gewissen Eindruck von irischem Adel vermitteln.«

Noch einmal sah Loulou an sich hinunter. Desmond meinte ganz sicher nicht ihre aktuelle Garderobe und schon gar nicht ihre entspannte Körperhaltung, das war ihr klar. Sein Einverständnis heute Abend hatte also seinen Preis. »Wann willst du nach Irland fahren?« Ihre Stimme klang noch rauer als sonst.

»Cecil Beaton wird uns hier in der Wohnung fotografieren.«

»Oh!«, meinte sie überrascht. »Cecil Beaton ist wunderbar, aber …« Sie zögerte, weil sie plötzlich an die starren Motive des berühmten Fotografen dachte, an die Sitzungen mit Maxime und ihrem Bruder vor seiner Kamera. Er hatte ihre Mutter mehr als einmal porträtiert, sie kannte seine Arbeitsweise und inzwischen auch den Unterschied zu den jüngeren Bildschaffenden. Außerdem war er ein Freund ihrer Großmutter und damit weit von ihrer Generation entfernt. »Ist er nicht … ein bisschen alt?«

»Mit Mitte sechzig verfügt er über sehr viel Erfahrung. Was hast du gegen den Mann, der regelmäßig die Königsfamilie ablichtet?«

»Antony Armstrong-Jones wäre mir lieber.« Es sollte ein Scherz sein. Der Ehemann von Prinzessin Margaret machte außerhalb des Königshauses keine Homestorys mehr, das war Loulou weitgehend bekannt. Dennoch lag in ihrem Protest der Hinweis auf eine andere Generation.

Desmond hüstelte verstimmt. »Lord Snowdon war wohl verhindert.«

Ihr war klar, welche Figur sie vor dem Objektiv von Cecil Beaton abgeben musste. In dem Versuch, ihre eigene Position doch noch etwas zu stärken, warf sie ein: »David Bailey fotografiert für die *Vogue* …«

»Nur weil du für *Queen* arbeitest, wird dir *Vogue* kein Mitspracherecht bei der Auswahl der Fotografen einräumen.«

Er war verärgert, was sich auch darin äußerte, dass er vor dem Bett nervös auf und ab ging.

Unwillkürlich fragte sich Loulou, was sie zu ihrem vehementen Protest veranlasst hatte. Üblicherweise fügte sie sich Desmonds Entscheidungen. Er war ihr Mann. Er war zehn Jahre älter als sie. Er war ein Ritter. Es gab viele Gründe, vorbehaltlos zu akzeptieren, was er für sie beide wollte. Immer häufiger widersetzte sie sich dem jedoch. Die schüchterne Louise war Vergangenheit, die Arbeit schenkte ihr viel Selbstvertrauen. Loulou begann zu erkennen, was besser für sie war – und vor allem begriff sie, dass ihr niemand ihre Fehler abnehmen konnte, sie musste sie selbst machen.

Dennoch gab sie nach. »Na gut. Wann sind wir mit Mr. Beaton verabredet?«

In diesem Moment hallte der Klopfer an ihrer Wohnungstür durch die Räume. Desmond kam nicht mehr zu einer Antwort, da ihre ersten Gäste eintrafen. Bei ihrer Diskussion hatten sie die Zeit übersehen. Loulou blieb auf dem Bett liegen, dankbar, dass Desmond ohne einen weiteren Kommentar die Honneurs machte.

*

Eine Woche später saß Loulou in einem eleganten schwarzen zweiteiligen Kleid auf einem Sessel in ihrem Salon. Der Saum reichte bis fast über ihre Knie, und sie trug dunkle Strümpfe. An ihrem Hals schimmerte eine halblange Perlenkette. Sie war akkurat geschminkt, und ihre Locken waren zu weichen Wellen gelegt. Vermutlich kam sie Desmonds Vorstellung von seiner *Madam of Glin* sehr nah, doch sie fühlte sich so hohl wie der antike Schädel, der hinter ihrer Sitzgelegenheit mitsamt einer Gipsbüste auf der kleinen Kommode dekoriert war.

Desmond stand nicht hinter oder neben ihr, legte auch nicht seine Hand auf ihre Schulter, sondern lehnte mit verschränkten Armen einen Meter entfernt gegen den Türrahmen. Natürlich trug er einen Blazer, dunkle Hosen und eine gestreifte Krawatte. Er strahlte so viel Dekadenz aus, dass Loulou sich unvermittelt fragte, wie ein solcher Mann eigentlich in Swinging London überleben konnte. Gehörte er nicht tatsächlich vielmehr auf sein Schloss in Limerick County? Es war natürlich seltsam, dass er ausgerechnet mit Christopher Gibbs und Mick Jagger eng befreundet war, vielleicht hatte aber genau dieser Widerspruch ermöglicht, dass sich Loulou in ihn verliebte. Im Frühling vor einem Jahr war die Gelegenheit günstig und Lady Birleys strenge Erziehung unerträglich gewesen. Doch nun war wieder Herbst – wohl nicht nur im Kalender.

Als Cecil Beaton auf den Auslöser drückte, gestattete sich Loulou nicht einmal ein Lächeln.

*

»Du siehst nicht gerade glücklich aus«, meinte Celestia, als Loulou ihr Abzüge der Aufnahmen für *Vogue* zeigte. »Dein Mann allerdings auch nicht«, fügte sie nach einem Lungenzug hinzu, bevor sie den Joint weiterreichte.

Tief durchatmend behauptete Loulou: »Das ist ein Irrtum – ich bin glücklich!«

»Bist du nicht.«

Loulous Blicke flogen zwischen dem geöffneten Fenster, an dem sie mit Celestia stand, und der Zimmertür hin und her. Sie hatten sich für ihre kleine Pause einen Konferenzraum gesucht, den gerade niemand anderer besetzte. Kichernd wedelte sie mit den Fotos in der Luft herum, als wären sie ein Fächer, und versuchte auf diese Weise, die süß duftenden Rauchschwaden aufzulösen und nach draußen zu treiben. »Wenn uns Miss Trehearne erwischt, bin ich tatsächlich nicht mehr glücklich.«

»Hat dich Donald Cammell angerufen?«

»Nein.« Loulou schüttelte vehement den Kopf. »Warum sollte er?«

Celestia lachte. »Weil du ihm ganz offensichtlich gefallen hast und verheiratete Frauen seine liebste Beute sind.«

»Nein«, wiederholte Loulou, diesmal klang es nicht ganz so selbstverständlich, sondern trotzig. Sie gab es ungern zu, nicht einmal vor sich selbst, aber sie hatte gehofft, dass sich der Besucher vom Set bei ihr melden würde. Dieser durchdringende

Blick, der dieses seltsame Prickeln ausgelöst hatte, war ihr in lebhafter Erinnerung. Wenn sie daran zurückdachte, reagierte ihr Körper sofort mit der Sehnsucht nach Erfüllung einer erotischen Raffinesse, die von Desmond nicht zu erwarten war. Aber wahrscheinlich lag dieses Vibrieren jetzt an keinem Mann, sondern an dem Gras, das sie rauchte, entschied sie still. Dann sagte sie noch einmal: »Nein. Du irrst dich in ihm. Außerdem habe ich sehr viel zu tun.«

»Klar. Deshalb nehmen wir uns ja gerade diese kleine Auszeit.« Celestia zog genüsslich an der Kippe, die sie zwischen Daumen und Zeigefinger hielt.

»Exakt«, bestätigte Loulou. »Ich habe endlich die Summe zusammen, die eine kleine Anzeige bei *Queen* kostet …«

Celestia blickte versonnen den Rauchschwaden nach, die sie ausblies. »Ach ja, du hattest bei deinen Freunden gesammelt, damit Ossie Clark die für den redaktionellen Beitrag nötige Werbung finanzieren kann. Wie viel ist zusammengekommen?«

»Fünf Pfund.«

»Nicht gerade das ganz große Kapital, aber immerhin! Bist du sicher, dass das reicht, um Miss Trehearne von einer Modestrecke mit Ossie zu überzeugen?«

»Ich fahre nachher zu Quorum und schaue mir die Sachen an, die sich für eine Produktion eignen könnten. Wenn ich die zusammengestellt habe, rede ich mit Miss Trehearne.«

»Endlich hast du einen richtig wichtigen Grund, dich bei Quorum umzusehen. Manchmal denke ich, du möchtest dort am liebsten dein ganzes Leben verbringen.«

Loulou neigte versonnen den Kopf. »Ein Leben in einem Modehaus – ja, das wäre schön.«

Tatsächlich hätte sie jede Stunde eines jeden Tages in einer der angesagten Boutiquen verbringen können. Nicht dass sie ihren Flohmarkthändlern untreu geworden wäre, aber die Sicht auf die Entwürfe der jungen Modeschöpfer war inspirierend. Quorum war ihr derzeitiger Favorit. In dem Laden an der King's Road präsentierte die Inhaberin Alice Pollock die eigenen Kreationen und eben die von Ossie Clark; Modelle, die häufig aus Stoffen von Celia Birtwell gefertigt waren. Loulou wusste inzwischen, dass die drei Freunde Kommilitonen am Royal College of Art gewesen waren – und manchmal überlegte sie, wie viel sie wohl versäumt hatte, weil sie nie eine Hochschule besucht hatte.

»Ich finde es großartig, wie du für Ossie betteln gegangen bist«, meinte Celestia.

»Ach nein«, widersprach Loulou mit einem kleinen Lächeln, »ganz so war es auch nicht. Ich habe nur für einen guten Zweck gesammelt. Genau genommen haben meine Freunde gerne für Ossie zusammengelegt.«

»Dann hoffen wir mal, dass Miss Trehearne das genauso sieht.«

»Willie Landels würde die Modestrecke lieben«, versicherte Loulou und stellte damit klar, wer am Ende das Sagen hatte. Allerdings hätte der Artdirector niemals die Moderedakteurin übergangen. Außerdem war Loulou wichtig, dass sie ihr Versprechen gegenüber Anne Trehearne einlöste und für eine Anzeige sorgte, mit der Ossie Clarks Kreationen beworben wurden.

»Na, dann viel Spaß bei der Auswahl der Klamotten.« Celestia verstaute die Reste des Joints in einem silbernen Döschen. »Komm, wir müssen wieder an die Arbeit, bevor uns jemand vermisst.« Seufzend schloss sie das Fenster.

17

Ossie Clark entwarf eine sehr geradlinige, klare Mode, die mit wenigen Akzenten auskam, also ohne viel Chichi, aber von atemberaubendem Chic. An den vielen Kleiderstangen bei Quorum hingen deshalb nicht die Variationen ländlicher Blütenpracht, die Loulou eigentlich bevorzugte, es wurden eher Modelle wie das recht schlichte blau-weiße Ringelshirt präsentiert, das sie heute zu einem sehr kurzen Rock trug.

Sie sah sich mit dem Blick der angehenden Stylistin um, als würde sie durch die Linse des Fotografen schauen, schob die Bügel hin und her, betrachtete die Sachen, nahm das eine oder andere Teil heraus und legte es sich über den Arm, um anderswo eine Kombinationsmöglichkeit zu finden. Konzentriert auf die potenzielle Modestrecke, nahm sie die Kundinnen und Kunden kaum wahr, die sich in dem großflächigen Laden umsahen. Außer Ossie und Alice Pollock waren noch andere junge Designer präsent, die weitgehend unbekannt waren, aber offensichtlich ein großes Interesse auslösten.

»Ich frage mich, warum Sie Ihre Beine neulich unter dem vielen Stoff versteckt haben«, sagte eine Männerstimme hinter Loulou. »Sie sind wirklich eine Augenweide.«

Als sie herumfuhr, rutschten die Sachen von ihrem Arm. Unschlüssig, ob sie ihre Schlagfertigkeit unter Beweis stellen und Donald Cammell charmant zurechtweisen oder sich um das Durcheinander zu ihren Füßen kümmern sollte, entschied sie sich für die Mode. Sie beugte sich hinunter, um die Kleider aufzuheben.

Im selben Moment ging Donald in die Knie, um ihr zu helfen. Als sie sich auf Augenhöhe befanden, lächelte er direkt in ihre Seele. »Hallo!«

Es war ein hinreißendes Lächeln, das sie ganz automatisch erwiderte. »Hallo.«

»Gibt es eine Chance, dem Zufall dankbar zu sein und dich auf einen Drink zu treffen?«, raunte er. Die vertraute Anrede klang ganz selbstverständlich.

Sie sah sich nach möglichen Zuhörern um und wisperte: »Warum hast du mich das nicht schon viel früher gefragt?«

»Ich habe in der Redaktion von *Queen* angerufen, um genau das zu tun, aber du warst nicht erreichbar.«

Loulous Herz machte einen Sprung. Er hatte angerufen! Celestia hatte also doch recht. Es war unglaublich – verwirrend. Und ganz und gar wundervoll. Ihre Wangen glühten. »Ich arbeite viel«, antwortete sie.

»Und wenn du nicht arbeitest? Was machst du dann?«

»Einen Drink mit dir nehmen«, kam es über ihre Lippen, bevor ihr klar war, was sie da sagte. Erschrocken über ihren Mut ließ sie die gerade halbherzig aufgesammelten Kleidungsstücke wieder fallen.

Während er ihr eine Jacke reichte, versanken seine Blicke in ihren Augen. Ihre Hände berührten sich. »Ginfizz um sechs im White Hart Pub?«

Sie nickte. Dabei dachte sie, dass nichts dabei war, mit einem neuen Freund einen Cocktail zu trinken. Die Bar war nicht weit und berühmt für ihre gelassene Atmosphäre im Erdgeschoss und die Diskothek in der ersten Etage. Es war nicht ausgeschlossen, dass Loulou dort zufällig auf Freunde treffen würde. Das gab ihrer Verabredung einen harmlosen Anschein, dachte sie und fragte sich im nächsten Moment, wieso es delikat sein könnte, mit Donald Cammell in der Öffentlichkeit gesehen zu werden. Desmond hätte sicher nichts dagegen. Oder? Da sie sich über diesen Punkt nicht sicher war, beschloss sie, ihrem Mann erst einmal nichts von dem Treffen zu erzählen.

*

»Nach der letzten künstlerischen Nullnummer habe ich keine Lust mehr, dem Misserfolg anderer auf meine Kosten zuzusehen«, erklärte Donald zwischen zwei Schluck Ginfizz. »Ich will nicht nur Drehbücher schreiben, die andere umsetzen. Zurzeit plane ich eine eigene Regiearbeit …«

Loulou hing an seinen Lippen, trank ihren Cocktail, rauchte vor Aufregung Kette und fühlte sich wie in einer anderen Welt.

Hollywood war von ihrem Leben so weit entfernt wie der Mond, selbst die Pinewood Studios westlich von London lagen in ihrem Vorstellungsvermögen nicht näher. Sie kannte zwar viele bildende Künstler, der Alltag von Musikern war ihr vertraut, ebenso die Modeszene, doch Donalds intellektuelle Betrachtung der Filmwelt faszinierte sie. Es war nicht nur ein Drink, zu dem sie ihn getroffen hatte und seinen Geschichten zuhörte – es war wie der Ausflug in ein großes Abenteuer. Letzteres wurde natürlich durch die Geheimniskrämerei befeuert, für die sie sich entschieden hatte. Als sie sich zu Donald in eine dunkle, verschwiegen wirkende Ecke setzte, überwog plötzlich das Gefühl, etwas Verbotenes zu tun. Das lag vor allem an der Ausstrahlung dieses Mannes, der allein durch seine Anwesenheit und seine Blicke Tausende kleine elektrische Stromstöße durch ihren Körper jagte.

»Für die Hauptrolle hatte ich Marlon Brando vorgesehen«, fuhr Donald fort. »Wir sind gute Freunde, aber das ist natürlich keine Garantie für die Entscheidung der Produzenten, und offenbar passt Marlons Image gerade nicht zu der Rolle eines amerikanischen Gangsters in London. Im Filmgeschäft gibt es leider immer jemanden, der sich einbildet zu wissen, wie man es besser macht.«

Selbst die frustrierte Betrachtung seiner Verfilmungen klang in ihren Ohren nicht halb so mürrisch. »Ich finde Marlon Brando großartig«, versicherte sie.

»Ich will meine eigenen Visionen auf die Leinwand bringen und nicht noch einmal erleben müssen, wie andere Regisseure meine Worte in Schund verwandeln«, bekräftigte Donald. »Bei der Besetzung werde ich mir also nicht andauernd reinreden lassen, Geldgeber hin oder her. Ich verzichte lieber auf meine Produktion, als mich anzupassen.«

»Das ist sehr mutig.«

»Es ist richtig und wichtig.« Er hob sein Glas, hielt inne, musterte sie über den Rand, als sehe er sie zum ersten Mal: »Übrigens suche ich noch eine Darstellerin für eine der beiden weiblichen Hauptrollen. Wie wäre es mit Probeaufnahmen, Louise?«

»Ich?«, gab sie verblüfft zurück. »Du willst mich für einen Kinofilm casten?«

»So sieht es aus.« Er trank von seinem Cocktail, und als er sein Glas absetzte, lächelte er sie an.

»Das ist …«, begann sie und unterbrach sich wieder. Unmöglich, hatte sie sagen wollen. Es war unmöglich. In einem Kinofilm mitzuwirken, bei dem ein progressiver Mann wie Donald Cammell Regie führte, war ganz bestimmt nicht das, was für die Madam von Glin Castle angebracht war. Doch sie fühlte sich von dem Vorschlag geschmeichelt, er weckte unbekannte Sehnsüchte in ihr. Schließlich fragte sie ausweichend: »Wovon handelt dein Film? Außer dass es um einen amerikanischen Gangster geht, hast du noch nichts gesagt.«

Er nickte und lehnte sich auf seinem Stuhl zurück. »Die Handlung dreht sich um einen Mann, der als Geldeintreiber arbeitet und erst an seine Grenzen stößt, weil ein Freund von ihm auf der anderen Seite steht. Chas, so heißt die Hauptfigur, taucht bei einem Rockstar unter, der mit zwei Frauen lebt. Stell dir in dieser Rolle Mick Jagger vor …«

»Dafür brauche ich keine Fantasie«, warf Loulou lachend ein.

»Du kennst Mick, ja?«

»Klar. Er ist …« Sie räusperte sich. Desmond trat wie mit einem drohenden Zeigefinger, den er in der Realität niemals benutzte, vor ihrem geistigen Auge auf. »Ja. Mick trifft man auf vielen Partys«, antwortete sie vage. Sie hob ihr Glas und goss den Rest des Gin-Zitronen-Cocktails in ihre Kehle. In der anderen Hand glomm ihre Zigarette.

Donald nahm ihr die Kippe ab, zog daran und drückte den Stummel im Aschenbecher aus. »Eines der beiden Mädchen will ich mit Anita Pallenberg besetzen, der Freundin von Brian Jones. Aber für die andere Rolle fehlt mir noch die richtige Frau …«

Sie starrte auf das Mundstück zwischen der Asche, das gerade von seinen Lippen berührt worden war. Seine Geste war subtil und doch eindeutig gewesen, aufregend und verheißungsvoll. Ihr wurde schwindelig, in ihren Ohren rauschte eine Melodie, die nichts mit den Bässen zu tun hatte, die gelegentlich von der Diskothek nach unten wehten.

»Ich stelle mir eine zarte, junge Person vor, ein bisschen androgyn vielleicht. Du könntest passen.«

Außer dass sie zierlich, flachbrüstig und gerade zwanzig Jahre alt war, konnte sie sich in der Beschreibung nicht unbedingt wiederfinden. Aber das war egal – wenn er sie so sah, war ihr alles andere einerlei. »Wenn du willst, mache ich das Casting.«

»Willst du es denn?«

Es ist *mein* Leben, fuhr es ihr durch den Kopf, nicht das von Desmond oder einer Madam of Glin Castle – die es im Übrigen auch gar nicht gibt, weil sie doch nur Mrs. FitzGerald ist.

»Ja«, bestätigte sie mit fester Stimme. »Das wird bestimmt ein großer Spaß.«

»Dann komm bei mir vorbei, und ich gehe mit dir das Drehbuch durch, sodass du die wichtigsten Szenen draufhast, bevor wir die Probeaufnahmen ansetzen. Darauf sollten wir anstoßen. Ich hole uns nur schnell neue Drinks von der Bar.« Mit einer geschmeidigen Bewegung stand er auf und ging davon.

Loulou sah ihm nach und stellte fest, wie sich in seiner Abwesenheit eine eigentümliche Leere über ihren Tisch legte. Erst als Donald mit zwei Gläsern in den Händen zurückkam, füllte sich diese wieder. Er stellte ihren Drink nicht auf den Tisch, sondern reichte ihn ihr, sodass sich ihre Finger erneut berührten. Loulou wünschte, dieser Augenblick möge nie vergehen. Mit einem Lachen, das direkt aus ihrem Herzen kam, sah sie zu ihm auf.

18

Sie erzählte Desmond, sie habe länger arbeiten müssen. Er glaubte ihr jedes Wort und lobte sie für ihr Engagement, Fragen stellte er nicht. Sie waren seit knapp einem Jahr verheiratet, und sein Vertrauen in sie war immer noch so groß wie an jenem Nachmittag in St Mary's.

Gegenüber Celestia erwähnte Loulou ihre zufällige Begegnung mit Donald ebenfalls nicht, ihre Verabredung schon gar nicht. Dabei hätte sie so gerne darüber gesprochen. Er verwirrte sie und beschäftigte fast ununterbrochen ihre Gedanken. Da war dieses unerhörte Glücksgefühl, das sie teilen wollte, aber nicht teilen durfte. Unter gar keinen Umständen wollte sie, dass Desmond irgendwelche Gerüchte erreichten, bevor sie wusste, was aus ihr und Donald werden könnte. Oder ob sie überhaupt ein Paar würden. Bislang hatte er sie lediglich zu einem Vorsprechen gebeten. Die erotische Anziehungskraft und das Flirten lagen vermutlich in seiner Natur, darauf sollte sie sich nichts einbilden, sein Interesse an ihr war rein beruflich. Oder …?!

Jedenfalls war das nichts, das sie mit irgendjemandem diskutieren wollte. Und deshalb behielt sie den Termin für sich, als sie durch den Londoner Nieselregen zu der Adresse in Chelsea lief, die er ihr genannt hatte. Auf ihrem Weg dorthin fiel ihr ausgerechnet Rhoda ein. Ihre Großmutter hatte sie stets davor gewarnt, einen unverheirateten Mann zu einem Tête-à-Tête zu besuchen. Das gehörte sich nicht. Außerdem war ein Mädchen selbst schuld, behauptete sie, wenn sie sich bei einer solchen Gelegenheit die Unschuld rauben ließ. Loulou war zwar keine Jungfrau mehr, aber ziemlich unerfahren, das war ihr bewusst. Als sie das Backsteinhaus betrat, dachte sie an Camilla Shand, die nicht so jung geheiratet hatte wie sie, zwar nicht direkt als Partykönigin zu bezeichnen war, aber ihr Leben als Single genoss. Loulou beneidete ihre Freundin darum, ihr war aber genauso klar, dass sie sich nur durch eine frühe Ehe vom Schutzschild ihrer Großmutter hatte befreien können.

»Hey«, sagte Donald zur Begrüßung. Lässig in Jeans und einem Hemd mit offenem Kragen gekleidet, stand er in der Tür. Er wirkte erfreut, beugte sich zu ihr herunter und hauchte einen Kuss auf ihre Wange. »Komm herein!«

Seine Wohnung wirkte auf eine seltsam aufgeräumte Art chaotisch. Altes und modernes Mobiliar war zu einer bunten Vielfalt gemischt, antiker Nippes stand neben kitschigen Reisesouvenirs in den Regalen, überall türmten sich Bücher, und hier und da lagen Stapel von Papier. Am eindrucksvollsten waren jedoch die vielen Bilder an den Wänden und auf den Staffeleien: Porträts von Frauen und Männern in weichen Farben, manche eine ausgearbeitete Skizze, andere in Öl, darunter viele nackte Frauen in unterschiedlichen Posen. Loulou blieb vor einem gefälligen Gemälde in einem eleganten Rahmen stehen und betrachtete die Dame darin. »Schön«, sagte sie. »Ein bisschen konventionell, aber gut.«

»Du verstehst etwas von Malerei?«

»Nicht genug«, gab sie zu und wandte sich zu ihm um. Er stand an einer improvisierten Hausbar, wo er, ohne zu fragen, Gin in zwei bauchige Gläser goss. »Mein Großvater war Sir Oswald Birley. Vielleicht habe ich deshalb einen Blick für Porträts.«

»Der Hofmaler.« Er vollführte einen albernen Kratzfuß, der allerdings nicht ganz so lustig wirkte, wie er vielleicht hatte sein sollen. »Damit kann ich natürlich nicht dienen.«

Überrascht deutete sie auf die Leinwand. »Ist das von dir?«

»Ich war nur ein Wunderkind und habe im Alter von sechzehn Jahren ein Stipendium der Royal Academy erhalten, außerdem durfte ich zum Studium nach Florenz. Als ich neunzehn war, gewann ich den ersten Preis der Königlichen Gesellschaft für Porträtmaler. Ich gebe zu, diesen Erfolg konnte ich damals nicht gut verarbeiten. Ich war zu jung dafür.«

»Bist du deshalb Autor geworden?«

»Vielleicht.« Er trat neben sie, blickte einen Moment lang gedankenverloren auf sein Bild. Dann reichte er ihr eines der beiden Gläser. »Auf dein Wohl, Louise.«

»Loulou«, korrigierte sie automatisch.

»Loulou FitzGerald.« Aus seinem Mund klang der Name so klebrig wie der eines Instantpuddings. »Das ist kein guter Künstlername«, fügte er prompt hinzu. »Daran müssen wir noch arbeiten. Louise FitzGerald macht einen besseren Eindruck.«

Sie nahm ihm die Kritik nicht übel. Lachend erwiderte sie: »Wie gefällt dir Loulou de la Falaise?«

»Nicht schlecht. Wer ist das?«

»Sozusagen mein Mädchenname«, erklärte sie, plötzlich verlegen. Sie hatte sich unwillkürlich so genannt. Jetzt kam es ihr jedoch so vor, als legte sie damit ihre Ehe ab. Der Mantel der Madam fiel von ihren Schultern, die Comtesse war frei.

Donald legte einen Arm um sie. »Louise de la Falaise gefällt mir.« Er bewegte sich nur eine Winzigkeit, sein Mund streifte ihren Hals. »Und Loulou de la Falaise finde ich wunderschön …«

Als sie den Kopf in den Nacken legte, vibrierte ihr Körper. Sie schloss die Augen, genoss seine Zärtlichkeiten. Der rauschhafte Zustand, in den er sie in diesem Moment versetzte, wirkte wie eine halluzinogene Droge. Sie hatte nicht die geringste Ahnung von der Ekstase der Leidenschaft, einer bis über die eigenen Grenzen hinausreichenden Hingabe, maßlosem Begehren. Doch genau das wollte sie erleben. Erotik ohne Scham. Und wenn es auch nur eine momentane Sinnestäuschung war wie bei einem LSD-Trip. Zu dem gehörten ja bestenfalls auch immer zwei.

*

Nun hatte sie also eine Affäre. Im Swinging London, wo freie Liebe großgeschrieben wurde, kein Thema. Nichts Aufregendes. Doch für Loulou war alles anders. Sie hatte zwar eine Liaison wie etliche andere Frauen auch, und laut Celestia hatten viele davon mit Donald geschlafen und seinetwegen ihre Männer verlassen, um anschließend von ihm fortgeworfen zu werden wie ein lästiges Insekt. Aber sie war überzeugt, dass er ihr das nicht antun würde.

Als Loulou die Tür des Hauses in der Pont Street aufschloss, spürte sie Donalds Lippen noch auf ihren, ihre Wangen glühten, und sie konnte das glückselige Grinsen nicht von ihrem Gesicht wischen, das sie auf dem Heimweg begleitet hatte.

Erleichtert stellte sie fest, dass Desmond noch nicht zu Hause war. Sie schaltete den Boiler an, um ein heißes Bad zu nehmen. Während sie sich auszog, dachte sie, dass Donalds Berührungen überall auf ihrer Haut sichtbar sein müssten. Doch als sie sich im Spiegel betrachtete, registrierte sie fast enttäuscht, dass dem nicht so war. Ihr Körper sah immer noch so aus wie vor der großen Wende. Egal, die Befreiung hatte sich in ihr Gehirn gebrannt.

Nackt und fröstelnd marschierte sie zu den Karaffen, die im Salon auf dem *Butler's Tray* standen, und goss großzügig einen Cognac in einen der bereitstehenden Schwenker. Ihre Blicke streiften kurz die eleganten Landschaftsmotive aus dem goldenen Zeitalter der englischen Malerei, die im Lauf von fast zwei Jahrhunderten trotz sorgsamer Pflege nachgedunkelt waren und nichts gemein hatten mit den Porträts von Donald Cammell. Mit dem Glas in der Hand tappte sie zurück ins Badezimmer, setzte sich auf den Wannenrand und wartete darauf, dass das Becken volllief und sich die hinzugefügten Seifenflocken in einen duftenden Schaum verwandelten. Endlich eingetaucht in das herrlich warme Wasser, beschloss sie, den Moment zu genießen und nicht über Donald und Desmond und das, was ihre Affäre für ihre Ehe bedeutete, nachzudenken.

»Loulou?!« Dem Ruf folgten Schritte, die durch die Wohnung hallten. Erst in Richtung Küche, dann zu den anderen Räumen.

Sie tauchte unter.

»Da bist du ja.« Desmonds Stimme drang dumpf durch das Wasser zu ihr.

Prustend kam sie wieder hoch. Sie blinzelte, strahlte ihn über die Schaumberge an, die ihren Körper bis zum Hals bedeckten.

Desmond erwiderte ihr Lächeln. »Ich hatte gehofft, dass du schon einen Imbiss vorbereitet hättest.« Sein Ton klang nicht vorwurfsvoll, nur ein wenig erschöpft. »Es war ein anstrengender Tag für mich, und ich dachte, wir machen es uns gemütlich.«

Ein Abend zu zweit mit ihrem Ehemann war das Letzte, das Loulou nach den Erfahrungen des vergangenen Nachmittags wollte. »Hatten uns Talitha und Paul nicht für heute zum Dinner eingeladen?« Genau genommen erinnerte sie sich nicht an den Termin, die Party konnte auch morgen sein, oder sie hatten sie gestern verpasst. Eigentlich kam ihr alles, was vor ihrem Besuch in Donalds Wohnung gewesen war, unwirklich und fern vor. Auch die Einladung von Freunden.

»Ah. Ja. Richtig.« Desmond schlug sich gegen die Stirn. »Wie vergesslich von mir. Ich bin zwar ziemlich müde, aber wenn du möchtest, fahren wir natürlich zu den Gettys.«

»Das sollten wir«, bestätigte sie lebhaft. Mit einem Mal war ihr die Einladung wieder deutlich präsent. »Sie feiern immerhin ihre Abreise nach Marokko, wo sie überwintern wollen. Ich finde, wir sollten Talitha und Paul unbedingt *goodbye* sagen, bevor sie so lang weg sind.«

»Du hast recht«, bestätigte Desmond. Er trat vor, hauchte ihr einen Kuss auf den nassen Scheitel. »Ich ziehe mich um.« Damit verließ er das Badezimmer.

Loulou sah ihm versonnen nach. Er ist so ein ehrlicher, pflichtbewusster Mensch, dachte sie dabei. Sie wusste, dass sie immer auf Desmond zählen konnte. Er war ein guter Mann. Aber vielleicht machte ihn genau das gerade uninteressant für sie.

19

Selbst wenn sich Loulou nicht genau an den Anlass von Talitha und Paul Gettys Einladung erinnert hätte, sie hätte mit dem Hinweis auf einen Abschied immer richtiggelegen. Die Gettys reisten ständig herum, zwischen ihrem wunderschönen Haus in London und der exklusiven Dachterrassenwohnung in Rom sowieso, aber auch an Orte überall auf der Welt, die ihnen gefielen, wobei Marrakesch der Favorit war. Dort waren Talitha und Paul nicht allein, viele andere Freunde von Loulou und Desmond zog es aus dem kühlen Norden in wärmere Gefilde. Das tolerante Marokko war das Traumziel, eine Oase der Sinne, von der alle schwärmten, die einmal dort gewesen waren. Ein Ort der Freizügigkeit im Umgang mit gleichgeschlechtlicher Liebe und Experimenten mit verschiedenen Kräutern und Drogen. Loulou lauschte den Geschichten, die wie Märchen aus Tausendundeiner Nacht klangen, und wünschte, dem grauen London ebenfalls in diese bunte Welt entfliehen zu dürfen. Als sie Desmond einen Urlaub in Nordafrika vorschlug, vertröstete er sie und wies liebenswürdig auf eine anstehende Fahrt nach Irland hin. Diese Aussicht weckte nicht gerade ihre Vorfreude, vor allem nicht in der dunklen Jahreszeit.

Ihre Affäre mit Donald machte Loulous Leben nicht heller, es wurde vielmehr komplizierter. Sie war vernarrt in ihn und erlebte mit ihm den Rausch von fantastischem Sex. Da er mit den Vorbereitungen für seinen Film *Performance* beschäftigt war, hatte er nicht viel Zeit für sie. Manchmal jedoch bezog er sie ein, erzählte und redete über sein Drehbuch und die Fixierung auf Darsteller wie Mick Jagger. Marlon Brando musste er wohl von seiner Wunschliste streichen, aber James Fox stand ebenfalls ganz oben. Er versprach Loulou weiterhin ein Casting für die Rolle der Lucy, doch die Sucht nach Leidenschaft hielt sie davon ab, ihn daran zu erinnern, zumal ihre zunächst gelegentlichen, aber doch recht regelmäßigen Treffen seltener wurden.

Meist waren es spontane Verabredungen für den Nachmittag, die Loulou irgendwie in ihren Redaktionsalltag einbauen musste. Donald fragte nicht, ob ihr ein Rendezvous passte, er zitierte sie zu sich. Und sie hinterfragte nichts, weil sie sein Verhalten als Sehnsucht interpretierte. Außerdem erleichterten ihr die Treffen während der eigentlichen Arbeitszeit die Heimlichkeiten. Sie brauchte Desmond, der tagsüber natürlich im Museum war, nicht anzulügen.

Dieses Begehren machte sie jedoch nicht ganz blind. Loulou war bewusst, dass ihr Doppelleben nicht ewig so weitergehen konnte. Sie ließ Weihnachten und Silvester verstreichen, weil sie Desmond nicht während der Feiertage mit der Bitte um eine Trennung vor den Kopf stoßen wollte. Außerdem suchte sie nach einem Plan für sich. Sie wollte Desmond nicht verlassen und bei Donald einziehen, dieser nahtlose Übergang entsprach nicht ihren Vorstellungen – und Donalds wohl auch nicht. Aber was sollte aus ihr werden? Wo sollte sie hin? Zu ihrer Großmutter zurückzukehren, kam nicht infrage. Es blieben ihre Freunde, doch die waren meist vor allem auch Desmonds Freunde, und sie befürchtete, dass diese sie ebenso in ihre Ehe zurückschicken würden wie Rhoda. Immerhin hatte sie in ihrem Job bislang so gute Leistungen gezeigt, dass sie im neuen Jahr um eine Gehaltserhöhung bitten könnte, die ihr eine Matratze in einer Wohngemeinschaft finanzierte.

Donalds Anruf an einem verregneten Januarvormittag veränderte alles. Sie war gerade damit beschäftigt, einige Accessoires, die nicht mehr für ein Fotoshooting gebraucht wurden, zusammenzupacken, als sie ans Telefon gerufen wurde. »Loulou?« Seine Stimme klang erstaunlich nah. »Ich möchte dich sehen!«

Sie spürte, wie sich die Nervenbahnen in ihrem Rücken anspannten. »Heute Nachmittag bei dir?«

»Nein. Sofort!«

Sie schnappte nach Luft. Ihre Augen wanderten durch den Redaktionsraum, in dem die Mitarbeiterinnen an Schreibtischen tippten, telefonierten, irgendetwas sortierten oder abhefteten. Hinter einer der Glastüren befand sich das Büro von Anne Trehearne, dann das von Willie Landels. In einer halben Stunde sollte die Abnahme einer Modestrecke stattfinden. Helmut Newton hatte dieses Mal im Keller eines Pubs fotografiert, und Loulou hatte auf seinen ausdrücklichen Wunsch hin allein assistiert, die Moderedakteurin war nicht dabei gewesen. Deshalb waren es auf gewisse Weise ihre Fotos, die ausgewählt werden sollten.

»Ich …«, hob sie zögernd an, brachte aber nicht über die Lippen, dass sie jetzt keine Zeit hatte. Ihr Körper schrie förmlich vor Verlangen.

»Du findest mich vor der Tür des Gebäudes«, unterbrach Donald. »Ich will dich. Jetzt. Sofort. Komm mit mir, und wir werden gemeinsam die beste Stunde des Tages verbringen.«

Ratlos blickte sie auf den Karton, den sie zu Biba in die Kensington Church Street bringen musste, die Boutique, die weltberühmt geworden war, weil Brigitte Bardot dort einkaufte. Die große Uhr an der Wand tickte unaufhörlich in Richtung Konferenz, die Stimmen im Hintergrund waren wie eine Kakofonie. Sie horchte in sich hinein und auf das Flattern in ihrem Bauch, spürte die Anspannung in ihren Brüsten.

Während sie sich noch fragte, wie sie Donald elegant auf einen etwas späteren Zeitpunkt vertrösten könnte, klickte es in der Leitung. Er hatte aufgelegt.

Die Furcht, er könnte sein Interesse an ihr verlieren, nahm ihr den Atem. Sie ließ die Hand mit dem Telefonhörer sinken.

Ohne weiter nachzudenken, ließ sie alles stehen und liegen.

Sie setzte sich in Bewegung. Eine von unsichtbarer Hand aus dem Erdgeschoss des Gebäudes gelenkte Marionette. Sie nahm ihre Tasche und den Mantel vom Garderobenständer in der Ecke.

Celestias Blick in ihrem Rücken spürte sie zwar, die Kollegin rief ihr wohl auch etwas zu, aber Loulou war taub für die Realität, gefangen in der psychedelischen Bewusstseinsstörung, die Donalds Anruf hervorgerufen hatte. Die Angst, er könnte gehen, ohne sie mitzunehmen, brachte sie fast um.

Sie stürzte die Treppen hinunter – und traf tatsächlich vor der Eingangstür auf ihn. Sie war am Ziel. Donald hatte auf sie gewartet.

20

Wenige Tage später luden Jane Ormsby-Gore und Michael Rainey die im nasskalten englischen Winter verbliebenen Freunde zu einer Party. Viele bekannte Gesichter aus der Musikszene fehlten, was Loulou nicht sonderlich verwunderte, da nicht nur das Wetter für eine Art Fluchtwelle in das südliche Ausland gesorgt hatte. Seit die britische Regierung die liberale Politik gegenüber Drogen verändert und schärfere Gesetze eingeführt hatte, wuchs die Sorge vor einer Verhaftung. Selbst Prominente waren davon nicht ausgenommen: Im vorigen Jahr war es zu einer Razzia in der Wohnung von Brian Jones an der Courtfield Road gekommen und im Dezember zu einem Urteil von drei Jahren auf Bewährung gegen ihn, was zwar nicht wirklich verwunderte, aber auch den sonst so gelassenen Desmond reichlich nervös zurückließ. Brian war derweil mit Christopher Gibbs in Richtung Süden abgetaucht.

»Hier haben wir den Mann, der bei seiner Gerichtsverhandlung freigesprochen wurde«, verkündete Jane, als sie mit einem gerade eingetroffenen Gast in den Salon trat. Er war groß und schlank, trug einen Dreispitz auf seinem dunklen Pagenkopf und ein Rüschenhemd, das sofort Loulous Interesse weckte. Anscheinend kauften sie bei demselben Händler auf dem Flohmarkt an der King's Road ein. »Wer ihn noch nicht kennt: Das ist Stash de Rola. Seid lieb zu ihm, er muss gerade ohne seinen Kumpel Brian Jones auskommen.«

Alles lachte. Irgendjemand rief: »Ist Paul McCartney etwa kein guter Ersatz?« Und wieder amüsierte sich die Gesellschaft köstlich.

Im Lauf des Abends erfuhr Loulou, dass Stash de Rola ein Sohn des Malers Balthus und ein grandioser Musiker war, der sich an keine Band binden und nicht in Konventionen pressen lassen wollte. Eigentlich war er wohl in Rom zu Hause, er wohnte aber irgendwie auch in Paris und war kürzlich aus Los Angeles zurückgekommen. Bis zu der Razzia von Scotland Yard hatte er bei Brian Jones gepennt und war derzeit Untermieter des Beatles. Fasziniert lauschte Loulou den Geschichten von Stash und dachte, dass er die Unabhängigkeit lebte, die sie sich auch so sehr wünschte. Wenn sie frei sein wollte, würde sie in ihrer finanziellen und persönlichen Lage wohl auch auf ein komfortables eigenes Schlafzimmer verzichten müssen.

»Der arme Brian«, bemerkte Jane. Sie goss ihren Gästen, die um einen niedrigen Tisch versammelt auf einem Diwan und in Sesseln lümmelten oder auf dem Boden hockten, aus einer Magnumflasche Rotwein nach. »Ehrlich gesagt tut er mir leid. Erst das Desaster mit Anita, die jetzt mit Keith Richards zusammen ist, und nun auch noch der Zoff mit den Behörden. Für einen sensiblen Charakter ist das keine gute Kombination.«

»Keith leidet unter der Entwicklung genauso wie Brian«, behauptete jemand. »Er wollte die Freundschaft nicht wegen einer Frau aufs Spiel setzen.«

»Warum hat er es dann getan?«, fragte Desmond.

»Dem Charme von Anita Pallenberg kann niemand entkommen«, erwiderte Stash schmunzelnd. »Sie ist wunderschön und außerdem klug und willensstark. In Donald Cammells Film wird sie großartig sein …«

Loulou richtete sich auf. Sie konnte nicht verhindern, dass sie bei dem Klang des Namens errötete.

»Neulich traf ich seine Freundin Deborah Dixon in Paris, die ...«

»Wen?«, unterbrach Loulou bestürzt.

»Deborah ist Fotomodell, Amerikanerin und die langjährige Gefährtin von Donald Cammell«, raunte Jane ihr zu. Ihre Freundin war mit dem Wein neben Loulou angekommen. Während Stash weitersprach, wisperte Jane: »Die beiden haben eine turbulente Beziehung mit gelegentlichen räumlichen und persönlichen Trennungen. Deborah ist eine gute Freundin von Anita.« Sie sah Loulou nachdenklich an. »Wusstest du das nicht?«

Sie hatte tatsächlich geglaubt, sie sei die einzige Frau in seinem Leben. Zumindest zeitweilig. Doch damit nicht genug: Janes scharfer Blick bedeutete ihr, dass ihre Affäre nun kein Geheimnis mehr war. Loulou wurde bleich.

»Anita wird in der Rolle der Pherber großartig sein«, sagte jemand in der Runde.

Loulou wusste nicht, wer dieses Lob aussprach. Es war auch egal. Ihre Gedanken kreisten um die offenbar feste Beziehung, die Donald mit einer Amerikanerin in Paris unterhielt. Sie selbst war für ihn nur eine Affäre. Ein unwichtiger Teil in einem polygamen Leben. Zwischen ihnen war nie die Rede von Liebe gewesen, aber war es tatsächlich möglich, so fantastischen Sex ohne ein tiefes Gefühl auszuleben? Ihr schwirrte der Kopf.

Die Plauderei der anderen Gäste ging ungeachtet ihrer Bestürzung weiter.

»Hoffentlich schafft Anita es mit Deborahs Hilfe, die Streitaxt zwischen Keith und Brian zu begraben. Es wäre schade, wenn die Stones deswegen den Soundtrack für *Performance* absagen würden.«

»Wer spielt denn nun eigentlich die zweite weibliche Hauptrolle?«

»Deborah Dixon?«

»O nein. Die ist gar nicht der Typ für die Lucy. Donald wollte eine junge androgyne Person. Er hat sich schon längst für …«

Mich, dachte Loulou. Wenn er sie schon nicht als seine Frau wollte, so sicher wenigstens als angehende Schauspielerin!

»… Michèle Breton entschieden …«

»Was?«

Erst als sich alle Augen auf sie richteten, begriff Loulou, dass ihre Frage wie ein Aufschrei gewesen war. Für sie war die Sache mit dem Casting ein fast noch größerer Verrat als das Verheimlichen seiner festen Beziehung.

Desmonds Hand legte sich über die ihre. »Was ist denn los, Liebes?«

Verstört sah sie ihn an. Für eine Weile hatte sie ihn vergessen. Sie war so von ihren Gedanken an Donald und ihren Gefühlen gefesselt gewesen, dass sie nicht mehr daran gedacht hatte, wer neben ihr saß. Und in diesem Moment war ihr klar, dass sich eben nicht nur das Ende einer Affäre vollzogen hatte. Es war das Ende ihrer Ehe.

»Es ist … Es ist nur …«, hob sie an, um dann fester zu sagen: »Mir geht es nicht gut. Können wir bitte nach Hause gehen?« Dass sie mit ihm schnellstmöglich unter vier Augen sprechen musste, erwähnte sie nicht.

※

Desmond war erschüttert. Er fuhr sich mit der Hand durchs Haar. »Wie konnte es so weit kommen, Louise?«

»Ich glaube, mir war von Anfang an klar, dass unsere Heirat nicht für die Ewigkeit bestimmt ist.«

Sie wollte ehrlich zu ihm sein, Desmond hatte diese Offenheit verdient. Dennoch versuchte sie ihn so wenig wie möglich zu verletzen. Sie sprach zwar von ihrer Affäre, nicht aber davon, wie aufregend der Sex mit Donald gewesen war. Auch verschwieg sie ihre Hoffnung auf ein Casting. Sie war unsäglich naiv gewesen, das war ihr inzwischen bewusst, aber genau das war ihr auch peinlich. Sie kam sich wie eine Zofe aus dem 18. Jahrhundert vor, die den Versprechungen ihres Herrn erlegen war. Der Unterschied war, dass einer jungen Frau heute die Welt offenstand. Damals wäre sie im Rotlichtmilieu gelandet oder in einem Kloster, wenn nicht ertränkt in der Themse. Heute konnte sie gehen, wohin sie wollte. Feminismus, dachte sie, ist eine wundervolle Errungenschaft.

Desmonds Verzweiflung tat ihr unendlich weh. Sie saßen in ihrem Salon, nicht nebeneinander, sondern einander gegenüber und so weit entfernt wie auf dem Foto von Cecil Beaton. Das Bild war ein deutliches Zeichen für den Zustand ihrer Ehe gewesen, Celestia hatte mit ihrer Betrachtung recht gehabt. Loulou hatte es damals nur noch nicht sehen wollen.

»Du bist mit einem Ritter verheiratet!«, brach es plötzlich aus Desmond heraus. »Das ist wie in einem Märchen! Was ist dein Problem?«

»Ich will kein Märchen, sondern das reale Leben.«

»Aha.« Er schluckte. Vielleicht bekämpfte er aufsteigende Tränen. Oder eine innere Wut. »Aber ... was hast du jetzt vor?«

»Keine Ahnung«, gab sie zu. Ihre planlose Zukunft war auch ein Teil der Wahrheit. »Ich fahre weg. Irgendwohin. Es ist wohl am besten, wenn ich London für eine Weile verlasse.«

»Louise, du kannst nicht einfach weglaufen. Wenn du dich wirklich trennen willst, gibt es viel zu regeln. Unsere Anwälte ...«

»Ich will nichts von dir«, unterbrach sie ihn energisch. Sie hatte sich überhaupt noch keine Gedanken über eine Scheidungsvereinbarung und einen ihr womöglich zustehenden Unterhalt gemacht. Und das wollte sie auch künftig nicht.

Stumm starrte er sie an, offenbar vollkommen fassungslos.

»Du kannst alles behalten, Knighty«, fügte sie sanft hinzu. »Nichts aus dieser Wohnung, nicht einmal unsere Hochzeitsgeschenke will ich haben. Ich brauche ein Flugticket. Das ist alles.«

»Hm«, machte er. »Es ist gut, dass du zu deiner Mutter nach New York fliegst.«

Natürlich war das der naheliegendste Gedanke für Desmond. Womöglich hoffte er, dass Loulou dort durch seinen Freund John McKendry, den neuen Mann ihrer Mutter, umgestimmt werden und nach einem kurzen Urlaub in Manhattan wieder nach London zurückgeschickt werden könnte. Oder nach Glin Castle. Überall war es jetzt so trist, wie es sich gerade in ihrer Seele anfühlte.

Plötzlich regte sich eine Idee: »Ich reise nach Marokko«, entschied sie. Ihr Herz begann schneller zu klopfen.

ZWEITER TEIL

Das schönste Kleidungsstück, das eine Frau tragen kann,
ist die Umarmung des Mannes, der sie liebt.
Und für die, die dieses Glück nicht finden, bin ich da!

Yves Saint Laurent

1968

Tanger, Marokko

21

Mit einem kleinen Handgepäck, das nur das Nötigste enthielt, flog Loulou von London über Paris und Madrid nach Tanger. Die Verbindung mit den beiden Zwischenstopps bot die einzige Möglichkeit, sofort abzureisen, Direktflüge waren nicht täglich buchbar. Zwölf Stunden nach ihrem Start in Heathrow landete sie auf einer Wüstenpiste in Boukhalef zwischen Bergen und Meer.

Es war spätabends, und sie sah nicht viel mehr als die Lichter, die den Flughafen anstrahlten, und Palmwedel, die sich vor einem sternenübersäten Himmel in der leichten Brise neigten. Als sie auf die Gangway trat, sog sie die überraschend kühle Luft tief in ihre Lungen. Die üblichen Geräusche schwebten über der Szenerie, Motorenrauschen und das Stimmengewirr der Reisenden und des Personals. Es war nichts Besonderes, ein Prozedere wie überall auf der Welt bei ähnlicher Gelegenheit, doch Loulou wurde von einem ungeahnten Glücksgefühl erfasst. Falls sie noch gezweifelt hätte, war dies der Moment, der ihr Sicherheit gab. Alles war aufregend und neu, aber nach den vielen Berichten ihrer Freunde auch seltsam vertraut. Ihre Entscheidungen waren richtig. Sowohl die Trennung von Desmond als auch ihre Flucht nach Marokko.

Da sie keinen Koffer hatte, verlief die Einreise recht schnell. Als eine der ersten Passagiere ihres Flugs saß sie in einem Taxi, um sich zu einem Hotel namens El Minzah bringen zu lassen. Desmond hatte ihr geraten, dort abzusteigen, bevor sie eine preiswertere Bleibe bei Freunden fand. Das kam ihr entgegen, denn sie hatte nicht die Absicht, in der Dunkelheit durch die Gassen der fremden Hafenstadt zu irren.

In einem maurischen Palast empfing sie eine koloniale Atmosphäre, ein malerisches, im Art-déco-Stil gehaltenes Foyer mit bunten Bleiglasfenstern, in denen Kerzen in Laternen flackerten, gemütlichen Sitzgruppen und einem Flügel auf einem kleinen Podium zwischen prunkvollen Säulen. Klassische Musik perlte wie feine Tropfen aus dem Piano, ein leises Gemurmel und verhaltenes Lachen setzte den Kontrapunkt. Es war überraschend wenig los, nur zwei internationale Paare in Abendkleidung tranken Champagner an ihrem Tisch, an einem anderen saßen Männer in traditionellen wunderschön bestickten Gewändern vor dampfenden Teegläsern. Fasziniert betrachtete sie die Garderobe der Marokkaner und übersah beinahe die zierliche Blondine, die in einem bunten Minirock und mit weißem Schlapphut auf dem langen Haar den Saal durchquerte. Aus den Augenwinkeln nahm sie wahr, dass die junge Frau stehen blieb: »Loulou? Bist du das? Bist du das wirklich?«

Loulou wandte sich der anderen zu. »Suki!«, stellte sie lächelnd fest. »Suki Potier.« Sie hätte sich denken können, dass das Model in Tanger war. Wo sich Brian Jones aufhielt, war Suki neuerdings auch. Sie hängte sich an den Rolling Stone, nachdem Anita Pallenbergs Platz an seiner Seite frei geworden war. Allerdings hatte Loulou nicht damit gerechnet, dass Brian ausgerechnet in diesem Hotel abgestiegen war.

»Was machst du in Tanger?«, erkundigte sich Suki, nachdem sie Loulou nach französischer Manier auf beide Wangen geküsst hatte.

Loulou zuckte mit den Schultern. »Urlaub.«

»In der Redaktion von *Queen* werden sie dich bestimmt vermissen«, gab die andere fröhlich zurück.

»Keine Ahnung. Ich arbeite nicht mehr dort.« Genau genommen war sie nach ihrem stummen Abgang nicht mehr in die Moderedaktion zurückgekehrt. Loulou wollte Anne Trehearne nicht erklären müssen, warum ihr eine Affäre wichtiger gewesen war als ihr Arbeitsplatz. Die Enttäuschung zu sehen, die sie ihrem Mentor Willie Landels bereitet hatte, konnte sie ebenfalls nicht ertragen.

»Wie schade! Das wird Ossie gar nicht gefallen …«

Unvermittelt stellte sich ein wenig Wehmut ein. Loulou kannte Suki durch Ossie Clark, dessen Lieblingsmodel die gleichaltrige Engländerin war. Bevor sie sich in Erklärungen verfangen würde, antwortete sie rasch: »Wir machen bestimmt noch viele Modeproduktionen zusammen. Wenn nicht bei *Queen*, dann anderswo.«

»Bestimmt, du bist eine tolle Stylistin. Ich kenne niemanden in London, der dich nicht für deinen Geschmack bewundert.«

»Oh! Das war mir gar nicht bewusst.« Sie sah an sich hinunter. Nach der langen Reise wirkten ihr Maxirock, die Rüschenbluse und der Mantel eher zerknittert als schick.

»Wohnst du hier im Hotel?«

»Ich wollte mir gerade ein Zimmer nehmen.«

»Dann zieh dich rasch um, und wir feiern zusammen in Brians Suite.«

Loulou sah noch einmal an sich hinunter. Wie sollte sie Suki erklären, dass sie keine anderen Kleider besaß? Sie hatte all ihre Sachen bei Desmond zurückgelassen. »In meine Reisetasche passte nicht so viel Zeug«, sagte sie. »Ich habe vor, hier erst einmal einkaufen zu gehen.«

»Der Markt auf der Grande Place ist wunderbar«, schwärmte Suki. »Du wirst begeistert sein. Für heute Abend leihe ich dir gerne etwas, wenn du willst. Komm zu uns in die Präsidentensuite und sieh dich um. Es ist alles da.« Sie zwinkerte Loulou verschwörerisch zu: »Kleider, Champagner und jede Menge Haschisch.«

*

Als der Ruf des Muezzins zum ersten Gebet erklang, war Loulou gerade eingeschlafen. Sie fühlte sich wie ohnmächtig nach der Aufregung der vergangenen Tage, zu viel Alkohol und Zigaretten, aber in ihrer tiefsten Seele war sie glücklich. Das Wiedersehen mit Suki war großartig, und das Zusammensein mit ihr, Brian und irgendwelchen anderen Engländern und Amerikanern, die er aufgegabelt hatte, sowie einer Gruppe von marokkanischen Sufimusikern war so gesellig gewesen, dass sie die lange Reise vergaß und die halbe Nacht ausgelassen redete, tanzte, lachte, trank und rauchte. Mit einem Arm voller Klamotten, die Suki ihr aufgedrängt hatte, war sie schließlich in das zuvor reservierte Zimmer gestolpert, hatte alles über einen Sessel geworfen und war aufs Bett gefallen. Der Ausrufer weckte sie im Morgengrauen, doch sie drehte sich nur auf die Seite und fiel in einen hektischen Traum, an den sie sich später nicht mehr erinnern konnte.

Den Nachmittag verbrachte sie mit einem kleinen Rundgang, um sich mit den Räumlichkeiten des Luxushotels vertraut zu machen, danach unternahm sie einen Spaziergang an den nahe gelegenen Strand. An der Straße von Gibraltar und damit am nördlichsten Zipfel Marokkos gelegen, neigte sich die Stadt dem Westen entgegen, im Osten flankiert von den Felsen des Rifgebirges. Die sich weit draußen am Horizont aufbauenden Wellen des Atlantiks brachen sich an der Küste in schäumenden Wogen. Loulou hatte ihre Pantoffeln abgestreift und hielt die Füße ins Wasser. Erschrocken über die Kälte, sprang sie jedoch gleich hoch und lief ein paar Meter zurück. Sie blickte in den tiefblauen Himmel, die Augen vor der Helligkeit durch eine dunkle Brille geschützt, und rief lauthals: »Juhuuu!« Der Wind trug ihre Stimme über den fast menschenleeren Strand. Sie warf sich lachend in den Sand, bewegte Arme und Beine, sodass später der Abdruck eines Engels zurückbleiben würde. Ein Engel auf Reisen. Das gefiel ihr.

Zurück im El Minzah, ließ sie sich mit der Suite verbinden, in der die Gettys abgestiegen waren. Suki hatte ihr erzählt, dass Talitha und Paul auf der Durchreise nach Marrakesch waren und in diesem Hotel übernachteten.

Talitha freute sich sehr, von Loulou zu hören. Sie fragte nicht nach Desmond oder den Umständen, die Loulou nach Tanger geführt hatten – sie benahm sich sogar, als wäre es selbstverständlich, Loulou hier zu treffen: »Komm sofort zu uns! Wir feiern den Sonnenuntergang auf der Terrasse.«

In der Nacht hatte Loulou bereits die Aussicht von Brians Suite auf den funkelnden Sternenteppich und das von hellen Schaumkronen durchschnittene dunkle Meer genossen. Jetzt sah sie auf die kupferroten Schlieren eines orangefarbenen Himmels, an dem die Sonne wie ein gelber Lampion hing. Der Atlantik hinter dem Hotelgarten wirkte geheimnisvoll in seinen verschiedenen Grautönen, die Lichter heimkehrender Boote tanzten auf den Wellen, das Wasser griff wie mit langen Fingern nach dem Strand. Seitlich davon flammten nach und nach die Laternen in der gegen den Hang gebauten Stadt auf. Der Ruf des Muezzins wehte wieder von der Moschee, während im Salon der Suite eine Schallplatte erklang, auf der die Sopranistin Joan Sutherland sang. Die Leichtigkeit ihrer Stimme und die Auswahl der Arien plätscherten wie ein Bach dahin, der zu einem Fluss anschwoll und sich mit großem Getöse in ein Delta ergoss. Keine Rockmusik, keine marokkanischen Flöten – und doch eine perfekte Untermalung, wie Loulou fand.

Sie blickte auf den mit Silberfäden bestickten, aus dünner Baumwolle gefertigten Kaftan, den Talitha trug und unter dem sich ein kleiner Babybauch wölbte. Talitha sah aus wie eine orientalische Königin, während Paul in dem schlichten Burnus wie ihr Diener wirkte. Er umarmte Loulou und stellte sie seinen anderen Gästen vor, die sie als die beiden Paare identifizierte, die gestern Abend in der Hotelhalle Champagner getrunken hatten.

»Wir sind geschäftlich hier«, berichtete einer der Männer. »Aber seit Tanger den internationalen Status verloren hat, machen immer mehr Firmen zu. Die Stadt stirbt. Das ist traurig, aber wahr.«

»Marrakesch lebt«, erwiderte Talitha. »Ich habe noch keinen Ort gesehen, der so magisch ist. Yves will sich auch ein Haus in Marrakesch kaufen.«

»Yves?«, fragte Loulou.

»Hatte ich dir nicht erzählt, dass wir eng mit Yves Saint Laurent befreundet sind?«

»Ja, natürlich …«

»Yves Saint Laurent!«, kreischte die fremde Amerikanerin in der Runde. »Ich liebe ihn! In New York wird demnächst eine Rive-Gauche-Boutique eröffnet. Endlich brauchen wir zum Einkaufen nicht mehr nach Paris zu fliegen. Meine Freundinnen und ich sind ganz verrückt nach der Mode.«

»Er ist ziemlich erfolgreich – ja«, bestätigte Talitha. Sie zwinkerte Loulou zu. »Du hast ihn gerade verpasst. Yves war hier und ist gestern nach Marrakesch abgereist. Er mochte Tanger auch sehr, findet aber, dass hier alles zugrunde geht. Selbst *le queer Tangier*, das ja immer noch einige Künstler angezogen hatte, verliert nach und nach seine Protagonisten. Jedenfalls sucht Yves ein Haus in Marrakesch, und wir fahren morgen hin, um ihm dabei behilflich zu sein.«

»Wie wundervoll!«, hauchte Talithas Gast ergriffen.

»Ich steh auf britische Modeschöpfer«, erwiderte Loulou leichthin. Natürlich wusste sie, dass der Name Yves Saint Laurent in aller Munde war. Sogar ihre alten Freunde in London versuchten das eine oder andere Stück aus seiner neuen Rive-Gauche-Kollektion zu ergattern, die preiswerter und jünger war als die Haute Couture. Auch Anne Trehearne hatte Yves Saint Laurent einmal erwähnt, sich aber auf die britischen Designer konzentriert. Für Loulou erreichten Kleider zwar ohnehin erst einen gewissen Kultstatus, wenn sie sie auf dem Flohmarkt fand, aber sie befand sich auf der Linie ihrer Ex-Chefin. »In London weht der Zeitgeist. Wer interessiert sich für Paris?«

Die Amerikanerin sah Loulou empört an. »Aber Yves Saint Laurent *ist* der Zeitgeist!«

Stumm zuckte Loulou mit den Achseln.

»Für eine Französin bist du ganz schön frech«, stellte Talitha lachend fest.

»Ich bin keine Französin. Ich bin Engländerin! Mein Vater ist Franzose, aber das spielt keine Rolle.« Unwillkürlich dachte Loulou, dass sie sich durch ihre Heirat und ein paar Ahnen mütterlicherseits wohl am ehesten als Irin bezeichnen könnte. Aber zumindest ein Teil davon war vorbei.

Inzwischen war der Lampion am Himmel ins Meer abgetaucht. Kupfer und Orange verwandelten sich in rascher Folge in Violett und Rosa. Loulou betrachtete das Naturschauspiel und spürte den Zauber, der davon ausging. Sie sah zu Talitha und dachte, dass die werdende Mutter eine gewisse Magie umgab. Die Schwangerschaft hüllte ihre Freundin mit demselben Schleier ein, der sich über deren orientalischen Traum legte. Einen Traum, den Loulou nur zu gerne teilte, war er doch wie ein geheimnisvoller Blick in eine glänzende Zukunft.

*

Vor ihrem Zimmer angekommen, fand Loulou ihren Schlüssel nicht. In den Tiefen ihrer Beuteltasche war er verschollen – oder sie hatte ihn in der Suite der Gettys verlegt. Entschlossen machte sie sich auf den Weg zur Rezeption, der Nachtportier würde ihr sicher helfen können.

Das Foyer war allerdings verwaist. Weder Gäste noch Angestellte waren zu sehen. Dennoch erfüllten die Klänge des Flügels den Raum. Energische, fast verzweifelt klingende Tonfolgen. Neugierig trat Loulou näher.

Brian saß am Flügel und spielte tief versunken eine einsame Melodie. Offenbar spielte er nur für sich.

Um ihn nicht zu stören, ließ sich Loulou an einem der hintersten Tische nieder. Sie lehnte sich auf ihrem Stuhl zurück, bemühte sich, kein Geräusch zu machen, hielt sogar manchmal den Atem an und lauschte diesem einzigartigen Konzert. Es erschien ihr wie ein Wunder, zu erleben, was für ein großartiger Pianist der Gitarrist Brian Jones war.

22

Obwohl Talitha sie nach Marrakesch einlud, blieb Loulou in Tanger. Sie wollte erst einmal diese Stadt erkunden, bevor sie weiterreiste. Wann das sein könnte, ließ sie offen. Sie wusste ja nicht einmal, wie lange sie insgesamt bleiben und ob sie überhaupt in die anderen Landesteile aufbrechen wollte. Solange sie sich wohl fühlte, lag hier ihr Ziel. Oder solange ihr Geld reichte. Ihr Hotelzimmer war nicht billig, aber die Lebenshaltungskosten niedrig, sodass sie vorläufig ganz gut über die Runden kam. Außerdem wurde sie oft eingeladen, die kleine britische Gemeinde aus Malern, Schriftstellern und Innenarchitekten reichte Neuankömmlinge stets gerne herum.

Mutig streifte sie durch die Gassen der Altstadt. Sie war nicht so sehr auf die Sehenswürdigkeiten aus, sondern suchte vielmehr die kleinen Handwerksbetriebe der Berber, Schneider und Goldschmiede hinter leuchtend blau gestrichenen Türen oder unter den Säulengängen der maurisch anmutenden Häuser von Medina und Mellah, den Vierteln der Araber und Juden.

Der täglich stattfindende Markt auf dem Grand Socco erwies sich als Fundgrube für alle ihre Sinne. Die Auslagen an frischem Obst und Gemüse waren unglaublich. Loulou probierte das Fleisch der Kaktusfrüchte, trank den von einem Händler angebotenen Granatapfeltee und den frisch gepressten Orangensaft eines anderen, kaufte sich eine Tüte voller Datteln und ein vegetarisches Sandwich, das sich Maakuda nannte. Regelrechte Berge farbenfroher, duftender Gewürze lockten die Kunden an, und zwischen Fischhändlern und Geflügelzüchtern riefen gelangweilte Esel oder standen Kamele zum Verkauf. Ganz besonders aber waren die Unmengen von Blumen, die überall feilgeboten wurden. Am liebsten hätte Loulou sich eimerweise eingedeckt, was natürlich mangels Platz nicht möglich war. Dann wandte sie sich zu dem modischeren Angebot der Berberfrauen, deren Kopfbedeckungen ihr ins Auge stachen. Prompt erstand sie einen dieser großen Strohhüte, die mit blauen und schwarzen Kordeln und Quasten aus bunter Wolle geschmückt waren.

Nach und nach füllte sich der Schrank in Loulous Hotelzimmer mit mehreren Babouches, den bequemen Lederpantoffeln der Marokkaner, preiswerten Kaftans und Tuniken und den sogenannten Foutas, farbenfrohen Tüchern, die die Frauen aus dem Rifgebirge um ihre Schultern schlangen. Anfangs war es ihr schwergefallen zu handeln. Die Märkte auf der Portobello oder King's Road waren zwar auch lebhaft und der zuerst genannte Preis selten das, was am Ende bezahlt wurde, doch in dieser lauten, von fremden arabischen Klängen durchsetzten Welt trat Loulou zurückhaltender auf als zu Hause. Erst in Begleitung von Suki, die sich in der Medina ein bisschen besser auskannte, gewann Loulou an Selbstsicherheit. Dabei kam ihr entgegen, dass Marokko bis vor zwölf Jahren französische Kolonie gewesen war und sie die Amtssprache also weitgehend beherrschte. Ihre

Kenntnisse hatten sich seit dem Lycée Français in New York etwas verschlechtert, aber sie reichten für den Basar absolut aus. Und so feilschte sie schließlich um Körbe, bestickte Taschen und handgefertigten Schmuck aus Messing. Die wunderschönen Goldwaren in den jüdischen Geschäften waren dann allerdings doch zu teuer.

Gelegentlich schrieb sie eine Karte an Desmond, meist mit dem Inhalt, er solle sich keine Sorgen machen. Etwas häufiger und ausführlicher korrespondierte sie mit ihrer Mutter. Wenn sie behauptete, es ginge ihr besser als je zuvor, war das keine Lüge – doch ihr begannen die Strukturen zu fehlen. Sie hatte sich den Job bei *Queen* ja nicht nur gesucht, um eigenes Geld zu verdienen, sondern weil sie mehr tun wollte, als mit ihren Freunden rumzuhängen. In dem von abblätterndem Glanz betroffenen, von vielen Künstlern aber noch geliebten Tanger fühlte sie sich zum Hippie ebenso wenig berufen wie zur Hausfrau in Limerick. Obwohl sie es kaum vor sich selbst zuzugeben bereit war, wurde ihr bewusst, dass ihre Tage in Marokko bald gezählt waren. Wohin es sie anschließend treiben würde, wusste sie jedoch nicht …

Während Loulou und Suki durch die Stadt bummelten, am Strand durch die Wellen hüpften oder sich am Hotelpool sonnten, befasste sich Brian intensiv mit der marokkanischen Musik. Er reiste mit ein paar Leuten nach Joujouka, einem Dorf zweieinhalb Autostunden südlich von Tanger, das in den Bergen lag und die Heimat einer bekannten Gruppe traditioneller Sufimusiker war. Fasziniert von dieser Kultur, beschloss er, an dem Ort ein Open-Air-Konzert aufzunehmen. Einwände ließ er nicht gelten, wie Suki ihrer neuen besten Freundin anvertraute, er sei wie besessen von seiner Idee. Das Vorhaben machte Loulou neugierig, und sie bat Suki und Brian, die beiden bei dem nächsten gemeinsamen Ausflug nach Joujouka begleiten zu dürfen.

Am Morgen vor ihrer Abfahrt verschlief Loulou den Ruf des Muezzins mal nicht, sondern stand auf. Mit einer Tasse Instantkaffee, den sie sich mithilfe des Wasserkochers an der Minibar selbst aufgebrüht hatte, setzte sie sich in den Sessel ans Fenster und blickte hinaus in den aufziehenden Morgen. Die Sicht aus ihrem Einzelzimmer war nicht annähernd so spektakulär wie aus den Suiten, aber die Farben des Himmels waren dieselben und die sich wiegenden Wedel der Palmen auch. Zufrieden döste sie noch ein wenig. Dabei dachte sie, dass sie gerade in diesem Moment unglaublich glücklich war.

Das Hotel erwachte langsam, als Loulou auf dem Weg zur Präsidentensuite war. Ein aufgelöst wirkendes Zimmermädchen kam ihr entgegen, lief an ihr vorbei und zu einem Personalzimmer, aus dem anschließend schnelle arabische Laute wehten.

Als Loulou fast vor den Räumlichkeiten von Brian und Suki war, vernahm sie ein lautes Poltern und Scheppern. Darauf folgten Schreie und Schluchzen.

Ohne darüber nachzudenken, beschleunigte sie ihren Schritt.

Die Tür zu der Suite stand einen Spaltbreit offen. Loulou brauchte sie nur mit dem Fuß anzutippen, damit sie aufschwang. Sie trat ein und wünschte im nächsten Moment, sie wäre draußen geblieben.

Suki kauerte auf dem Boden, um sie herum lagen Scherben verteilt. Das lange Haar fiel wie ein Vorhang vor ihr Gesicht, ihre Schultern bebten, sie weinte.

An der Wand lehnte Brian, das Gesicht versteinert, verstört, die blauen Augen flackerten. Sein Mund war noch geöffnet von seinem Schreien, doch als Loulou auftauchte, verstummte er. Auf seiner weißen Jeans prangten rote Flecken, in seinem blonden Bubikopf hatten sich glitzernde Splitter verfangen. Seine Hände waren mit Schnittwunden übersät. Die Finger, die Loulou bei dem geheimen Konzert so virtuos über die Klaviatur hatte gleiten sehen, waren blutüberströmt.

Einen Moment schien die Erde stillzustehen.

Starr vor Schreck erfasste Loulou die Szene. Offensichtlich

hatte Brian wieder einmal zugeschlagen. Jeder wusste, dass er unberechenbar wurde, wenn er die Nerven verlor. Seine Wut richtete sich dann für gewöhnlich gegen den Menschen, der ihm in diesem Moment am nächsten stand, die Frau an seiner Seite. Was immer ihn heute dazu veranlasst hatte, er hatte den großen Spiegel im Eingangsbereich der Suite zertrümmert.

Vorsichtig, um sich nicht zu schneiden, ging Loulou neben Suki in die Knie. Sie behielt Brian im Auge, aber der tobte nicht mehr, und sie war sich auch ziemlich sicher, dass er sie nicht angreifen würde. Dennoch blieb sie wachsam – und war unendlich erleichtert, als plötzlich ein Herr in dunklem Anzug und mit einer dezent gemusterten Krawatte auftauchte, in seinem Rücken das Zimmermädchen und zwei Männer, die offenbar zum Wachpersonal gehörten.

»Ich bin der Hotelmanager«, stellte sich der Anzugträger vor. »Die Ambulanz ist bereits verständigt.«

Und dann ging alles ganz schnell. Die Räume wimmelten plötzlich von Menschen, Hotelangestellten und Sanitätern. Während Brian von dem Notarzt provisorisch versorgt wurde, fegte das Zimmermädchen die Scherben zusammen, ein Hausdiener stand mit einem Staubsauger daneben. Das Motorengeräusch und das mehrsprachige Stimmengewirr übten etwas seltsam Beruhigendes auf die Anwesenden aus. Brians Agent tauchte auf und wechselte ein paar leise Worte mit dem Hotelmanager.

Suki wurde von einem Krankenpfleger auf Französisch gefragt, ob sie Hilfe brauche, und Loulou antwortete nach kurzer Rückversicherung für sie: »Nein. Vielen Dank. Sie ist nicht verletzt.«

Die beiden Frauen saßen inzwischen Arm in Arm auf dem Sofa im Wohnbereich. Suki hatte ihren Kopf an Loulous Schulter gebettet, sie weinte leise, schniefte hin und wieder.

»Mr. Jones«, die Stimme des Arztes drang mit einem energischen Unterton zu den Freundinnen, »Ihre Hände müssen in einem Krankenhaus geröntgt werden …«

»Ich gehe in kein Krankenhaus«, protestierte Brian, klang dabei aber so schwach, als würde er das Gegenteil meinen.

»Der Rettungswagen wird Sie in die Clinique California bringen …«

»Auf keinen Fall will ich dorthin«, warf Brian ein. »Da war ich schon einmal. Das ist ein Altersheim und kein Krankenhaus.«

»Wenn Sie Ihre Hände wieder gebrauchen wollen, müssen sie untersucht werden. Ich kann hier keine vollumfängliche Diagnose stellen.«

Der Agent mischte sich ein, und es kam zu einer kleinen Debatte, die allerdings mit deutlich niedrigerer Frequenz geführt wurde.

»Brian ist verzweifelt«, schluchzte Suki. »Er ist eigentlich immer verzweifelt. Wenn man ihm helfen will, rastet er aus. Dann schlägt er alles kurz und klein. Und am meisten verletzt er sich dann immer selbst.«

Loulou vermutete, dass die riesige Menge Haschisch, die er gestern irgendwo in der Altstadt aufgetrieben und in der Nacht auf der Terrasse geraucht hatte, durchaus für sein Verhalten verantwortlich sein konnte. Sie kiffte selbst, aber glücklicherweise ohne Nebenwirkungen wie Niedergeschlagenheit und Weltschmerz. Eine Traurigkeit, die in Aggressivität mündete, entsprach nicht ihrem Naturell, und um Brutalität machte sie sowieso einen Bogen. Ihr fiel wieder die zornige, dann aber von überraschend sanften Tönen begleitete Melodie ein, die Brian am Klavier intoniert hatte. Wahrscheinlich hatte dieses einsame Konzert einen Einblick in seine Seele gegeben. Er ist ein genialer Musiker, dachte Loulou, er muss unbedingt ins Krankenhaus, wenn er seine Fingerfertigkeit nicht verlieren will.

Sie überlegte, wie sie ihn überzeugen könnte, als sie aus den Augenwinkeln beobachtete, dass Brian den Sanitätern nach draußen folgte. Anscheinend hatte er sich auch ohne ihr Zutun zur Fahrt in der Ambulanz überreden lassen. Für seine körperlichen

Verletzungen war also gesorgt, wer aber würde sich um seine Seele kümmern?

Suki schniefte wie ein kleines Mädchen. »Seit Anita ihn verlassen hat, wird er immer schlimmer. Diese Geschichte hängt ihm unglaublich nach. Zum Teufel mit all dem! Mit Anita und Keith und allem! Und zum Teufel mit Brian!« Geschüttelt von einem neuen Weinkrampf, presste sie ihr Gesicht gegen Loulous Schulter.

Loulou hielt Suki umschlungen. Sie schwieg. Ihr fiel kein Trost ein.

Unvermittelt kam ihr der Gedanke, dass die große Liebe zwischen Anita und Brian wohl auch an Anita Pallenbergs Ambitionen zerbrochen war. Die Deutsche wollte nicht nur das Groupie eines Rockstars sein, sondern eine ernst zu nehmende Filmschauspielerin werden. Sie stellte Ansprüche an sich selbst und ihr Leben, die sie ungeachtet ihrer Beziehung durchzusetzen verstand. Offenbar hatte Anita den Partner auf Augenhöhe nun in Keith Richards gefunden. Genau das ist es, sinnierte Loulou, was ich auch will. Und wieder dachte sie, dass sie in nicht allzu ferner Zukunft zurück nach Hause fliegen würde. Wo immer ihr Zuhause lag.

Marrakesch

23

»Es ist unglaublich angenehm, einfach so durch die Straßen zu schlendern«, stellte Yves fest. »In Paris werde ich auf Schritt und Tritt beobachtet. Hier erkennt mich niemand.«

»Oder die, die es tun, lassen dich in Ruhe«, bemerkte Pierre, der sich an Yves' Seite durch den Menschenstrom treiben ließ, der von der riesigen Place Djemaa el Fna durch die Gassen der Altstadt in nördlicher Richtung wogte. Eine Karawane aus schwer beladenen, von dem Gewühl scheinbar unbeeindruckten Kamelen und Eseln drängte die Passanten unter die Überdachungen der Suks, die teilweise aus Arkaden bestanden oder nur aus Strohmatten, die gegen die Hitze über den offenen Läden angebracht worden waren. »Wahrscheinlich«, fügte er lakonisch hinzu, »kann man in diesem Gedränge aber ohnehin keine einzelne Person ausmachen. Wir sind ein Teil dieser großen wogenden Masse.«

»Stimmt«, Talitha schnappte nach Luft, »es ist gerade etwas eng hier.«

Paul legte seinen Arm um ihre Schultern. »Pass auf, damit dem Baby nichts passiert«, warnte er liebevoll. »Du hättest nicht mitzukommen brauchen. Yves, Pierre und ich finden den Weg auch allein.«

»Ich lasse mir doch nicht das Haus entgehen, das Yves und Pierre besichtigen wollen«, protestierte Talitha empört. »Wir vier waren zusammen, als wir das Palais du Zahir zum ersten Mal sahen – und wir bleiben zusammen, um das *Haus der Schlange* anzusehen. Wie ein Kleeblatt, das Glück bringt.«

»Ja«, stimmte Yves mit leuchtenden Augen zu. »So soll es sein.«

Talitha lächelte. Sie hatte die Metapher benutzt, weil sie inzwischen wusste, wie abergläubisch Yves war. Er liebte Hunde, mochte keine Katzen, vor allem keine schwarzen, ängstigte sich vor Vögeln, obwohl er deren Flügel inspirierend fand, und vertraute auf die Weissagungen des Tarots. Ob er sich zu den Kartenlegerinnen und Wahrsagern hingezogen fühlte, die jeden Nachmittag bis zum Sonnenuntergang mit Schlangenbeschwörern, Akrobaten, Falschspielern, Tänzern und Musikanten die Attraktion des Hauptplatzes waren, erschloss sich ihr nicht. Doch sie war gerne bereit, an übernatürliche Kräfte zu glauben, wenn es hilfreich war. Vor allem wenn es dazu diente, dass sich ihre besten Freunde ebenfalls ein Haus in der Stadt kauften.

Mit dem *Palast der Lust* hatten sie und Paul einen Glücksgriff getan. Es war ein wundervolles Gebäudeensemble mit mehreren Innenhöfen, ein ehemaliger Harem, den Paul für zehntausend Dollar erworben und von seinem Freund, dem feinsinnigen Antiquitätenhändler Bill Willis, hatte einrichten lassen. Bill stammte wie Paul aus den Vereinigten Staaten, lebte aber in Rom, wo sich die beiden kennengelernt hatten, und er war ebenso in Marokko verliebt wie die Gettys. Mit einem guten Gespür für das nordafrikanische Land und dessen Kultur sowie einem Geschmack, der dem europäischen und amerikanischen Traum vom Orient entsprach, hatte er in ihrem neuen Heim ein Refugium erschaffen, das wie die im Opiumnebel entstandenen Bilder vieler westlicher Künstler des 19. Jahrhunderts wirkte. Manchmal erschien ihr dieses Umfeld ein wenig düster, doch die Rosen, die sie in einem der Atrien angepflanzt hatte, hoben sofort ihre Stimmung. Die

Pracht der Blumen war etwas ganz Besonderes in Marrakesch. Das Grundstück mit dem Namen Zitronengarten, das Yves und Pierre bei der Beschreibung des Maklers von Dar el Hanch am meisten begeistert hatte, war es wohl auch. Gleich würden sie sich also davon überzeugen, ob der Weg durch die Medina im größten Gedränge zu dem Riad lohnte.

Der Mann vom Immobilienbüro erwartete sie vor einem kleinen Gebäude an der Ecke einer Straßenkreuzung. Die aus Granit und Ziegelsteinen bestehende Fassade leuchtete in Rosa und Rot, der gefliese Eingang in Blau und Grün. Obwohl das Haus als renovierungsbedürftig bezeichnet worden war, erstrahlte es in einer magischen Farbenpracht, die Yves' Blicke fesselte. »Wisst ihr, warum die Türen im Maghreb meist blau gestrichen sind?«, wollte er wissen.

»Damit sollen die guten Geister angelockt werden«, erwiderte Talitha lächelnd.

»In einem *Haus der Schlange* braucht man die vermutlich auch«, gab Pierre spöttisch zurück.

Dar el Hanch war deutlich kleiner als etwa das Palais du Zahir der Gettys. Doch trotz der wenigen Zimmer, trotz Wänden, von denen der Putz abblätterte, und zersprungenen Kacheln besaß es eine Besonderheit: Bögen, Dachöffnungen, und mit Buntglas verzierte Fenster reflektierten die Sonnenstrahlen. Die Helligkeit wirkte wie Lichtspiegelungen in den Gemälden der frühen Impressionisten.

»Ich komme mir vor wie in einer Skizze von Eugène Delacroix«, meinte Yves. Seine Stimme hallte von den kahlen Mauern zurück.

»Es ist eine Oase des Lichts«, stimmte Pierre zu. »Das ist perfekt.«

Yves war jedoch schon bei einem anderen Thema. Aufgeregt wie ein kleiner Junge, der ein neues Spielzeug gefunden hatte, lief er in dem Salon auf und ab. Marschierte dann in die Galerie und zu der geöffneten Terrassentür. Als er wieder zurück zu seinen Begleitern kam, sagte er: »Stell dir vor, wie wunderbar Maria Callas auf Schallplatte klingen wird, wenn wir hier die Lautsprecher unterbringen. Mit der entsprechenden Einstellung werden wir sie auch im Innenhof hören.«

»Bill Willis wird dir bei der Renovierung und Einrichtung behilflich sein«, warf Paul ein.

»Für den Anfang brauchen wir nicht viel, ein bisschen Wandfarbe und ein paar Tische und Stühle aus dem Suk. Seht euch um, die herrlichen Lichteffekte sind als Dekoration absolut ausreichend.« Atemlos blieb Yves stehen. Er schob seine Brille zurecht, eine Geste, mit der er häufig eine plötzliche Verlegenheit überspielte.

Talitha blickte von ihm zu Pierre. Natürlich würde ihn sein Partner später daran erinnern, dass eine zu deutliche Begeisterung den Kaufpreis erhöhte. Pierre würde als Verwalter aller finanzieller Belange versuchen, mit dem Makler wie mit einem Markthändler zu feilschen. Am Ende wäre ihm aber jede machbare Summe recht, weil er Yves eine Freude bereiten wollte. Mit Yves und Pierre würde in das *Haus der Schlange* das Glück einziehen. Daran bestand kein Zweifel.

New York City

24

Der Sommer in Manhattan war ebenso heiß wie der Frühling in Marokko. Loulou war länger als gedacht in Tanger geblieben, doch irgendwann hatte sie die Reiselust heftiger gepackt als zuvor, und sie war spontan zum Flughafen gefahren, wo sie sich ein Ticket für die nächstmögliche Verbindung kaufte. Sechzehn Stunden später kam sie bei ihrer Mutter an.

Maxime fragte nicht nach dem Desaster mit Desmond, zu sehr damit beschäftigt, über ihr eigenes Glück und ihre Pläne mit John zu plaudern. Sie betonte in einer ständigen Wiederholung, die an den Kratzer auf einer Vinylschallplatte erinnerte, dass ihre Beziehung mit John das perfekte Zusammenspiel von Adel, Schönheit und Geist sei. Tatsächlich war sie durch ihren Namen und ihre langjährigen Kontakte in der Lage, ihrem jungen Ehemann ein paar Türen zur High Society zu öffnen, die ihm sonst wahrscheinlich verschlossen geblieben wären. Hingerissen von Maxime, übte sich auch John in Zurückhaltung und sprach mit Loulou ebenfalls nicht über seinen verlassenen Freund.

Durch diese Diskretion und Tausende von Meilen von Europa entfernt, begann sich Loulou anfangs unendlich frei zu fühlen. Freier noch als in Tanger, wo sie vor allem mit Engländern zusammen gewesen war, deren Gegenwart sie immer wieder mehr oder weniger deutlich an ihr Leben in London erinnert hatte. Einen Anteil an ihrer neuen Unbeschwertheit hatte ein junger Fotograf und Filmemacher, dem sie zufällig im Central Park begegnete, als sie mit ihrer Mutter mitten auf einer Wiese picknickte. Gerard Malanga war der Assistent von Andy Warhol und kannte Maxime aus dessen Atelier, der Factory. Er war ein dunkler Lockenkopf, begabt, intelligent und sehr romantisch, er schrieb sogar Gedichte. Loulous Faszination hielt jedoch nur zwei Wochen an, dann fühlte sie sich gelangweilt von der Boheme Manhattans. Um Geld zu verdienen, übernahm sie Aufträge als Fotomodell von der amerikanischen *Vogue*, die ihr Maxime vermittelte, doch während sie im Scheinwerferlicht eines Studios posierte, wünschte sie sich wieder mehr hinter die Kamera als davor. Sie begann ihre Arbeit beim *Queen*-Magazin zu vermissen, das Styling für die Modeaufnahmen.

In diese Zeit fiel ein Ereignis, das alle Zeitungen in New York beschäftigte: die Eröffnung der Rive-Gauche-Boutique an der Madison Avenue. »Ich begebe mich nicht auf das Niveau von kreischenden Teenagern«, begründete Maxime ihr Fernbleiben. »Wenn Yves Saint Laurent Mode für Minderjährige verkaufen will, soll er das gerne tun. Aber ohne meine Unterstützung!« Dabei wirkte sie so störrisch wie einer der Esel auf dem Grand Socco in Tanger. Loulou vermutete, dass ihre Mutter sich einfach nur ärgerte, weil sie keine Einladung erhalten hatte.

Tatsächlich hatte Maxime insofern recht, als die Prêt-à-porter-Kollektion wohl eher die jüngere Klientel ansprechen sollte, der die Haute Couture zu teuer und zu elegant war. Der Ansturm war jedoch unter allen Altersgruppen unerwartet groß, sodass die Polizei zeitweise die Straße für den Verkehr sperren musste, die Warenlager binnen weniger Tage wie leer gefegt waren und in Frankreich nachgeordert werden musste. Ein Artikel im *Time Magazine* weckte dann auch Loulous Interesse an der Berühmtheit aus Paris: »In der Modeszene besitzt Yves Saint Laurents Name eine magische Anziehungskraft«, las sie – und es war diese Magie, von der sie sich mit eigenen Augen überzeugen wollte.

Die Adresse Madison Avenue 855 war ein unprätentiöses älteres Gebäude, in unmittelbarer Nachbarschaft befanden sich kleine Antiquitätenhändler und Lebensmittelgeschäfte, die namhaften Kauf- und Modehäuser lagen nicht weit, aber doch mehrere Blocks entfernt. Loulou bezog auf der anderen Straßenseite einen Beobachtungsposten und sah zu, wie die in Chrom gefasste gläserne Eingangstür im Sekundentakt auf- und zuschwang. Rein, raus. Junge Mädchen und Frauen kamen und gingen. Die meisten, die die Boutique verließen, trugen schwarze Papiertüten mit einem weißen Aufdruck bei sich: YSL. Anscheinend gelang es kaum einer Kundin, sich dem Angebot zu entziehen.

Na, das wollen wir doch mal sehen, dachte Loulou, fest entschlossen, die Mode aus Paris sehr kritisch zu betrachten. Sie schickte sich an, den Zebrastreifen zu überqueren. Ein gelbes Taxi musste scharf bremsen, und der Fahrer drückte wütend auf die Hupe. Davon ließ sie sich nicht beirren.

Sie trat durch die Tür – und fand sich in einem Tunnel aus Aluminium wieder. Damit unterschied sich das Entree erheblich von den konventionellen Modegeschäften, das war auch ein völlig anderer Stil als in den angesagten Läden in London. Ein wenig zu futuristisch für Loulous Geschmack, aber modern, keine Frage. Bedrängt von einer Kundin, die nach ihr durch die Glastür getreten war, machte sie einen Schritt nach vorn, und der silberne Durchgang öffnete sich zu einem überraschenden Farbenmeer.

Tapeten in Pink, die Auslegware in Orange, rote Lampen.

Was für ein Konzept!

Unwillkürlich hielt Loulou den Atem an, berauscht und gleichsam berührt von den Farben, die sie selbst so liebte.

Sie ließ sich von dem Strom der anderen Frauen in der Boutique mitreißen. Auf diese Weise gelenkt, betrachtete sie die Kollektion an den Kleiderstangen aus Chrom: schwarze Hosenanzüge mit taillierten Sakkos für den Tag, Damensmokings für den Abend, Overalls aus schwarzer Seide, khakibraune Safarikostüme und Lederjacken mit Fransen. Allein die vielen eleganten Hosen waren eine provokante Neuausrichtung in der Damenmode. Bislang wurden Beinkleider von modebewussten Frauen hauptsächlich zum Sport, bequem im eigenen Haushalt oder zu bestimmten Anlässen wie einer Landpartie getragen, die Dame von Welt ging abends nur in einem Kleid aus. Nichts davon entsprach dem, was Loulou trug, aber der Wille, Kritik zu üben, war vergessen. Der neue Stil begeisterte sie. Ihre Hände strichen über die wertigen Stoffe, und sie überlegte sich, wie sie die elegante Monteurkluft stylen würde. Mit einem breiten Gürtel in einer kontrastierenden Farbe und vielen Halsketten und bunten Armreifen. Zufrieden lächelte sie.

In der Abteilung mit den Accessoires leuchteten ihre Augen auf. Um sie herum klingelte es wie bei einem Glockenspiel, weil zahllose Kundinnen der Verkäuferin die aus vergoldeten Gliedern gefertigten Gürtel förmlich aus der Hand rissen. Von dieser Untermalungsmusik getragen, fielen Loulou ein Paar Cowboystiefel auf. Nach ihrer Vorstellung passten die Boots perfekt zu den weit schwingenden Rüschenröcken, die sie in kleinen Läden mit Secondhandgarderobe aufgestöbert hatte. Auch diesseits des Atlantiks gab es ein riesiges Angebot von Klamotten, die wie aus einem anderen Jahrhundert zu stammen schienen – oder vielleicht wirklich stammten. Diese Stiefel waren jedoch neu, nicht so schwer wie ältere Exemplare und von Yves Saint Laurent entworfen!

»Ich würde die gerne anprobieren«, erklärte sie einer Mitarbeiterin und wartete geduldig, dass ihr die richtige Größe gebracht wurde.

Keine zehn Minuten später stöckelte sie in den Stiefeln zu der Theke, hinter der sich die Kasse befand. Ihre marokkanischen Pantoffeln trug sie in der Hand.

Sie hatte der Verkäuferin nach den ersten Schritten ohne Zögern gesagt: »Die nehme ich!« Nach dem Preis hatte sie nicht gefragt. Als sie den nun erfuhr, schluckte sie. Die Neuerwerbung würde einen Großteil ihrer letzten Modelgage verschlingen. Kurz stockte ihr der Atem.

Die Vorstellung jedoch, die Schuhe wieder auszuziehen und zurückgeben zu müssen, ließ ihr Herz noch schneller pochen. Sie waren bequem und einmalig schick.

Energisch zog sie ihre Kreditkarte aus ihrem Beutel. Mit einem strahlenden Lächeln – und leichter Atemnot – reichte sie sie der Kassiererin zur Bezahlung.

✷

»Du hast – was?« In Maximes Miene spiegelte sich blankes Entsetzen. »Warum kaufst du dir Cowboystiefel, die in Frankreich hergestellt wurden? Gute Exemplare bekommst du hier bei jedem drittklassigen Trödel zu einem Bruchteil dessen, was die Dinger gekostet haben.«

»Sie sind sehr schick«, wagte Loulou einzuwenden.

Doch Maximes Schock über Loulous Einkauf saß offenbar tief. »Es ist unglaublich, wie verrückt alle Welt nach dieser Rive-Gauche-Boutique ist. Und ich finde nicht, dass du dich in die Masse der Kundinnen dort einreihen musst.«

»Es ist eine großartige Mode. Jung und kreativ und …«

»Männeranzüge und Smokings für Frauen – was soll das sein?« Maxime fügte nach dieser rhetorischen die nächste Frage an, die sie gleich selbst beantwortete: »Hast du heute die Gesellschaftsnachrichten in der *New York Times* gelesen? Nein? Natürlich nicht! Dann wüsstest du, dass ein weiblicher Gast des Edwardian

Rooms im Plaza Hotel verwiesen wurde. Der Manager ließ keine Frau in Hosen im Restaurant zu. Auch wenn es sich dabei um einen Smoking von Yves Saint Laurent handelt, gelten die alten Regeln.«

Loulou sah an sich hinunter. »Ich habe Stiefel gekauft, *Maman*, keine Hosen.« Um Maxime nicht noch mehr zu verärgern, sprach sie das Foto von Lauren Bacall nicht an, das neulich in der Kolumne erschienen war. Der Filmstar trug einen schwarzen Overall und erklärte dem angesichts der ungewöhnlichen Kleidung wohl verblüfften Reporter: »Der ist natürlich von Yves Saint Laurent!«

»Schon gut«, wehrte Maxime ab. »Wie gefallen dir eigentlich meine neuen Pumps? Du hast noch gar nichts dazu gesagt. Sie sind von Charles Jourdan.« Damit war das Thema Rive Gauche erledigt. Ein größeres Interesse brachte sie für das Schuhwerk ihrer Tochter ohnehin nicht auf, gleichgültig, wer es designt hatte.

25

Desmond bat Loulou um eine Aussprache. Dazu sollte sie zurück nach London kommen, »endlich wieder nach Hause«, wie er in seinem Brief betonte. Vielleicht war das sein Versuch, sie nach den vielen Monaten der Freiheit umzustimmen, sie wusste es nicht. Aber es war ihr klar, dass sie ihrem Mann nach der überstürzten Abreise wieder gegenübertreten musste. Ihrer Meinung nach war zwar alles gesagt, sie wollte nicht zurück zu ihrem Leben mit Desmond – und am allerwenigsten nach Glin Castle, aber er hatte es nicht verdient, dass sie ohne ein weiteres persönliches Wort auf ihrer Trennung beharrte. Es gab sicher einiges zu regeln, sollte Desmond eine Scheidung wollen. Daran änderte auch nichts, dass sie nach wie vor nichts von ihm wollte. Keine Abfindung, keinen Unterhalt. Nichts. Sie sah derzeit zwar keinen Grund für eine juristische Trennung, wollte sich dieser aber auch nicht verschließen, wenn es denn Desmonds Wunsch war.

Trotz all der vernünftigen Argumente für ihren Flug nach London fühlte sich Loulou nicht wohl bei dem Gedanken, in einen wahrscheinlich grauen Herbst nach England zurückzukehren. Sie spazierte in den Cowboystiefeln von YSL unter den in allen Rot- und Orangetönen schimmernden Bäumen des Central Parks hindurch und dachte, dass sie den Besuch in der Pont Street gerne noch ein wenig aufschieben würde. Doch ziellos weiter in New York zu bleiben und auf einen womöglich geeigneteren Zeitpunkt zu warten, fühlte sich auch nicht richtig an.

Ein Nebensatz ihrer Mutter brachte sie auf eine Idee: »Irgendjemand sollte wirklich einmal nachsehen, wie es Fernando Sánchez geht.«

Üblicherweise hegte Maxime keine so große Fürsorge für andere Menschen. Der ungewöhnliche Kommentar, dem eine Ausführung über das Musical *West Side Story* folgte, das Maxime neulich mit John wieder einmal gesehen hatte, brachte eine Saite in Loulou zum Klingen. Im ersten Moment war es der Hauch von Eifersucht. So liebevoll sprach Maxime meist nicht einmal über ihren eigenen Sohn. Doch dieses Befremden wich Neugier.

»Wer ist denn Fernando Sánchez?«, erkundigte sich Loulou.

Maxime sah Loulou irritiert an. Sie stand mit einem Drink in der Hand vor ihrem Wohnzimmerfenster, hinter dem die Lichter Manhattans die Dämmerung durchbrachen. »Fernando ist ein großer Fan der *West Side Story*. Sagte ich das nicht gerade?«

»Nein. Sagtest du nicht.«

»Ich habe ihn vor Jahren kennengelernt, als er vor lauter Begeisterung über das Musical hierherzog. Inzwischen wohnt er aber wieder in Paris. Er ist ein wirklich guter Freund für mich gewesen.«

»Du hast nie von ihm erzählt«, erwiderte Loulou. »Was macht er?«

»Fernando Sánchez entwirft Nachtwäsche. Ist das nicht aufregend?« Maxime lächelte versonnen. »Er war an der École de la Chambre Syndicale de la Couture ein Mitschüler dieses Deutschen, der meinen Job bei Chloé übernommen hat …«

»*Maman*, deine Entwürfe für Chloé waren keine hauptberufliche Tätigkeit«, warf Loulou leicht entnervt ein.

»Unterbrich mich doch nicht immer!« Maxime holte tief Luft. »Also, Fernando war mit Karl Lagerfeld und auch Yves Saint Laurent zusammen an der Modeschule. Saint Laurent fing danach bei Dior an und Fernando bei Maggy Rouff, Lagerfeld bei Pierre Balmain, und nach einer Weile ging jeder weiter seines Wegs. Fernando flog sozusagen direkt zu Andy Warhol, wo ich ihn kennenlernte. Wir haben uns damals gut verstanden. Meinst du, er würde mich wiedererkennen, wenn wir uns sähen? Ich habe mich seit damals sehr verändert, oder? Bin ich alt geworden, Louise?«

»Du bist wunderschön, *Maman*«, antwortete die pflichtbewusste Tochter.

Sie hatte keine Ahnung, wie lange diese erste Begegnung zwischen ihrer Mutter und diesem Mann her war, das Musical lief seit elf Jahren am Broadway, aber ihre Neugier wurde stärker. Genau genommen wusste sie fast nichts über die aktuelle Modeszene in Paris. Ihrer Meinung nach befanden sich alle innovativen Designer in London, die französische Metropole erschien ihr diesbezüglich altbacken wie eine einst elegante Verwandte, die ihren Glanz nach und nach verlor. Der Besuch der Rive-Gauche-Boutique ließ dieses Vorurteil ein wenig wanken. Ganz überzeugt war Loulou noch nicht von dem neuen Pariser Chic. Doch sie würde sich gerne von den neuen Kollektionen vor Ort überzeugen lassen.

»Bist du sicher, Fernando würde mich wiedererkennen?«

»Ich könnte ihm ein Foto zeigen, wenn ich ihn besuche«, schlug Loulou vor. Sie hatte den Gedanken noch nicht zu Ende gesponnen, doch mit jedem Atemzug wurde der Umweg deutlicher und der Aufschub klarer. »Wenn du wissen möchtest, wie es deinem alten Freund Fernando geht, besuche ich ihn gerne in Paris. Und anschließend fliege ich zu Desmond.«

Maxime strahlte. »Ich hätte es nicht besser planen können.«

Paris

26

Die erste Überraschung war die Einladung zur *teatime*. Als Loulou in einer Telefonzelle am Flughafen Orly die Nummer wählte, die Maxime ihr aufgeschrieben hatte, war sie auf vieles gefasst gewesen, aber nicht auf diese spontane Einladung.

Ein Treffen zur Teestunde war die langweiligste Art, einen Sonntagnachmittag zu verbringen, die sie sich vorzustellen bereit war. So etwas passte zu der Generation ihrer Großmutter, aber ansonsten traf sich in London kein Mensch, der etwas auf sich hielt, noch zu einem derartigen Anlass. Leider legte Fernando Sánchez so rasch wieder auf, dass Loulou nicht absagen konnte – und noch einmal anzurufen, um sich mit einer fadenscheinigen Lüge herauszureden, wollte sie dann doch nicht.

Mitsamt ihren Vorurteilen marschierte sie von der Metrostation Saint-Germain-des-Prés zu der Adresse an der Rue de Furstemberg, die er ihr genannt hatte. Ein Tee und ein paar Sandwiches waren vielleicht gar nicht die schlechteste Wahl, sie würde sich das Abendessen sparen. Anschließend würde sie sich bei Maximes altem Freund nach einer preiswerten Pension erkundigen. Hoffentlich kannte er eine. Und hoffentlich waren die Wirtsleute nicht so spießig, wie die Stadt gerade auf sie wirkte.

Loulou hatte noch nie in Paris gelebt und war nur selten an der Seine gewesen, vor allem wegen des schlechten Verhältnisses zu ihrem Vater. Sie war so an das Leben in London und in New York gewöhnt, dass sie von den Blicken peinlich berührt war, mit denen andere Passantinnen ihre Aufmachung musterten. Da war nicht nur eine stumme Kritik an dem bunten Maxikleid von Ossie Clark, zu dem sie die Rive-Gauche-Cowboystiefel angezogen hatte, und dem uralten violetten Samtmantel, sondern es kam ihr vor, als würde ihr von den Kostümträgerinnen die reinste Missbilligung entgegenschlagen. Oder klirrten ihre marokkanischen Messingarmreife bei jedem Schritt zu laut? Sie erinnerte sich an die klingelnden Kettengürtel, die sie in der Boutique an der Madison Avenue gesehen und gehört hatte, und fragte sich, ob man dieses Accessoire bei Rive Gauche in Paris führte.

Ihr Schmuck klimperte auch, als sie die schwere Tür zu dem Gebäude aufstieß, in dem Fernando Sánchez lebte. Durch das Treppenhaus wehten überraschend vertraute Klänge. In einem Apartment waren die Lautsprecher so laut aufgedreht, dass Loulou bei jedem Schritt von einem Song der Beatles begleitet wurde. »Hello, Goodbye« passte gut zu ihrem Besuch, den sie schließlich nicht über eine Tasse Tee und einen Imbiss ausdehnen wollte. Der Musikgeschmack ihres Gastgebers lockerte ihre Stimmung etwas auf, als sie die Herkunft der Töne vor seiner Wohnung lokalisierte.

Die Tür stand einen Spaltbreit offen. Dennoch benutzte sie den Klopfer.

»Kommt rein!«, brüllte eine Männerstimme, nachdem der Song etwas leiser gedreht worden war, »wir sind im Salon.«

Zögernd kam Loulou der Aufforderung nach. Ihr war klar, dass sie nicht gemeint war, und es widerstrebte ihr, einfach so bei diesem Fremden einzudringen. Zögernd blieb sie in dem in hellen Beigetönen gehaltenen Eingangsbereich stehen und stellte ihre Reisetasche neben sich auf den Boden. Dann wartete sie auf einen – wie auch immer gearteten – Empfang.

Nach einer kurzen Pause, die von einem französischen Stimmengemurmel ausgefüllt wurde, schallte aus den Lautsprechern ein Sopran, getragen von klassischen Tönen. Voller Wehmut dachte Loulou an die Schallplatten, die Talitha und Paul in Tanger aufgelegt hatten. Und dann fuhr ihr durch den Kopf: Was tat sie hier bei Wildfremden? Warum war sie nicht nach London zu ihren Freunden zurückgekehrt, wenn schon nicht zu ihrem Ehemann? Sie hätte auch Kontakt zu Talitha aufnehmen und nach Marrakesch fliegen können. Warum wollte sie ihrer Mutter diesen albernen Freundschaftsdienst erweisen? Genau genommen erschien ihr in diesem Moment alles besser, als auf die Begrüßung durch einen Unbekannten zu warten, der Maria Callas auf volle Lautstärke drehte.

»*Bonjour, Mademoiselle!*« Ein gertenschlanker Mann, dessen schmales Gesicht von einem Geäst aus Narben zerrissen war und von einem riesigen Kranz kupferroter Locken umwölkt wurde, stand plötzlich vor ihr. Er trug schwarze Hosen und ein schwarzes Oberhemd, dessen oberster Knopf offen stand, unter dem Kragen lagen die Enden einer ebenfalls schwarzen Samtschleife. Der weiche Teppich hatte seine Schritte in den klobigen Schuhen geschluckt. »Ich nehme an, Sie sind die Tochter der Gräfin de la Falaise. Herzlich willkommen in meiner bescheidenen Hütte!«

Sie stellte fest, dass er nicht im herkömmlichen Sinne gut aussah, aber unfassbar elegant wirkte. Und dass sein lockiges kupferfarbenes Haar fast identisch mit dem ihren war. »Ich bin Loulou.«

Fernando Sánchez küsste sie auf beide Wangen. »Sehr erfreut, Loulou. Es tut mir leid, dass ich mich nicht gleich um dich gekümmert habe. Bis auf Yves, Pierre und Betty sind wir vollzählig – und die finden allein herein. Hier entlang, bitte.«

In dem Salon, in den er sie führte, flackerten unzählige Kerzen in silbernen Leuchtern, die Flammen spiegelten sich in monströsen Barockspiegeln mit goldenen Rahmen, die auf weißen

Möbeln standen. Der Geruch von Räucherstäbchen waberte über der Szene, vermischte sich mit Zigarettenqualm. Auf mit weißer Seide bezogenen Sofas und Sesseln lümmelte sich eine Gästeschar, die auf den ersten Blick nicht zu der altmodischen Teestunde passte, die Loulou erwartet hatte.

»Hört mal alle her!«, rief Fernando in die Runde, woraufhin einer seiner Gäste aufstand und die Lautstärkeregler des Plattenspielers herunterdrehte. »Wir haben eine neue Freundin! Das ist Loulou, die Tochter der wundervollen Maxime Comtesse de la Falaise.«

Loulou schluckte. Sie mochte es nicht, in diesen neuen Kreis ausschließlich als Tochter ihrer Mutter eingeführt zu werden. Aber wer war sie schon? Was konnte sie dagegenhalten? Mit einem kläglichen Lächeln ergab sie sich.

»Das ist Zizi Jeanmaire«, unterbrach Fernando ihre Gedanken. Er deutete auf eine zierliche Frau mittleren Alters in einem schwarzen Trikot unter einer Strickjacke, die ihre dünnen, in schwarzen Strümpfen steckenden Beine über die Sessellehne baumeln ließ. Er stellte seine Besucherin mit einer Ehrfurcht vor, als müsste Loulou den Namen kennen, was jedoch nur vage der Fall war. Immerhin wusste sie, dass Zizi Balletttänzerin war – das sah man ihr auch an.

»Und hier haben wir Paloma Picasso«, fuhr der Gastgeber fort, »die neueste Eroberung von Yves …« Dabei handelte es sich um eine bleiche Schönheit mit schimmerndem schwarzem Haar, die überraschenderweise in einem ähnlichen Stil wie Loulou angezogen war. Neben Paloma auf dem Sofa saß eine junge Frau, die das totale Gegenteil war mit ihren langen, glatten blonden Haaren und gekleidet in einen klassischen Hosenanzug: »Und das ist Clara Saint, die für Rive Gauche eine wirklich hervorragende Pressearbeit macht.«

Loulou lächelte, sagte »*Enchanté*« und freute sich über die neuen Bekannten, die sie mit Luftküsschen begrüßten.

Die beiden Männer in der Runde stellte Fernando zuletzt vor: »Karl Lagerfeld ist Deutscher, aber das macht nichts, wir sind gute Freunde. Und hier haben wir noch Thadée Klossowski de Rola. Er behauptet zwar, Schriftsteller zu sein, tut aber nichts und redet wenig, dafür hat er mit Balthus einen berühmten Vater.« Alle lachten, die beiden Freunde nahmen Fernando die wenig schmeichelhafte Beschreibung anscheinend nicht übel.

Karl Lagerfeld war deutlich älter als der junge Mann auf dem zweiten Sofa und wirkte in seinem Anzug und mit den glatten, nach hinten gekämmten Haaren sehr formell. Der schlanke Thadée mit dem wie von Michelangelo gemeißelten Zügen und den dunklen Locken entsprach hingegen in Sportsakko und Halstuch dem Ideal eines britischen Landedelmannes. Endlich einer, der zu Loulous Vorstellung einer *teatime* passte.

»Nimm Platz, Loulou.« Fernando schob sie auf das Sofa zu Thadée. »Möchtest du eine Tasse Tee? Wenn Yves da ist, gehen wir zu Stärkerem über.« Allgemeines Gelächter antwortete ihm.

Wie überraschend, dass Loulou dem weltberühmten Modeschöpfer gleich an ihrem ersten Tag in Paris begegnen sollte. Nun ja, Maxime hatte erzählt, dass Yves Saint Laurent, Karl Lagerfeld und Fernando Sánchez alte Freunde waren. Schmunzelnd blickte Loulou auf ihre Cowboystiefel.

Anscheinend wurden die Gespräche wieder dort aufgenommen, wo Loulous Ankunft sie unterbrochen hatte. Sie konnte dem Durcheinander an Stimmen und Sätzen kaum folgen, verstand aber, dass sich die Diskussion wieder einmal um Yves drehte. Es schien um Theaterkostüme und -kulissen zu gehen. Loulou hatte nicht gewusst, dass Saint Laurent auch für die Bühne arbeitete, und konzentrierte sich darauf zuzuhören.

»Es ist schade, dass er in diesem Jahr nicht für das Ballett arbeitet, die Kleider für Madeleine Renaud in *Die englische Gräfin* sind nicht so spektakulär wie das, was er Rudolf Nurejew anzieht ... Wenigstens ist Yves Kostümbildner für deine neue Show im Olympia, nicht wahr, Zizi …? Mehr als diese beiden Produktionen will er in diesem Jahr nicht realisieren …«

»Sag bloß, er ist müde? Es ist dringend nötig, dass er sich ausruht. Marrakesch scheint der beste Ort dafür zu sein. Die schöne Talitha hat ihn regelrecht mit einem Marokkovirus infiziert, Yves hat aber nicht viel von seiner neuen Nachbarschaft, wenn sie auf Weltreise geht …«

Der Begriff Marokko und der Name Talitha wirkten elektrisierend auf Loulou. Sie schickte sich gerade an, eine Bemerkung einzuwerfen, als ihr bewusst wurde, dass schon nicht mehr über den abwesenden Modeschöpfer, sondern über den zurückliegenden Algerienkrieg debattiert wurde und über die wirtschaftlichen wie politischen Folgen für Frankreich, die auch zu den Studentenunruhen des Frühjahrs geführt hatten. Wie Loulou erfuhr, war damals sogar die Rive-Gauche-Boutique am Boulevard Saint-Germain verwüstet worden.

»Aber mit den Entwürfen zu seiner neuen Kollektion hat sich Yves mit den Studenten solidarisiert« … »Das haben die Beatles mit der Aufnahme von ›Revolution‹ auch gemacht« … »Die Rolling Stones standen dem mit ›Street Fighting Man‹ in nichts nach« …

Jeder und jede schien dazu etwas zu sagen zu haben, nur Thadée Klossowski neben Loulou schwieg. Der junge Mann, der nur wenige Jahre älter als sie zu sein schien, hüllte sich in eine Aura der Rätselhaftigkeit. Er wirkte wie ein aufmerksamer Zuhörer, der stille Beobachter, der das Gehörte und Erlebte in sich aufsaugte. Wofür, blieb sein Geheimnis. Hin und wieder lächelte er Loulou an, dann funkelten seine dunklen Augen unter den dichten Brauen wie Kohlestücke in einem Ofen.

Auf eine höchst angenehme Weise fühlte sich Loulou eingelullt. Sie lauschte den Arien, die in dieser Umgebung ebenso wenig aufgesetzt wirkten wie auf der Hotelterrasse in Tanger. Sie hörte der Unterhaltung zu und lachte ihr raues, kehliges Lachen, wenn jemand einen Witz machte. Dabei rauchte sie eine Zigarette nach der anderen, ließ sich von Fernando Feuer geben, trank Schlückchen des wohlschmeckenden parfümierten Tees, den er ihr als aufmerksamer Gastgeber nachschenkte. Es war erstaunlich, wie schnell sie in dieser Mitte aufgenommen wurde – und sich heimisch fühlte. In Paris. Zur *teatime*. Was für eine Überraschung!

Wahrscheinlich bin ich nur müde, sinnierte sie, und für die gefühlte Magie ist mein Jetlag verantwortlich …

*

Fasziniert sah Loulou eine halbe Stunde später dem Auftritt der Neuankömmlinge zu. Sie beobachtete die Umarmungen der anderen, Schulterklopfen, Platzwechsel. Dabei konnte sie ihre Augen nicht von dem asketisch wirkenden großen Mann abwenden. Er trug Jeans und ein Oberhemd, dazu einen Lederblouson, eine lässige Garderobe, die an ihm so elegant wirkte wie ein Abendkleid an einer Ballkönigin, die dunkel geränderte Brille dominierte sein klassisch geschnittenes Gesicht. Niemand musste ihr sagen, wer das war. Weltweit füllten die Fotos von Yves Saint Laurent die Gazetten.

»Das ist Loulou de la Falaise«, stellte ihr Gastgeber sie vor.

Dunkel erinnerte sie sich, dass sie sich am Telefon nur mit ihrem Kosenamen gemeldet und gesagt hatte, sie sei die Tochter von Maxime. Als Fernando das seinen Freunden gegenüber wiederholte, hatte sie ihn nicht korrigiert. Und nun war aus ihr überraschend wieder *Loulou de la Falaise* geworden. Sie war nicht Louise und schon gar nicht mehr Mrs. FitzGerald, die Madam von Glin Castle. Nach der ersten Schrecksekunde war das ein großartiges Gefühl.

»Wo kann man so etwas kaufen?«, fragte Yves und deutete auf ihre Kopfbedeckung. »Das ist schick.«

Noch irritiert von dem neuen Namen, gleichzeitig verblüfft,

kicherte sie. Ihre Hände fuhren nach oben. »Der Turban ist von einem Flohmarkt. Ich kaufe fast alle meine Sachen bei Trödlern.«

»Aber dein Kleid …? Das ist von Ossie Clark. Richtig?«

»Wow!«, entfuhr es ihr. »Das erkennen Sie … äh, erkennst du?« Sie wusste nicht, was sie mehr beeindruckte – sein Blick für das Design oder die freundschaftliche Anrede.

Yves schob seine Brille zurecht. »Ich finde, Ossie Clark macht sehr inspirierende Mode. Natürlich erkenne ich die! Und deine Stiefel erkenne ich auch.« Sein verlegenes Lächeln war fast unverschämt sympathisch.

»Meine Stiefel sind aus so einem kleinen Laden in der Madison Avenue in New York«, konterte sie.

Sein Schmunzeln wurde ein breites Grinsen. »Das sagt mir etwas.«

Ihre Blicke begegneten sich – und sie begannen gleichzeitig zu lachen.

Er ist nett, dachte Loulou. Ein schöner Mann, der nicht aufgesetzt, selbstverliebt und verwöhnt wirkte, war eine neue Erfahrung für sie.

Der distinguiert wirkende Herr, mit dem Yves gekommen war, hatte die anderen Gäste inzwischen begrüßt und trat nun vor Loulou. Er war nicht sonderlich groß, strahlte aber in seinem vorzüglich geschnittenen Anzug so viel Seriosität aus, als wäre er der französische Staatspräsident persönlich. Yves nickte ihm zu: »Pierre, das ist Loulou de la Falaise …«

»Oh!«, rief Loulou entzückt aus. »Ich wusste gar nicht, dass du mit Pierre Cardin zusammen bist.«

Pierre starrte sie verwirrt an. Dann brach er in schallendes Gelächter aus. »Sie ist witzig«, sagte er zu Yves. Und dann zu ihr: »Humor ist eine seltene Gabe, die ich sehr schätze, Mademoiselle.«

»Die beiden sind sich nicht grün«, behauptete die junge Frau, die mit den Männern gekommen war und nun plötzlich auch bei Loulou stand. Sie war eine fragile, androgyne Schönheit mit langem weißblondem Haar, in einen Overall gehüllt, der sicher aus der Rive-Gauche-Kollektion stammte. »Pierre Bergé hier und Pierre Cardin hassen sich.«

Verlegen schlug sich Loulou die Hand vor den Mund. Das Einzige, was sie von Pierre Cardin wusste, war, dass er früher die Anzüge der Beatles entworfen hatte. Die Garderobe dieses Pierres, den sie verwechselt hatte, war denen nicht unähnlich. Außerdem hatte sie bei der Nennung des Vornamens darauf geschlossen, dass Yves Saint Laurent mit einem anderen Modeschöpfer befreundet war und nicht mit einer Art Staatspräsident.

Sie entschied sich für die Flucht nach vorn. »Was für ein Fauxpas«, verkündete sie mit einem – hoffentlich – entwaffnenden Lächeln. »*Pardon*, Monsieur Bergé. Ich bin nur ein Mädchen aus Manhattan, das keine Ahnung von Paris hat.«

»Pierre«, sagte er lächelnd.

»Ich bin Betty.« Die Blonde streckte Loulou die Hand entgegen. »Freut mich, dich kennenzulernen.«

»›Nur ein Mädchen aus Manhattan‹«, wiederholte Fernando belustigt. Er reichte ihr ein Glas Champagner. »Das werden wir ändern, Loulou. Und darauf sollten wir trinken. Wir werden eine Pariserin aus dir machen.«

Meine Güte, fuhr es ihr durch den Kopf, eine Pariserin zu sein, war immer das Letzte gewesen, worauf sie aus war.

Sie strahlte Fernando an. »Ich freue mich darauf. *Santé!*«

27

Es blieb nicht bei zwei oder drei Gläsern Champagner. Den ganzen Abend über wurde getrunken, geraucht und geredet. Alle machten deutlich, dass Loulous Gegenwart selbstverständlich war, auf für sie wundersame Weise gehörte sie dazu. Sie spürte, dass dies nicht nur ein Kreis guter Freunde war, von dem sie aufgenommen wurde, sondern Menschen, die sich zu einer Art Familie zusammengefunden hatten. Eine Familie, die sie herzlich in ihrer Mitte begrüßte. Keiner schien etwas von ihr zu verlangen oder sie zu bevormunden. Und sie revanchierte sich für diese unerwartete Offenheit mit sprühend guter Laune, viel Humor und Witz. Selbst der stille Thadée ließ sich durch sie zu einer gewissen Lebhaftigkeit ermuntern. Loulou verlor ihre Scheu, und sogar ihr Französisch wurde im Lauf des Abends flüssiger, weil sie weniger über die Grammatik nachdachte und ihren Gefühlen freien Lauf ließ. Sie erfuhr, dass am Sonntagabend wenig los war, weil *tout Paris* erst langsam aus dem Wochenende heimkehrte, und deshalb gingen sie weder zum Essen aus noch in einen Club. Ziemlich *bourgeois* wurde an den Montagmorgen erinnert. Doch erst als die kleine Gesellschaft zu trotzdem später Stunde zum Aufbruch drängte, wurde Loulou bewusst, dass sie noch kein Bett für die Nacht hatte.

»Du bleibst bei mir«, beantwortete Fernando ihre Frage nach einer Pension. »In meinem Arbeitszimmer steht eine Couch, da kannst du pennen, so lange du willst.«

Sie hatte angenommen, er meinte mit der Zeitangabe den nächsten Tag – deshalb hatte sie vor, erst einmal in aller Ruhe auszuschlafen. Bei Licht würde sie schon etwas finden, wo sie für die nächsten Wochen unterkommen konnte. Mit dem Gedanken, dass sie sich darauf freute, Zeit mit ihren neuen Freunden zu verbringen, schlummerte sie ein – und erwachte gegen Mittag mit einem unendlich wohligen Gefühl. Sie rekelte sich, streckte sich und fand, dass sie es für ihre erste Nacht in Paris nicht besser hätte treffen können als auf diesem Sofa.

Ihren knabenhaften Körper in das Betttuch gehüllt, tappte sie auf der Suche nach ihrem Gastgeber durch die Wohnung. Bei jedem Schritt ihrer bloßen Füße nahm sie diese eigentümliche Stille wahr, die ein Zeichen von Leere bedeutete. Sie durchquerte alle Räume, stellte fest, dass nicht nur die Diele und der Salon in

Weiß und Beigetönen gehalten waren, sondern überall eine fast klinische Helligkeit dominierte. Für Loulou, an das dunklere Ambiente britischer Antiquitäten gewöhnt, war dies eine neue Erfahrung, zumal Fernando durchaus auch alte, offensichtlich wertvolle Stücke besaß. Das Badezimmer duftete nach Zypressen und Hölzern, wohl Fernandos Eau de Cologne, die Handtücher waren unfassbar weich, und an einem Haken hing eine vorn mit winzigen Perlen durchgeknöpfte marokkanische Dschellaba, vermutlich Fernandos Morgenmantel. Sie sah sich nach einem Paar Babouches um, fand jedoch keine. Fernandos Faszination für die dortige Mode schien also nicht das typische Schuhwerk einzuschließen.

An die Wohnungstür war ein Zettel gepinnt:

Loulou, bitte warte auf mich!
Bin kurz bei Nina Ricci.
Fernando

Da sie nicht wusste, wann er weggegangen war, konnte sie nicht beurteilen, was er mit *kurz* meinte. Aber sie stellte fest, dass es wohl eine längere Verabredung war, denn sie machte sich in der Zwischenzeit frisch, legte neues Make-up auf und zog sich an. In der Küche brühte sie sich einen Kaffee auf, einige der wenigen Handgriffe in diesem Raum, die sie perfekt beherrschte. Dann ging sie mit dem duftenden, noch dampfenden Mokka in den Salon, öffnete eines der hohen Fenster und trat auf den winzigen Balkon hinaus. Leise wehte das Rauschen des Verkehrs von einer der Hauptstraßen heran, deutlich lauter zwitscherten die Vögel in den goldenen Blättern der Linde auf dem kleinen Platz vor dem Gebäude. Loulou lauschte dem Gesang, pfiff eine Melodie und lachte, als sie ein Echo aus dem Baum erhielt.

Als sie die Wohnungstür klappen hörte, hatte sie ihr Zeitgefühl längst verloren. Der Kaffee war ausgetrunken, sie hielt die Tasse noch in Händen und blickte hinaus in einen goldenen Herbsttag. Es war diese scheinbar grenzenlose Geborgenheit, die sie innehalten ließ. Sie hatte nicht nachgedacht, sich nicht an die Begegnungen von gestern erinnert, sondern ihr Innerstes treiben lassen. Es war wie ein Rausch, nur dass dieser von keiner Substanz bestimmt wurde, sondern schlichtweg von einer angenehmen Umgebung. So hatte sie bisher nur in Tanger empfunden, wenn auch ohne diese angenehme Nestwärme.

»*Bonjour*, Loulou!«

Sie wandte sich zu ihrem Gastgeber um. Fernando, wieder ganz in Schwarz gekleidet, schritt auf sie zu und deponierte im Vorbeigehen die Skizzenmappe, die er bei sich trug, auf einem Tisch. Dann legte er die Hände auf ihre Schultern und küsste sie rechts und links auf die Wangen.

»Hast du dich gut zurechtgefunden?«, erkundigte er sich gut gelaunt.

»Ja, auf jeden Fall.« Sie blickte in die leere Tasse. »Wenn ich noch einen Kaffee haben könnte, wäre es wunderbar.«

»Gerne. Ich mache mir auch einen.«

Während sie ihm in die Küche folgte, deutete sie auf sein Arbeitsbuch. »Hast du Nina Ricci deine Entwürfe präsentiert?«

»Der Chefdesigner des Hauses heißt Gérard Pipart«, erklärte Fernando. »Die alte Dame hat sich längst zurückgezogen. Ich habe Monsieur Pipart ein paar Entwürfe für Nachtwäsche vorgelegt.«

Loulou nickte. »Von deinen Dessous hat mir meine Mutter erzählt.«

Ein Lächeln flog über Fernandos Gesicht. »Meiner Ansicht nach sollen Frauen keine hochgeknöpften Baumwollsäcke mehr tragen. Zudem sollten die Sachen nicht nur im Schlafzimmer bleiben, sondern auch bei anderen Gelegenheiten das Tageslicht sehen dürfen.«

Verschiedene Styles elegant zu mischen, war Loulous Lieblingsbeschäftigung, aber etwa ein Negligé über Hosen oder einem Kleid zu tragen, war ihr noch nie in den Sinn gekommen – oder ein kurzes Nachthemd zu Jeans. Aber warum eigentlich nicht? Fernandos Ideen schienen innovativer zu sein, als sie erwartet hatte. Sie blickte zu ihm auf. »Das klingt spannend. Hat Monsieur Pipart deine Entwürfe angenommen?«

»Ja, glücklicherweise. Ich arbeite schon eine Weile für das Haus Nina Ricci«, antwortete Fernando, nun wie abwesend; seine Konzentration richtete sich auf das Befüllen der Kaffeepresse mit dem Pulver. Nachdem er die richtige Menge in Teelöffeln abgezählt hatte, wartete er darauf, dass das Wasser auf dem Herd kochte. Er sah zu Loulou auf. »Vorher war ich bei Dior. Yves hatte mich dorthin geholt.«

In Erwartung einer längeren Unterhaltung lehnte sich Loulou entspannt gegen das Küchenbüfett. »Ihr seid ziemlich gute Freunde, du und Yves, nicht wahr?«

»Die besten.« Fernandos Augen leuchteten auf und ließen sein seltsam verschoben wirkendes Gesicht schön wirken. »Ich bin sein größter Bewunderer.«

»Bitte erzähl mir mehr von eurer Freundschaft.«

Fernando ließ sich mit der Antwort Zeit, füllte bis zur Hälfte kochendes Wasser in den französischen Kaffeebereiter, wartete, rührte um und goss nach. Dann stellte er den Kessel auf eine kalte Ofenplatte. Schließlich begann er: »Als Teenager durfte ich meine Mutter zu einer Modenschau von Jacques Fath begleiten. Ich war so fasziniert, dass ich beschloss, Designer zu werden. Ein paar Jahre später schickte ich eine Mappe mit Skizzen an Monsieur Fath – und er empfahl mich der Modeschule. Leider ist er bald darauf viel zu jung an Leukämie verstorben. Deshalb konnte sich niemals mein Traum erfüllen, eines Tages sein Assistent zu werden wie Hubert de Givenchy oder Guy Laroche zuvor …«

»Anscheinend bist du ziemlich talentiert«, warf sie ein.

Bescheiden senkte er den Blick. Er drückte den Stempel langsam herunter, dabei murmelte er: »Wahrscheinlich ...« Und fügte nach einer Weile hinzu: »Wenn sie dich interessieren, zeige ich dir nachher ein paar meiner Entwürfe.«

»Und ob sie mich interessieren!«, rief sie enthusiastisch aus.

»Ich bin weder so begabt wie Yves noch ein so genialer Zeichner«, behauptete Fernando. »Es ist kein Wunder, dass Christian Dior ihn zu seinem Assistenten machte, als Yves nicht einmal einundzwanzig Jahre alt war. Aber wahrscheinlich bin ich doch besser als viele andere.« Sein Lächeln war das eines kleinen Jungen, der ein Lob erwartete.

»Du bist bestimmt großartig«, versicherte sie, in Gedanken jedoch bei Yves Saint Laurent. Der hatte in dem Alter, in dem sie heute war, bereits ziemlich viel geleistet!

Fernando schlängelte sich an ihr vorbei, nahm zwei Tassen und eine Zuckerdose aus dem Schrank und stellte alles zusammen mit der Kaffeepresse auf ein Tablett. »Komm, wir machen es uns gemütlich. Und dann zeige ich dir meine Skizzen ...«

Der Gesang von Tom Jones passte als Untermalungsmusik zu der Präsentation von Fernandos Zeichnungen. Während der Sänger in dem reißerischen Text von seiner untreuen Geliebten »Delilah« schmachtete, die er am Ende aus Eifersucht erstach, bewunderte Loulou die Entwürfe von exklusiven Büstenhaltern, Korsagen und kurz geschnittenen Schlüpfern, die modern und aufregend wirkten, ohne obszön zu sein. Außerdem hatte Fernando Morgenmäntel und Nachthemden kreiert, die sicher genauso als Abendroben getragen werden konnten. Sie diskutierte mit ihm über Spitzeneinsätze, Paspelierungen und Gürtel, ließ sich die Stoffe erklären, die er vorgesehen hatte, vor allem Seide und Chiffon. Sie saß in einem Sessel und er auf der Lehne, das Skizzenbuch auf ihren Knien, die Köpfe zusammengesteckt. Der Schallplattenspieler wechselte automatisch zur nächsten Single, aber Loulou nahm die Melodie von »Nights in White Satin« von

The Moody Blues ebenso wenig wahr wie die Töne der darauffolgenden Titel, gefangen von den Kreationen, an deren Entstehung Fernando sie teilhaben ließ.

Erst als die Schatten in dem Zimmer länger wurden und durch das noch immer offene Fenster ein kühler Luftzug blies, sah Loulou auf. »Meine Güte, ist es schon spät geworden!«, rief sie mit einer Mischung aus Entsetzen und Hilflosigkeit aus.

»Hast du Hunger?«, erkundigte sich Fernando.

»Ja. Nein. Vor allem habe ich kein Bett für heute Nacht. Ich muss mich auf die Suche nach einem billigen Hotel machen.«

»Oh! War mein Sofa nicht bequem für dich?«

»Doch, aber … ich …«, achselzuckend brach sie ab. Sie wollte ihn nicht mit der Bitte überrumpeln, hierbleiben zu dürfen. Das erschien ihr aufdringlich. Aber sie wollte auch nicht unhöflich sein und Fernando das Gefühl vermitteln, dass sie nicht gerne in seinem Arbeitszimmer geschlafen hatte. Das Problem war nur: Er war so nett, sie verstanden sich blendend, doch er sollte keinen schlechten Eindruck von ihr bekommen.

Warum sah er so unglücklich aus?

»Natürlich zeige ich dir eine Pension, wo du übernachten kannst. Aber mich stört es nicht, wenn du so lange hierbleibst, wie du möchtest. Hatte ich das nicht gesagt?« Er fuhr sich wie resigniert mit der Hand durch das dichte lockige Haar. »Tut mir leid, manchmal bin ich ziemlich zerstreut.«

Dieses Gefühl von Zugehörigkeit, das Loulou bereits gestern und dann auch heute Nachmittag gespürt hatte, hüllte sie ein wie ein großes warmes Handtuch nach einem Bad. Sie reckte sich und drückte Fernando einen Kuss auf die Wange. »Du bist ein Schatz!«, jubelte sie. Und dann stellte sie lachend fest: »Jetzt brauche ich nur noch Zigaretten, aber vielleicht auch eine Kleinigkeit zu essen.«

28

Es war zu früh, um in Paris zu Abend zu speisen. Die Restaurants hatten noch geschlossen, deshalb zeigte Fernando seiner neuen Mitbewohnerin die Lebensmittelläden in der Umgebung. Er nahm Loulou an die Hand, spazierte mit ihr durch die uralten Gassen des Viertels und kaufte bei dem Bäcker im Haus ein Baguette, Schinken in der *boucherie* um die Ecke und Delikatessen bei einem *traiteur*, bei dem es wunderbar nach verarbeiteten Gewürzen und Kräutern duftete. Fernando erzählte Loulou, dass er die nordafrikanische Küche mochte und dass er durch Yves Marokko kennen- und lieben gelernt hatte. Begeistert von dieser Gemeinsamkeit, ließ sie sich zu einer weiteren Portion Couscous überreden, wunderte sich am Ende aber über die vielen Papiertüten, die sie in seine Wohnung trugen. Doch statt ihn zu fragen, wer diese Mengen verdrücken sollte, erzählte sie von ihrer Reise nach Tanger, die für sie auf gewisse Weise eine Offenbarung gewesen war.

Als sie an dem niedrigen Tisch in Fernandos Salon wie Berber auf den Puffs hockten und den Imbiss kosteten, sprach Loulou von ihrer Flucht aus London, die sie nach Marokko geführt hatte, wobei sie ihre unglückliche Ehe nur am Rande erwähnte. Es war nicht so, dass sie dieses Kapitel ihres Lebens verheimlichen wollte, ihr erschien es nur wie ein Verrat, Desmond vor einem anderen Menschen schlechtzumachen – und das würde sie zwangsläufig tun müssen, wenn sie ihren Kummer offen ausbreitete. Desmond hatte es nicht verdient, vor einem anderen Mann in ein negatives Licht gerückt zu werden, fand sie, was immer auch zwischen ihnen geschehen war und in Zukunft womöglich noch passieren würde. Sie brach in ihrem Bericht ab und fragte: »Was hat Yves eigentlich nach Marokko geführt?«

»Ich glaube, zum ersten Mal flogen er und Pierre nach Tanger, weil es gerade alle machten.« Fernando lachte. »Aber dann erinnerten ihn Land und Leute an seine Heimat in Algerien. Zwischen all dem Sandstein hier in der Stadt vermisst er das Licht Nordafrikas, weißt du, und in Marrakesch hat er es wiedergefunden.«

»Yves Saint Laurent stammt aus Algerien?«, fragte Loulou verwundert.

»Charles Saint Laurent, Yves' Vater, war ein wohlhabender Geschäftsmann in der damaligen französischen Kolonie, er besaß eine Versicherung und eine Kinokette, soviel ich weiß. Und Yves' Mutter Lucienne kommt ebenfalls aus einer reichen Familie. Diesen Hintergrund haben wir gemeinsam, Yves, Karl und ich. Irgendwie …« Fernandos Stimme war plötzlich bitter geworden und verlor sich in seiner Nachdenklichkeit. Er griff nach seinem Weinglas und trank es aus.

Loulou steckte sich eine Zigarette an und wartete, dass Fernando weitersprach. Sie war neugierig geworden auf die Herkunft der drei Freunde, von der sie nicht das Geringste wusste.

Nach einer Weile sah Fernando überrascht zu ihr, es schien, als hätte er ihre Anwesenheit kurz vergessen. Er richtete sich auf, um ihnen beiden Rotwein aus dem Bordelais aus einer Kristallkaraffe nachzuschenken. Schließlich erzählte er von seinem Freund aus Deutschland: »Karl ist der Sohn eines Hamburger Fabrikanten, der Kondensmilch herstellt. Er kam als Jugendlicher nach Paris, weil Otto Lagerfeld hier ein Büro unterhielt und Karl ein Lycée besuchen sollte. Seine Mutter hegte wohl große künstlerische Pläne mit ihm, aber wenn ich das richtig verstanden habe, hat er die anfangs enttäuscht.« Endlich lächelte er wieder entspannt. »Bei Balmain und später als Assistent von Patou dürfte Karl das wettgemacht haben.«

Ein seltsames Schweigen trat zwischen sie. Im Hintergrund sang Édith Piaf von der Liebe, die das Leben in einem rosaroten Licht erscheinen ließ.

»Und du?«, wollte Loulou wissen.

Er hob die Schultern und ließ sie wieder fallen. »Tatsächlich habe ich ein paar Wurzeln mit Yves gemeinsam: Seine Großeltern mütterlicherseits waren spanischer und belgischer Herkunft wie mein Vater und meine Mutter, Lucienne ist aber bei französischen Verwandten in Algerien aufgewachsen. Du wirst ihr sicher irgendwann begegnen, sie ist sehr wichtig für Yves und kreist ständig um ihn herum. Bei seinen Modenschauen ist sie zum Beispiel immer der Ehrengast, und sie taucht regelmäßig in seinem Atelier auf und begrüßt die Angestellten, als wäre sie eigentlich die Chefin …« Fernando lenkte weiter von sich ab, indem er davon berichtete, wie Yves schon als Zehnjähriger Kleider für seine Mutter gezeichnet und Modellpuppen aus Papier für seine beiden jüngeren Schwestern gebastelt hatte.

Loulou brannte darauf, auch mehr über Fernando selbst zu hören – und das nicht nur, weil er so schön erzählen konnte. Doch sie drang nicht weiter in ihn. Irgendwann würde sie sicher erfahren, was ihn so schmerzte, dass er nicht darüber reden wollte. Unwillkürlich lächelte sie in sich hinein. In Gedanken ließ sie sich ganz spontan auf einen längeren Aufenthalt in Paris ein. Aber warum nicht? Das war immerhin etwas angenehm Neues, allemal besser als ihr bisheriges Leben in New York und London.

»Du sprichst nur über Yves' Mutter«, stellte sie schließlich fest. »Was ist aus seinem Vater geworden?«

»Ach, der lebt als Privatier in Südfrankreich und kommt nur gelegentlich in die Stadt, ihm ist es in Paris zu kalt und zu dunkel. Nun ja …« Fernandos spöttisches Grinsen verriet, was er davon hielt. Er nahm sich eine der kleinen Pasteten, die sie gekauft hatten, und erklärte: »Aber im Grunde spielte Monsieur Saint Laurent schon lange keine Rolle mehr in Yves' Leben. Die zentrale Person für ihn ist Pierre Bergé.«

Loulou zog den Kopf ein bisschen ein. »Was für eine Blamage! Mein Fauxpas tut mir so leid. Das war so dumm von mir!«

»War es nicht. Du warst amüsant, und deshalb haben wir uns alle sofort in dich verliebt.«

»Alle?« Loulou kicherte.

Fernando beugte sich vor und küsste sie sanft auf die Wange. »Alle«, wiederholte er. »Ich schwöre es.«

»Ich mag euch auch. Alle.«

Über dieser bezaubernden Einigkeit vergaß Loulou, noch einmal nach Yves' Beziehung zu Pierre zu fragen. Stattdessen sprach sie mit Fernando über Mode, bestimmte Linien und Formen, Miniröcke und Schlaghosen, Tuniken und Kaftans. Sie war bei ihrem Lieblingsthema angekommen und hatte anscheinend ihren Meister gefunden.

29

Fernando nahm Loulou unter seine Fittiche, und sie lernte schnell, sich in Paris zurechtzufinden. Sein Leben war anders als das ihres Vaters, das sie allerdings nur durch ihre gelegentlichen Besuche kannte, es fühlte sich viel leichter und beschwingter an. Anders als in London oder auch in dem deutlich hektischeren New York gehörten die Straßen auf gewisse Weise zum Interieur der Häuser. Ob beim Flanieren oder beim Mokka im Außenbereich eines Cafés – sich zu präsentieren und gleichzeitig andere zu beobachten, war ein wichtiger Teil des Alltags.

Wenn Fernando arbeitete, schlenderte sie durch die Gassen von Saint-Germain-des-Prés, das Quartier Latin oder über die Seine-Inseln, sie stöberte bei den Bouquinistes am Flussufer nach alten Schallplatten und nahm die Metro, um auf den Flohmärkten in Saint-Ouen und Clignancourt im Norden oder Vanves im Südwesten der Stadt nach neuer Garderobe Ausschau zu halten. Hier fühlte sie sich an ihre Herzensorte in London, an die King's und die Portobello Road, erinnert und heimischer als sonst wo in der französischen Metropole. Mit ihren oft günstig erstandenen Kleidungsstücken überraschte sie anschließend Fernando und danach ihre neuen Freunde, wenn sie sich zum Essen oder in einem Nightclub trafen.

Ansonsten schleppte Fernando sie überallhin mit, ob zu Galerieeröffnungen, Modeschauen, Abendessen und Partys oder in die angesagten Clubs, und am Sonntagnachmittag veranstaltete er regelmäßig seine *teatime*. Dabei bewegten sie sich fast ausschließlich in dem kleinen Kreis der engsten Freunde, der sich wie eine eingeschworene Gemeinschaft gab. Loulou war zu einem festen Mitglied dieser Familie geworden und sonnte sich vor allem in Yves' Bewunderung für ihren eigensinnigen Stil. Dennoch versuchte sie, sich so wenig wie möglich an die gängigen Regeln der Mode zu halten. Sie lehnte die in den einschlägigen Magazinen wie *Vogue* oder *Harper's Bazaar* propagierten Linien ab, folgte nicht dem schicken Straßenbild und erfand sich täglich neu, wobei sie viele Gemeinsamkeiten mit Paloma Picasso entdeckte, mit der sie über kurz oder lang gemeinsam über die Flohmärkte streifte.

Obwohl Yves auf seinen Schauen in diesem Jahr eher eintönige, an die khakifarbenen Uniformen der Kolonialisten in Afrika angelehnte Kostüme und Anzüge gebracht hatte, gefiel ihm die bunte Mischung, die Loulou und Paloma trugen. Doch nicht nur ihre Kreativität verband Loulou mit dem berühmten jungen Mann, sie bemerkte eine Schüchternheit an ihm, die sie an das scheue Wesen erinnerte, das in ihrem tiefsten Inneren wohnte. Ebenso wie sie verlor Yves seine Zurückhaltung nur im privaten Kreis, er suchte zwar die Öffentlichkeit, fühlte sich in ihr aber sichtlich eingeengt. Während Loulou ihr eigenes Verhalten auf ein gewisses Understatement des britischen Establishments und Rhodas strenge Erziehung schob, machte Fernando bei Yves einen anderen Grund aus: »Er ist ein Genie, verstehst du? Sensibel und genial. Yves' Feingefühl steht diametral zu seinem Erfolg.

Inzwischen ist er so berühmt wie ein Filmstar, nur braucht er für diese Situation sehr viel mehr Selbstvertrauen, als er von Haus aus besitzt.«

Häufig lud Pierre den »Clan« zu einem Abendessen oder nur einem losen Zusammensein an die Place Vauban ein. Er lebte mit Yves in einer großen Mietwohnung in Hausnummer drei auf der Rückseite des Invalidendoms. Loulou war überrascht von den gemütlichen Sofas aus Samt und den zahllosen Büchern, die sich in den Regalen stapelten, den vielen privaten Fotografien und nur von ideellem Wert geprägten Erinnerungsstücken. Daneben fanden Kunstgegenstände und kostbarer Nippes Platz, an den Wänden hingen gerahmte Zeichnungen und Gemälde. Alles wirkte erfrischend hell und sinnlos durcheinandergeworfen, obwohl sie sicher war, dass jedes Stück einen dafür vorgesehenen bestimmten Platz gefunden hatte. Es war wie die willkürlich erscheinende Zusammenstellung ihrer Garderobe, die jedoch auch einem ausgeprägten Sinn für Stil entsprach.

Eines Abends machte es sich Fernando in einem der modernen Ledersessel gemütlich, zu seinen Füßen der schnarchende Moujik, Yves' schwarz-weiße französische Bulldogge. Währenddessen war Pierre damit beschäftigt, den Korkenzieher in eine Flasche Wein zu drehen, und Yves suchte nach der passenden Musik im Regal mit seinen Schallplatten. Fernando war mit Loulou im Schlepptau heute nach einem frühen Abendessen in einer Brasserie zwanglos bei seinen Freunden aufgetaucht. Noch waren sie zu viert, aber Pierre meinte, es würden sich wohl nach und nach weitere Mitglieder ihrer Clique auf einen Drink einfinden. Loulou war neugierig durch den Salon gewandert, weil es hier immer etwas zu entdecken gab. Die Wohnung von Pierre und Yves erschien ihr oftmals wie eine Wundertüte, die immer für eine Überraschung gut war. Unter den sogenannten Coffee Table Books auf einem Beistelltisch fand Loulou einen Band, dessen schwarzes Cover dicke rot-schwarz gezeichnete Männchen auf weißem Grund zierten. In weißer Schrift war der Titel zu lesen: *La vilaine Lulu*. Darüber stand in schwungvollen Lettern »Yves Saint Laurent«.

Interessiert blätterte Loulou in dem Buch. Es enthielt ausschließlich in roter Farbe und in Schwarz gehaltene Zeichnungen. Bei näherer Betrachtung handelte es sich um Comics, viele der Bilder verfügten über Sprechblasen oder als Faksimile abgedruckte handschriftliche Erklärungen. Es waren die Geschichten eines kleinen dicken Mädchens in einem roten Ballettröckchen, das allerlei Abenteuer erlebte. Witzige Szenen, zuweilen ein wenig frivol, anderswo bissig, manchmal absolut verrückt. Selbstvergessen blätterte sie immer weiter. An einer Stelle besuchte die Figur das weiß gestaltete Atelier von André Courrèges und bespritzte Verkäuferinnen und Modelle mit schwarzer Tinte. Es gelang der *bösen Lulu*, sich in das Hôtel Forain zu flüchten, Yves' Modehaus an der Rue Spontini …

»Das ist nicht Marcel Proust«, unterbrach Yves mit leiser Stimme Loulous Lektüre. Er war neben sie getreten, eine Vinylplatte in der einen, deren Hülle in der anderen Hand.

Sie sah kurz auf, dann wieder auf das Buch. »Es ist lustig«, murmelte sie und blätterte weiter.

»Mit diesen Zeichnungen habe ich angefangen, als ich noch bei Dior war. Damit habe ich die Arbeit an den Kollektionen kompensiert. Ich brauchte diese Ablenkung.«

»Hm.« Sie lächelte ihn an. »Wie viele Kleidungsstücke hast du für deine Schauen damals entworfen?«

»Etwa einhundertachtzig. Mal etwas weniger, hin und wieder auch mehr.«

Unwillkürlich weiteten sich ihre Augen.

»Eigentlich habe ich diese Zeichnungen nur für mich gemacht. Aber dann hat mich Françoise Sagan überredet, ein Buch mit diesen Cartoons zu veröffentlichen. Also sagte ich mir, wenn eine berühmte Schriftstellerin dafür ist, machst du es. Voriges Jahr ist der Band erschienen. Wenn du damals schon in Paris gewesen wärest, hättest du die Buchpräsentation im New Jimmy's erlebt!«

»Es gefällt mir.« Sie schlug den Band zu und wollte ihn zurücklegen, doch Yves hielt sie auf: »Du kannst das Buch behalten, wenn du möchtest.«

»Danke!« Sie strahlte ihn an. »Das ist wunderbar.«

Als sich Loulou auf das Sofa lümmelte, um weiter in dem Comic zu blättern, erfüllte der Sopran von Maria Callas den Raum. Ihr wäre Unterhaltungsmusik lieber gewesen, auch wenn sie diesbezüglich nicht unbedingt den Geschmack ihrer Gastgeber teilte. Sie kannte inzwischen Yves' Vorliebe für die Westernsongs von Johnny Hallyday, die bezaubernde Stimme von Françoise Hardy und die altmodischen Chansons von Charles Trenet. Das war zwar kein britischer Pop, aber für Loulou okay. Doch Yves liebte vor allem Opern – und die Callas war in seinen Augen deren Königin.

Er sank neben ihr auf das Sofa, nahm seine Brille ab und lehnte den Kopf mit geschlossenen Augen gegen das Kissen an der Rückenlehne. Nach einer Weile blinzelte er und sah Loulou an, die von ihm zum Buch in ihrer Hand und wieder zu ihm blickte. Aus den Augenwinkeln nahm sie wahr, dass Fernando und Pierre anscheinend über die Qualität des Weines diskutierten. Schließlich klappte sie das Buch zu und ahmte Yves' entspannte Pose nach.

»Die Schallplattenaufnahmen der Callas sind nicht vergleichbar mit ihren Liveauftritten«, sagte er nach einer Weile, als müsste er sich für die Wahl seiner Musik entschuldigen. »Immer wenn sie in Paris singt, versuchen Pierre und ich im Publikum zu sein. Das ist ein ganz anderes Erlebnis.«

Loulou wandte den Kopf zu ihm. »Trägt sie Yves Saint Laurent?«

»Maria Callas war Kundin bei Dior, als ich für das Haus arbeitete. Aber das ist nicht so wichtig. Ich fühle mich ihr so nah wie einer Seelenverwandten.«

»Warum?«

Yves setzte sich gerade, um Loulou mit Gesten und Worten zu erklären: »Wenn du im Saal sitzt, spürst du, wie das ganze Publikum auf einen falschen Ton von Maria Callas wartet. Die freundliche Hälfte kann ihren perfekten Gesang kaum ertragen, die andere wartet auf den einen großen Fehler, um sie niederzumachen. Das ist …« Er unterbrach sich, nahm sich eine Zigarette vom Tisch und fuhr fort, nachdem er sie sich angezündet und den Rauch nach einem Lungenzug ausgestoßen hatte: »Das ist ähnlich wie bei einer Couture-Show. Erfolg und Misserfolg einer Kollektion hängen im wahrsten Sinne des Wortes an einem seidenen Faden.«

Der Druck, der offenbar auf ihm lastete, war so viel größer als das, was Loulou von ihren Freunden in London kannte. Nun war ein berühmter Modeschöpfer aus Paris vielleicht eher so etwas wie eine Primadonna auf der Bühne als die innovativen Schneider des Swinging London, deren Boutiquen Loulou allerdings bis vor noch gar nicht so langer Zeit für den Nabel der Welt gehalten hatte. Yves' Sorgen waren ihr vollkommen fremd. Um ihn von einer drohenden Schwermütigkeit abzulenken, wollte sie wissen: »Hast du schon einmal Kostüme für die Oper entworfen?«

»Nur für das Ballett und das Theater«, erwiderte er zwischen zwei Lungenzügen. »Das ist auch so eine Ablenkung von den Kleidern, wie die Cartoons, nur mit einem höheren intellektuellen Anspruch.«

»Du arbeitest zu viel: die Haute Couture, Rive Gauche und dann auch noch die Kostüme – das erfordert unglaublich viel Disziplin und Kreativität. Hast du eigentlich einen Assistenten?« An sich kannte sie die Antwort, denn falls es da jemanden gab, hatte er ihn bislang gut vor dem Zusammentreffen mit seinen Freunden verborgen. Auch Pierre hatte niemals eine rechte Hand von Yves erwähnt.

»Meine größte Stütze ist Anne-Marie Muñoz. Als wir uns kennenlernten, hatten wir beide gerade bei Dior begonnen, sie im Atelier, ich als Assistent des Chefs. Wir denken ähnlich, weißt du, deshalb setzt sie alle meine Entwürfe in Kleider um.«

Noch eine Seelenverwandte, fuhr es Loulou durch den Kopf. Yves konnte sich glücklich schätzen, so viele loyale Menschen in seinem Umfeld zu besitzen. Um etwas zu sagen, murmelte sie: »Dann seid ihr ein gutes Team.« Sie konnte den Stich nicht verhindern, den der Gedanke auslöste, dass sie selbst kaum jemanden kannte, den sie auch nur als *wesensähnlich* bezeichnet hätte.

In diesem Moment klingelte es an der Wohnungstür, und Pierre schickte sich an zu öffnen. Loulou erkannte die Stimmen von Clara und Thadée schon, bevor die beiden den Salon betraten, kurz darauf tauchten mit Karl und Paloma die weiteren Mitglieder ihrer *Familie* auf und hüllten sie ein in Gespräche, Gelächter und Geborgenheit. Vielleicht, dachte Loulou, bin ich von meinen Seelenverwandten doch nicht so weit entfernt, wie ich manchmal befürchte.

30

Die Party schien kein Ende zu nehmen. Loulou wusste zwar, dass sie nach den Wochen in Paris endlich nach London weiterreisen musste, aber sie ignorierte die Dringlichkeit. Etwas anderes war ihre ständige Geldnot. Sie brauchte nicht viel, ein gewisses Polster war trotzdem nötig. Auf Empfehlung ihrer Mutter verdiente sie sich ein kleines Honorar bei gelegentlichen Fotoshootings als Modell für die französische *Vogue*, doch auf lange Sicht reichte das nicht. Über die Suche nach einem Job dachte sie aber nur insofern nach, als sie wieder einmal nicht wusste, was sie tun sollte.

Sie bewunderte zutiefst, wie hart vor allem Yves arbeitete, der jeden Morgen zur Bürozeit vor Papier und Bleistift an seinem

Schreibtisch saß und neue Kollektionen kreierte. Fernando ging mit einer größeren Fröhlichkeit, aber nicht weniger pflichtbewusst an die Arbeit. Ihre anderen Freunde lebten ebenfalls nicht nur vom Müßiggang. Loulou fand es toll, sich als Luxushippie treiben zu lassen, aber sollte das der Sinn ihres Lebens sein? Ihre Feierlaune sank zwar nicht, aber sie begann in den Stunden, die sie allein verbrachte, zu grübeln.

In diesen Tagen zeigte die wunderschöne Stadt eine recht graue Seite, sodass sie sich überlegte, ob sie nicht lieber irgendwohin in die Sonne fahren sollte, anstatt hier nach einer Tätigkeit zu suchen, die sie finanziell über Wasser hielt. Sie sehnte sich nach Marokko und wünschte sich, die Gettys in Marrakesch besuchen zu können. Talitha und Paul befanden sich jedoch noch immer mitsamt Baby und Nanny auf einer ausgedehnten Tour durch Thailand und Indonesien. Talitha wollte zu den Wurzeln ihrer Kindheit zurück, was verständlich, aus Loulous Sicht aber leider zeitlich unpassend war. Wenige Wochen vor den nächsten Haute-Couture-Schauen hatten auch Yves und Pierre die Türen ihres Riads geschlossen, sodass es für Loulou keine Chance auf eine preiswerte Erfüllung ihres Traums von Marokko gab. Das Problem war: Sie konnte sich in ihren persönlichen Bedürfnissen enorm einschränken, aber sie wünschte sich ein gewisses Niveau für ihre Unterkunft, eine Matratze in einer Jugendherberge entsprach nicht ihren Vorstellungen. Also blieb sie bei Fernando, bei dem es allerdings um mehr ging als nur um einen Schlafplatz.

Wir sind inzwischen wie ein altes Ehepaar, dachte sie amüsiert, als sie in trauter Zweisamkeit einander gegenüber auf seinen weißen Sofas saßen und dösten. Es war einer dieser nassen, kalten Winterabende in Paris, und eigentlich warteten sie beide darauf, dass die Diskotheken öffneten, um sich warmzutrinken und zu tanzen. Bis kurz vor Mitternacht tauchte niemand, der etwas auf sich hielt, im Chez Régine oder im New Jimmy's auf. Ein gemeinsames Abendessen mit ihren Freunden hatte sich nicht ergeben, sodass sie auf die Tortilla aus dem Kühlschrank zurückgegriffen hatten. Und womöglich waren sie auch zu faul, in die unwirtliche Nacht hinauszugehen.

Fernando streckte seine Füße, die wie immer in den klobigen Schuhen steckten, zum Kamin aus, während im Hintergrund Johnny Cash »Ring of Fire« schmetterte.

»Warum trägt ein Mann mit so viel Geschmack wie du so hässliche Schuhe?«, platzte sie heraus. Es war eine dieser typischen Bemerkungen, die ihr schon über die Lippen kamen, während sie noch darüber nachdachte.

Er sah nicht auf seine Füße, sondern strich mit den Fingerspitzen über seine Wange. »Als Kind erlitt ich eine schwere Polioinfektion. Ich habe nur knapp überlebt. Das sind alles Folgen davon.« Sein Nicken schloss das untere Ende seines Körpers ein.

»Wie grausam! Das tut mir sehr leid.«

»Ich komme zurecht.«

»Für deine Eltern muss das bestimmt auch furchtbar gewesen sein.« Sie wollte nicht insistieren, nur ihre Zuwendung ausdrücken.

»Es gab Schlimmeres für sie.«

»Wie bitte?«

Fernando sah sie an, dann in das Feuer. Seine Züge verhärteten sich, wurden nach ein paar schweren Atemzügen jedoch ganz weich. »Mein Vater starb, als ich zehn Jahre alt war.« Jetzt blickte er in Loulous Augen. »Das und die Missachtung meiner belgischen Großeltern waren die größte Tragödie, die meine Eltern erlebten. Der Vater meiner Mutter war ein vermögender Reeder, mein Papa nur ein einfacher spanischer Schneider.«

Über derartige Familienkonstellationen wurden Filme gedreht und Romane geschrieben, aber Loulou hatte dergleichen nie erlebt. Sie konnte sich nur vage vorstellen, wie sehr die Geschichte seiner Eltern Fernando geprägt haben mochte. Aber sie fühlte mit ihm den Schmerz einer großen Liebe, die so unglücklich endete, und wusste sehr wohl, was ein abwesender Vater für ein

Kind bedeutete. Jetzt verstand sie, warum Fernando so viel lieber über die Familien von Yves Saint Laurent und Karl Lagerfeld gesprochen hatte als über die eigene. Und sicher wollte er, dass der Name Sánchez durch seine Arbeit die Anerkennung erhielt, die seinem leiblichen Vater versagt geblieben war.

»Ich mag dich, Fernando, ich mag dich sehr.« Wieder sprach sie, ohne darüber nachzudenken, spontan aus, was ihr durch den Kopf ging.

Er streckte die Hand nach ihr aus. »Ich dich auch, Loulou.«

Die Musik endete, und mit einem Mal war es still in seinem Salon, nur das Knistern des Feuers und das Trommeln der Regentropfen an den Fenstern waren wie Untermalungsmelodien der ungewöhnlichen Schwermut, die ihn kurz erfasst hatte. Doch plötzlich meinte er lachend: »Bevor wir uns jetzt wie die Hauptdarsteller in einem Film von Louis Malle zu Tode langweilen, werde ich Pierre anrufen und mich nach Yves' Plänen für heute Nacht erkundigen.«

»Gute Idee«, stimmte sie zu, streckte sich auf dem Sofa jedoch lang aus, als wollte sie einschlafen. Sie sah an die Decke, wo die Schatten tanzten, und dachte daran, wie groß ihre Gemeinsamkeiten mit Fernando waren. Da war nicht nur die optische Ähnlichkeit ihres Lockenschopfs. Sie besaßen Charaktereigenschaften, die sich ebenso glichen: Ihre Fröhlichkeit war dieselbe, die gute Laune, die sie beide verbreiteten. Auch diese spontane Aufbruchstimmung nach einem Ausflug in die Schwermütigkeit. Anders als etwa Yves schien Fernando niemals von seiner Traurigkeit gefangen genommen zu werden. Das entsprach durchaus auch Loulous Lebenseinstellung.

Zu ihrer eigenen Überraschung ertappte sie sich bei dem Wunsch, dass es wundervoll wäre, wenn Fernando nicht nur Männer, sondern auch eine Frau lieben könnte …

*

Loulou hatte sich mit Marisa Berenson, einer der beiden Enkelinnen von Elsa Schiaparelli, zum Mittagessen verabredet. Sie kannten sich bereits aus New York, und da sich Marisa wieder in Paris in der alten Wohnung ihrer Großmutter aufhielt, war die Gelegenheit für ein Treffen günstig.

Marisa, genauso alt wie Loulou, war eines der weltweit gefragtesten Models und auch vom Haus Yves Saint Laurent für die Modewoche gebucht worden. »Du musst unbedingt kommen«, beschwor sie Loulou. »Sag Yves oder Pierre oder am besten beiden, sie sollen dir einen Platz ganz vorn reservieren. Das wird ein großer Spaß!«

Die Antwort hätte lauten sollen, dass sie nach London fahren musste. Doch Loulou versprach, die Modenschau zu besuchen. Gleichzeitig beschloss sie, Fernando zu fragen, ob sie noch so lange bei ihm bleiben könne. Sie war sicher, dass er nichts dagegen hatte. Alles andere hätte ihr Herz gebrochen. Aber als selbstverständliche Mitbewohnerin wollte sie sich gerade deshalb nicht präsentieren.

Als sie die Wohnungstür aufschloss, hallten ihr Diana Ross & The Supremes entgegen. Sie rief nach Fernando, erhielt jedoch keine Antwort, weshalb sie sich auf die Suche nach ihm begab. In seinem Ankleidezimmer wurde sie fündig: Fernando zwischen einem Berg von schwarzen Hemden und Shirts.

»Was tust du da?«, erkundigte sich Loulou erstaunt. »Mistest du aus?«

Er lachte. »Ich überlege mir, was ich einpacken soll.«

»Oh! Du fährst weg …?«, kommentierte sie zögernd. Wenn Fernando verreiste, könnte sie vielleicht seine Wohnung einhüten. Andererseits verspürte sie wenig Lust, hier ganz allein zu leben, ohne ihn. Ohne die häufige Gegenwart ihrer gemeinsamen Freunde, die am Ende aber doch mehr seine Freunde waren. Diese Vorstellung gefiel ihr ganz und gar nicht.

»Komm mit mir«, unterbrach er ihre düsteren Gedanken.

»Was? Wohin?« Sie nahm sich nicht die Zeit, sich über seinen Vorschlag zu freuen, zu verwirrt von der Situation.

Aus Fernandos Lachen wurde ein Strahlen. »Ich habe ein Angebot von Warner's bekommen, dem größten Unternehmen für die Herstellung und den Vertrieb von Unterwäsche in den Vereinigten Staaten! Deshalb werde ich für eine Weile nach New York gehen müssen.«

»Wow!« Loulou war beeindruckt. »Die bringen deine Kollektionen in alle Kaufhäuser, und du wirst ziemlich viel Geld verdienen.«

»Nach meiner Arbeit für Dior und Nina Ricci ist das … hm … anders …«, meinte Fernando nun ernsthafter. Er faltete ein Hemd zusammen und legte es zu dem Stapel in seinem Schrank. »Ich hoffe, dass ich durch Warner's die finanzielle Grundlage für mein eigenes Atelier schaffen kann. Wir hatten es uns immer so vorgestellt: Yves und Karl machen die Mode für den Tag und den Abend – und ich für die Nacht.« Er sah sie, um Zustimmung bittend, an.

»Ja, klar, dann fliegen wir eben zusammen nach Hause …« Sie umarmte ihn mit stürmischer Herzlichkeit.

Erst ein paar Atemzüge später wurde sie sich der Tragweite ihres Versprechens bewusst. Warum war ihr die Zusage so rasch über die Lippen geflossen? Sie hatte nicht nachgedacht, über ihre ungewöhnliche Formulierung ebenso wenig wie über ihr Ziel. New York im Winter war frostig und häufig ungemütlich. In Begeisterungsstürme hätte sie ein Flug nach Marrakesch ausbrechen lassen sollen, aber doch nicht eine Reise nach Manhattan. Außerdem: Rechtfertige der Wohnort ihrer Mutter den Begriff von Heimat? Loulou besaß ja nicht einmal ein eigenes Bett in New York. Bis zu ihrer Trennung von Desmond war London so etwas wie ihr Zuhause gewesen, aber seitdem fühlte sie sich entwurzelt. Im Kreis ihrer neuen Freunde hatte sie sich in Paris sehr wohlgefühlt – wenn sie fortging, war auch das vorbei. Plötzlich fiel ihr das Marisa gegebene Versprechen ein.

»Aber bald ist Yves' Haute-Couture-Präsentation! Meinst du, es tut ihm gut, wenn einer seiner besten Freunde in diesem Moment aus seinem Leben verschwindet?«

»Liebste Loulou, ich bin nicht aus der Welt. Und du auch nicht! Im Übrigen ist mein Flug erst nach der Modewoche geplant. Ich muss meine eigene Arbeit hier doch auch noch beenden. Die einzige Sorge, die du dir machen solltest, ist, dass du in derselben Maschine einen Platz bekommst, auf die ich gebucht bin.« Er strahlte sie an – und sie nickte.

Sie war nicht vollständig überzeugt, dass es die beste Idee war, mit ihm nach New York zurückzukehren. Aber sie wollte Fernando nicht enttäuschen.

1969

Paris

31

Das Gebäude, in dem sich seit sieben Jahren das Modehaus Yves Saint Laurent befand, war um die Jahrhundertwende der Wohnsitz des damals bekannten Malers Jean-Louis Forain gewesen, und es lag an der Rue Spontini, einer schmalen Querstraße zwischen der Avenue Foch und der Avenue Victor Hugo. Hier war eine reine Wohngegend, weiter vom Étoile, von der Innenstadt und dem magischen Dreieck der bekannten Couturiers entfernt als vom Bois de Boulogne, deshalb war die gewerbliche Miete relativ günstig. Und obwohl recht klein, verfügte das Hôtel Forain über alles, was ein Modeschöpfer brauchte: Helligkeit, ausreichend Platz für das Atelier, Büros, Vorführräume und sogar einen großen Salon, der zweimal im Jahr für die Haute-Couture-Schauen reserviert war.

»Bei seiner Besichtigung war Yves überzeugt, dass ihm das Haus Glück bringen würde«, berichtete Betty Catroux, als sie mit Paloma und Loulou von einem Chauffeur in Pierres Rolls-Royce durch den morgendlichen Berufsverkehr gefahren wurde. »Im Keller fand er zufällig eine Spielkarte. Es war die Kreuz-Zehn, seine Glückskarte. Damit war die Zukunft besiegelt.«

»Anscheinend geht es Yves häufig so«, sagte Paloma lächelnd.

»Pierre hat mir erzählt, dass Yves auch in Marrakesch der Meinung war, in Dar el Hanch wohne das Glück. Diesmal war es keine Spielkarte, sondern das Licht. Wenn die beiden in zwei Wochen nach Marokko fliegen, werde ich mich wohl anschließen, um mich selbst von der Seligkeit zu überzeugen.«

Loulou wurde einer Antwort enthoben, da der Wagen in die Rue Spontini einbog, wo offenbar ein größeres Verkehrschaos herrschte als auf den Champs-Élysées. Es ging nur noch im Schritttempo voran, und das für Paris übliche Hupkonzert begleitete das Defilee bis zu Hausnummer dreißig. Dieses war ein unprätentiöses und für hiesige Verhältnisse mit nur drei Stockwerken relativ niedriges Gebäude. Der rote Teppich, den man über den Bürgersteig gerollt hatte, wies als einziges Requisit auf die Exklusivität des Ortes hin. Über den schritten nun die Gäste, die von den Autos ausgespuckt wurden. Da sie warten mussten, bevor sie an die Reihe kamen, hatte Loulou ausreichend Zeit, sich die Damen anzusehen, die meist auf hohen Absätzen zu dem Eingang stöckelten, wo sie bei einem Sicherheitsdienst ihre Einlasskarten vorzeigten. Fast alle trugen einen Pelzmantel, Nerz, Ozelot oder Fuchs, aber manche auch einen Ledermantel, wie Yves ihn in seiner Herbst/Winter-Kollektion gebracht hatte. Neben dem Teppich wartete eine Handvoll Fotografen, die die Ankömmlinge ablichteten. Bei prominenten Gesichtern gab es Gedränge, die anderen wurden weniger begeistert aufgenommen.

Als Betty, Paloma und Loulou ausstiegen, klickten die Auslöser der Kameras wie ein Maschinengewehrfeuer. Loulou war sich bewusst, dass sie als Person zu unbekannt war, ihre und Palomas Garderobe sich allerdings auffallend von den anderen Kleidungsstücken unterschied. Betty trug wie immer Yves Saint Laurent, Loulou und Paloma ihre Teile von den verschiedenen Flohmärkten. Damit bildeten sie ein ebenso ungewöhnliches wie attraktives Dreiergespann, das durch ihre blonden, schwarzen und kupferroten Haare noch unterstrichen wurde. Die Musen des Künstlers sorgten zweifellos für Aufsehen – und genau das hatte Yves vermutlich beabsichtigt, als er Loulou bat, in ihrem gewohnten Stil zu erscheinen. Er besaß ein außergewöhnliches Gespür für die richtige Strategie zur rechten Zeit. Beeindruckend, dachte Loulou, während sie den beiden anderen Frauen in das Hôtel Forain folgte.

Ihre Plätze am Laufsteg waren in der ersten Reihe reserviert. Der Stuhl neben Loulou war unbesetzt, und sie dachte nach einer Weile, das würde so bleiben, doch dann hastete ein Mann an ihre Seite. Er wirkte ein bisschen wie ein junger Clark Gable und hatte seinen Schal verwegen um den Hals geschlungen, in den Händen hielt er das Werkzeug eines Zeichners. Er sah sie neugierig an, dann schien er wie vom Donner gerührt.

»Hi!«, grüßte er auf Englisch. »Ich glaube, wir kennen uns.«

»Tatsächlich?«

»Sind Sie nicht Louise, die Tochter von Maxime de la Falaise?«

Loulou hatte fast vergessen, wie es war, auf ihre Mutter reduziert zu werden. In den vergangenen Wochen war sie von ihren neuen Freunden als eigenständige Persönlichkeit akzeptiert worden. Sie lächelte gezwungen. »Ja, das ist richtig«, erwiderte sie höflich.

Er streckte ihr seine Hand entgegen, wobei der Skizzenblock ins Rutschen kam. Er klemmte ihn fester unter seinen Arm und sah dabei ziemlich komisch aus. Loulou ergriff lachend seine Rechte.

»Ich bin Joe Eula. Wir sind uns bei Andy Warhol begegnet.«

»Sehr erfreut.« Bedauerlicherweise konnte sie sich noch immer nicht erinnern. Dennoch fügte sie hinzu: »Meine Freunde nennen mich Loulou.« Die meiner Mutter aber eigentlich nicht, fuhr es ihr durch den Kopf. Mit Ausnahme ihrer *Familie* in Paris. Bei dem Gedanken schmunzelte sie.

Joe Eula nickte ihr freundlich zu, dann wich sein höfliches Interesse jedoch der Professionalität. Er setzte sich auf seinen Stuhl und platzierte Block und Stifte griffbereit auf den Knien. Ohne Zweifel handelte es sich bei ihm um einen der Zeichner, die für Zeitungen oder Magazine die neuen Kollektionen festhielten, denn Fotos waren während der Schauen meist nicht erlaubt.

»Für wen arbeiten Sie?«, erkundigte sich Loulou.

»Heute für die *New York Times* und *American Vogue*, manchmal für *Harper's Bazaar*. Im Auftrag des *New York Herald Tribune* war ich damals bei Yves Saint Laurents erster Show. Das war achtundfünfzig, als er bei Christian Dior begann, und ich habe ihn auf jedem seiner Schritte in die Eigenständigkeit bis heute begleitet.«

»Großartig«, antwortete Loulou. Sie empfand es tatsächlich so, und sie war auch auf gewisse Weise von der Arbeit beeindruckt, die der Illustrator leistete. Natürlich war ihr die Aufgabe der Zeichner bekannt, aber zum ersten Mal machte sie sich ernsthaft Gedanken darüber. Ungewöhnlich neugierig platzte sie heraus: »Ist es nicht auf Dauer ziemlich eintönig, immer nur die Kreationen anderer festzuhalten?«

»Nicht wenn man auch mal eigene Designs umsetzt.«

»Oh!« Sosehr sie sich bemühte, sie hatte noch nie von seiner Mode gehört.

Er bemerkte ihre Verunsicherung und sagte: »Gelegentlich arbeite ich auch am Broadway. Kostüme, Bühnenbild, so etwas – Sie wissen schon.«

Sie wusste es nicht, versprach aber: »Wenn ich wieder in New York bin, werde ich mich nach einer Produktion umsehen, zu der ich Ihren Namen finde.«

»Demnächst wird *Private Lives* am Billy Rose Theatre wieder aufgenommen. Rufen Sie mich an, wenn Sie zu Hause sind, und ich lasse Karten für Sie reservieren.«

Zu Hause. Es war der Begriff, mit dem Loulou so fremdelte, der ihr aber wieder einmal klarmachte, wohin sie wohl eigentlich gehörte. »Ja. Danke. Das wäre nett.«

Die Modenschau begann mit einer kurzen Begrüßung der Gäste durch Pierre und einem darauffolgenden noch verhaltenen Applaus. Eine nach der anderen traten die Mannequins aus dem Schatten des Torbogens, der den Salon und das Publikum von den Ankleideräumen trennte. Irgendwo da hinten wartete auch Yves darauf, wie seine neue Kollektion aufgenommen würde. Loulou wünschte, sie könnte an seiner Seite sein, seine Nervosität mit ihrer Fröhlichkeit lindern. Aber natürlich war es aufregend, seine Kreationen auf diese Weise zu bewundern.

Seine Entwürfe für das Frühjahr und den Sommer waren eine Hommage an die Zwanzigerjahre. Yves hatte sich von den Herrenanzügen inspirieren lassen, die Marlene Dietrich zu Beginn ihrer Karriere ebenso salopp wie elegant trug. Seine kniekurzen Kleider waren mit Fransen besetzt, die langen Modelle wallten in zarten, einfarbigen Stoffbahnen um die Körper der Vorführdamen. Dagegen waren die aus Patchwork gefertigten oder großzügig mit Blumen bedruckten Abendroben wie ein buntes Feuerwerk. Loulou lächelte, weil das so gut zu ihrem Stil passte. Sie war allerdings nicht überrascht: Yves hatte ihr verraten, dass er sich von Ossie Clark inspirieren ließ.

Am Ende trat die obligatorische Braut vor – und verursachte nicht nur verblüffte Ahs und Ohs, sondern einen kleinen Skandal, der sich durch die Unruhe entwickelte, die plötzlich über den Zuschauerinnen und Zuschauern lag. Das Hochzeitsgewand war aus vielen farbigen Stoffmustern gefertigt, die aneinandergenäht einen bauschigen Rock, ein schmales Oberteil und weite Ärmel ergaben. Nicht einmal den traditionellen weißen Schleier hatte Yves seiner Kreation gelassen; zu seinem Brautkleid dieser Saison gehörte ein großes farbiges Kopftuch, das wie von einer Bauernmagd unter dem Kinn gebunden worden war. Großartig, lobte Loulou still und hob die Hände, um Beifall zu klatschen.

In den Schlussapplaus trat Yves vor. Er trug einen Anzug, ein weißes Oberhemd und eine dunkle Krawatte und wirkte im ersten Moment wie der verlegene Streber, der vor der versammelten Klasse ein Zeugnis entgegennahm. Doch mit jedem Schritt wurde aus dem Schuljungen ein selbstbewusster Modeschöpfer, der sich schließlich vor seinem Publikum verbeugte. Seine blauen Augen leuchteten hinter der Brille, er lächelte, und in jeden seiner Züge stand das Glück geschrieben, das er in diesem Moment wohl empfand.

*

Als Loulou in Fernandos Wohnung zurückkam, war er nicht da. Eigentlich hatte sie vor, sich ein wenig hinzulegen, die Nacht würde lang werden, wenn sie den Erfolg der Schau zu später Stunde feierten. Nach dem Mittagessen mit seinen Mannequins, Mitarbeitern und engsten Freunden gab Yves gerade Interviews, und Pierre nahm die ersten Bestellungen auf, während Loulou sich den Luxus des Nichtstuns leisten durfte.

Zufällig blickte sie auf den Schreibtisch in ihrem Zimmer – und auf das Stillleben, das Fernando dort arrangiert hatte: eine in verschiedenen Blautönen mit roten Elementen gehaltene Keramikschale aus Spanien, darin ein Apfel und zwei Orangen.

Loulou sah dieses Bild seit Wochen jeden Tag mehrmals, aber es hatte sie noch nie inspiriert. Im fahlen Licht des Winternachmittags leuchteten die Farben wie ein bunter Fleck auf einer alten schwarz-weißen Fotografie. Oder wie der rote Rock der *bösen Lulu* in Yves Saint Laurents Comics.

Bei intensiverer Lektüre hatten sich Yves' Geschichten als nicht mehr ganz so witzig erwiesen, aber als Zeichnungen waren sie sehr gut. Wie gelang ihm das nur? Wie hatte es Joe Eula vorhin geschafft, die Kleider und Hosenanzüge quasi eins zu eins wiederzugeben? Aber wie war es möglich, vor einem Blatt zu sitzen, den Bleistift in der Hand, und nicht nur das Gesehene zu malen, sondern der eigenen Kreativität Ausdruck zu verleihen?

Spontan setzte sie sich an Fernandos Schreibtisch. Sie wusste, wo er Papier aufbewahrte und Zeichenstifte. Nachdem sie beides vor sich ausgebreitet hatte, beschloss sie, einen eigenen Entwurf zu entwickeln. So schwer konnte das nicht sein, sie hatte viele Ideen.

Doch plötzlich irrten Fragen durch ihren Kopf: Was wollte sie kreieren? Wie sollte sie ihre Gedanken umsetzen? Welchen Weg nahmen die von ihrem Hirn zu ihrer Hand?

Sie starrte auf die Obstschale und legte den Stift fort, arrangierte Apfel und Orangen nach einem anderen Muster. Da die winterliche Dämmerung früh einsetzte, knipste sie die Schreibtischlampe an. Doch die Lichtpunkte veränderten das reale Bild vor ihr und forderten ihre Fantasie heraus. Sie schaltete die Lampe aus, dann wieder an, schob sie hin und her.

Nach einer Weile beschloss sie, erst einmal eine Figur zu zeichnen. Meine Güte, so schwer konnte das doch nicht sein!

Es war schwer!

Loulous ersten Versuchen fehlten die Proportionen, die sie vorhin auch an Joe Eulas Zeichnungen bewundert hatte. Sie wusste ja von ihrem Gespräch neulich, dass Yves bis zu zweihundert Entwürfe für jede Kollektion zeichnete. Die Zahl hatte sie beeindruckt, aber sie hatte sich nicht einmal Gedanken über die harte Arbeit dahinter gemacht. Yves war wirklich ein Genie, daran gab es nichts zu diskutieren. Sie hatte Fernando nicht gefragt, wie viele Teile er pro Saison entwarf, in diesem Moment wurde sie sich aber bewusst, dass es ebenfalls ziemlich viele Skizzen sein mussten.

Sie begann Kreise zu malen, Verbindungsglieder, Reihen. Ihr Versuch, eine Kette zu zeichnen, gelang zwar ganz anständig, aber es fehlte die Tiefe, das Dreidimensionale etwa einer Perle. Ihr gelang zwar mehr oder weniger gut der Entwurf an sich, aber das war nichts, woraus ihre Gedanken, ihr Herz und ihre Seele sprachen. Es war kein Design.

Sie griff nach dem Apfel und biss hinein. Dann dachte sie darüber nach, welche Möglichkeiten sie hätte, wenn sie nur zeichnen könnte …

32

Während der Modewoche gehörten die nächtlichen Unternehmungen in den bekannten Diskotheken zum Pflichtprogramm namhafter Einheimischer wie Besucherinnen und Besucher. Loulou hatte das Gefühl, dass es zu später Stunde in und vor den Clubs voller war als irgendwo und irgendwann sonst in der Stadt. Die Lebendigkeit war unglaublich und vielleicht nicht einmal mit dem Auftrieb an Broadway und Times Square vergleichbar.

Auf dem Boulevard Montparnasse herrschte um Mitternacht in Höhe von New Jimmy's ein Verkehrsstau. Vor dem Eingang standen große Gruppen von Schaulustigen, die den Türsteher bedrängten, sodass sogar auf dem breiten Bürgersteig kein Durchkommen war. Wenn sich das Portal wie zu einer märchenhaften Schatzkammer öffnete, drangen ohrenbetäubend laute Musik nach draußen sowie der Zigarettenqualm, der in der Bar über Champagnerkühlern waberte. Die Fans vor der Tür jubelten und kreischten bei jedem Gast, den sie erkannten, andere als berühmte Persönlichkeiten fanden aber ohnehin keinen Einlass, es sei denn, sie gehörten zur Entourage der Prominenz und standen deshalb in der Liste der Verzückung ebenfalls ganz oben. Hinter diesen Auserwählten schloss sich die Tür wieder, der Zerberus wimmelte jeden Eindringling ab, und keiner davon kannte eine Formel wie »Sesam, öffne dich!«.

Unfassbar elegant gekleidete Gäste rissen sich zu später Stunde die Haute Couture vom Leibe und bewegten sich im Takt der Songs auf den Tischen. Yves gehörte mit seinen Freunden zu den

Stammgästen, für ihn war stets eine Nische reserviert. Diese hatte den Vorteil, dass man sich trotz des Lärms mehr oder weniger verständlich unterhalten konnte, aber vor allem, dass Yves verborgen vor den Blicken Fremder war, wenn er es wollte. Anders als in seinem privaten Umfeld, wo er sich gelöster und höchstens ein wenig nervös verhielt, wirkte er in den Nächten in der noblen Diskothek überaus scheu. Loulou verstand diese Schüchternheit, die hatte sie so lange selbst begleitet, und wenn sie neben ihm saß, trank und rauchte, versuchte sie, ihm die Befangenheit zumindest mit ihrem Lachen, wenn nicht durch Worte zu nehmen. Sein stilles Schmunzeln war wie eine laute, erlösende Antwort.

Heute war ihm nach einer Plauderei: »Kennst du eigentlich Rudolf Nurejew?«

Der von Rhoda beschlossene Ballettunterricht hatte Loulou mehr als nur geschmeidige Beweglichkeit gebracht. »Meinst du den Partner von Margot Fonteyn beim Royal Ballet in London? Ich habe die beiden in Covent Garden in *Schwanensee* erlebt.«

»Wir sind gute Freunde«, sagte Yves mit einem stolzen Lächeln.

»Yves hat für Rudolf Nurejew Kostüme und Bühnenbilder entworfen«, mischte sich Pierre ein. »Mit der Arbeit an *Das verlorene Paradies* hat er völlig neue Maßstäbe gesetzt.«

»Es ist ein großes Glück, dass Rudolf in den Westen fliehen konnte«, meinte Yves. Er blickte sich suchend um, dann fügte er mit einem dramatischen Unterton hinzu: »Clara muss dir bei Gelegenheit erzählen, wie sie ihn dem Moskauer Kirow-Ballett entrissen hat.«

Loulou sah ihn verständnislos an. Clara und Betty befanden sich gerade auf der Tanzfläche, aber weiter konnte sie nicht folgen.

Offenbar bemerkte Pierre ihre Verwirrung, denn er erklärte: »Rudolf sollte nach einem Gastspiel hier in Paris auf Anweisung der sowjetischen Parteiführung früher als das restliche Corps nach Moskau zurückfliegen. Ihm graute vor der Rückkehr.

Natürlich stand er unter ständiger Beobachtung, aber es gelang ihm, vom Flughafen Le Bourget aus bei Clara anzurufen. Sie war eine der wenigen Personen außerhalb der Truppe und der Aufpasser, die er hier hatte kennenlernen dürfen.«

»Aha«, sagte Loulou.

»Rudolf rief Clara also an, und sie setzte alle Hebel in Bewegung, um für seinen Verbleib in Frankreich zu sorgen«, fuhr Pierre fort. »Das war schon eine Leistung, denn die Zeit bis zu seinem Abflug war knapp. Aber Clara steigerte sich noch, indem sie ihn persönlich mit ihrem Auto in Le Bourget abholte und in die Stadt zurückfuhr, sowjetische Spione im Nacken.«

Im Kino hatte Loulou genug Agentenfilme mit James Bond und Emma Peel gesehen, um sich die gefährliche Aktion vorzustellen, der sich eine junge Frau aussetzte, die einen Künstler vor der Rückkehr hinter den Eisernen Vorhang rettete. Dass Clara Saint eine taffe Person war, hatte Loulou inzwischen natürlich beobachtet, aber so viel Mut und Durchsetzungskraft hatte sie ihr nicht zugetraut. »Aber es ist alles gut ausgegangen, ja?«, wollte sie atemlos wissen.

»Natürlich«, erwiderte Yves. »Ich bedaure, dass Rudolf erst nächste Woche nach Paris kommt, sonst wäre er hier bei uns. Du wirst ihn kennenlernen, Loulou, und er wird dir gefallen. Wir treffen uns alle im Ritz, wenn Talitha und Paul Getty auf der Durchreise von Südasien nach Marrakesch sind.«

Bei dem Klang der vertrauten Namen setzte sich Loulou automatisch gerader.

Überraschenderweise war es der sonst so schweigsame Thadée, der sie fragte: »Du bist doch dann noch in der Stadt, oder?«

Sie nahm seine Gegenwart als eine gewisse Selbstverständlichkeit. Die auf ihr ruhenden Blicke, bei denen sie ihn hin und wieder zufällig ertappte, fand sie amüsant. Sie wusste, dass das nichts bedeutete, weil Thadée und Clara schon lange ein Paar waren. Es fühlte sich alles leicht an, und der Umgang mit ihren neuen Freunden war unbeschwert, auch dieser kleine Flirt. Deshalb strahlte sie ihn an. »Dieses Treffen lasse ich mir keinesfalls entgehen.«

*

Das Ritz an der Place Vendôme war eines der elegantesten und berühmtesten Hotels von Paris. Der legendäre Ruf war auch von Gabrielle Chanel geprägt worden, die seit über vierzig Jahren eine Suite bewohnte. Die inzwischen fünfundachtzigjährige Ikone ging von hier aus täglich in ihr praktisch nebenan gelegenes Atelier, eine bewundernswert agile Person, wie Loulou hörte. Yves verehrte Mademoiselle Chanel sehr, im vorigen Jahr hatte er eine Kollektion als Hommage an Coco entworfen. Angeblich sah man die alte Dame gelegentlich im Restaurant, an diesem Abend ließ sie sich jedoch nicht blicken.

Für reichlich Glanz war trotzdem gesorgt. Talitha und Paul Getty hielten Hof wie einst die gekrönten Häupter, die vor dem Ersten Weltkrieg im Ritz abgestiegen waren. Yves Saint Laurent und Rudolf Nurejew verkörperten den aktuellen Starkult. Umrahmt wurden diese Gäste wie ein wunderschönes Gemälde von einem wirkungsvollen Rahmen, den Pierre, Betty, Loulou und Fernando sowie Clara und Thadée darstellten. Als sie an einem der großen runden Tische im Restaurant saßen und ein vorzügliches *Diner* genossen, waren sie gewiss der Mittelpunkt der ansonsten ebenfalls illustren Klientel.

Von ihrem ersten Hallo an spürte Loulou eine seltsame Tristesse, die auf Talitha lag. Trotz der Geburt ihres Sohnes schien ihre Freundin unglücklich zu sein. Dabei sah sie atemberaubend glanzvoll aus in dem mit goldenen Pailletten üppig bestickten Kaftan. Bei jeder ihrer Bewegungen sprühten die kleinen Plättchen im Licht der Kerzen und Kronleuchter Funken. Das Glitzern lenkte von Talithas schönem Gesicht ab, und als Loulou sie intensiver ansah, bemerkte sie, dass genau das beabsichtigt war: Auf der einst ebenmäßigen, alabastergleichen Haut breiteten sich etliche entzündete Pickel auf Stirn und Wangen aus, die nur unter einer dicken Schicht Make-up mehr oder weniger verborgen blieben. Schnell senkte Loulou ihren Blick. Sobald sie die Gelegenheit fand, würde sie Talitha nach ihrer Befindlichkeit fragen. Sorgen machte sie sich allemal.

Sie ließ sich gerne von Rudolf Nurejew ablenken. Der Tänzer war ein attraktiver Mann, der wie eine Ergänzung zu Yves' Erscheinungsbild passte. Nurejews Lebendigkeit bildete einen angenehmen Kontrast zu Yves' Schüchternheit, er plauderte in einem leicht gefärbten, aber vorzüglichen Englisch über das Ballett und seine Förderer, über die aktuelle Mode und moderne Musik. Seinen bildhaften, von vielen Gesten unterstrichenen Erzählungen zuzuhören kam Loulou wie ein Kinobesuch vor.

»Entschuldigt mich bitte einen Moment«, sagte Talitha und schob ihren Stuhl zurück. Die Herren am Tisch erhoben sich leicht, und ein Kellner eilte herbei, um der Dame behilflich zu sein.

»Ich komme mit«, verkündete Loulou rasch und stand ebenfalls auf. Offenbar klang sie so entschieden, dass weder Betty noch Clara auf den Gedanken kamen, sich ebenfalls als Begleitung anzudienen.

Die Teppiche im Restaurant schluckten ihre Schritte, auf dem Marmorboden hinter der Eingangstür klapperten ihre Absätze in der Hotelhalle. Loulou und Talitha folgten in stummem Einvernehmen der Beschilderung zu den Erfrischungsräumen für die Damen. Erst als sich die schwere Tür zu der in Cremebeige gehaltenen verspiegelten Garderobe hinter ihnen schloss und Loulou sich vergewissert hatte, dass außer ihnen kein anderer weiblicher Hotelgast auf der Toilette war oder sich die Nase pudern musste, brach es aus ihr heraus: »Talitha, geht es dir nicht gut?«

Ihre Freundin sank auf einen der zierlichen Hocker vor den Schminktischen. »Ach, Loulou …«

Zu ihrem Entsetzen bemerkte Loulou ein Zittern von Talithas Händen und dass sich Talithas mandelförmige Augen mit Tränen füllten. Wo war ihr Selbstbewusstsein hin? Diese ansteckende Zuversicht? Loulou ging neben ihr in die Knie und umfasste ihre Finger. »Hat dich die Geburt so mitgenommen?«

»Es sind nicht die Hormone. Es sind die Drogen.«

»Aber das bisschen Gras …«

»Ich rede von Heroin, LSD, all dem Zeug«, erwiderte Talitha bestimmt, und in ihrer Stimme schwang eine unbekannte Schärfe. Sie schüttelte den Kopf und fuhr wie zu sich selbst fort: »Paul und ich wollten immer nur glücklich sein, Liebe und Frieden empfinden. Wir waren überzeugt davon, dass alles möglich ist, solange wir erst unser Bewusstsein erweitern.« Sie sah Loulou in die Augen. »Wenn du Heroin spritzt, fühlst du dich so euphorisch, dass du überzeugt bist, die ganze Welt retten zu können. Alles scheint möglich.«

Loulou sank ein wenig in sich zusammen. Sie nickte. Mehr als einmal war ihr die Wirkung diverser härterer Rauschmittel erklärt worden, doch ihr hatten bisher der eigene Humor und andere, leichtere Substanzen über schwierige Phasen hinweggeholfen. Ihre Fantasie war groß genug, sie brauchte keine Hilfsmittel. Sie wusste aber auch um die fürchterlichen Nebenwirkungen beim Absturz der Drogenabhängigen, sobald die Wirkung nachließ. Brian Jones war eines der erschreckendsten Beispiele, denen sie begegnet war. Durch ihn wusste sie aber auch, dass die Zeitabstände zwischen Einnahme und Entzugserscheinung im Lauf der Zeit immer kürzer wurden. War das der Grund für die Schwermut der Gettys, die an diesem Abend von Anfang an zu spüren gewesen war?

»Habt ihr Probleme?«

»Paul ist vollkommen abhängig geworden«, gestand Talitha. »Wir haben in Thailand und auf Bali alles probiert, was angeboten wurde. Es war eine interessante Erfahrung, ich bin aber nicht so anfällig dafür wie er. Mich machen die Drogen auf Dauer nicht glücklich, ein Cocktail schmeckt wenigstens besser.«

Unwillkürlich überlegte Loulou, was es kosten mochte, *alles* zu kaufen, was es auf dem Markt gab. So reiche Leute wie die Gettys hatten es sicher leichter, zu probieren, was ihnen gefiel. Andererseits mochte es schwerer sein, davon Abstand zu nehmen, wenn die Finanzen keine Rolle spielten. Dann dachte sie an ihre Freunde in London, Musiker wie Modeschöpfer, die ziemlich viele Drogen probierten, um den öffentlichen Druck und ein naturgegebenes Leistungslimit auszuhalten, verbunden mit der Suche nach grenzenloser Kreativität und der Hoffnung auf nicht endende Stunden.

»Ist es wirklich so schlimm?«, wollte Loulou schließlich wissen. Sie fühlte sich unendlich hilflos, obgleich voller Sorge um die Freundin.

Talitha hielt ihre Hände so fest, dass es wehtat. »Ich bin froh, dass du mit mir gekommen bist. Ich fühle mich ständig verfolgt und bedroht …«

»Aber doch nicht auf der Toilette des Ritz!«

Still zuckte Talitha mit den Schultern.

»Pudere deine Nase, und dann gehen wir zurück ins Restaurant«, schlug Loulou sachlich vor. Wenn sich Talitha im Erfrischungsraum nur in ihrer Begleitung sicher fühlte, war es wohl besser, sie begaben sich rasch wieder in die Gesellschaft ihrer Freunde.

»Ja …« Talitha lächelte traurig. »Schau dir mein Gesicht an, ungeschminkt kann ich gar nicht mehr sein.«

Loulou hätte ihr gerne gesagt, dass es nicht so schlimm war. Aber die Pickel waren entsetzlich!

»Marokkanische Sonne und der Wüstenwind werden dir bestimmt guttun«, behauptete sie. »Ich bin sicher, in Marrakesch wird alles gut werden.« Sie war tatsächlich überzeugt davon, dass sich im Land ihrer Träume alles, was einen Menschen zu zerstören drohte, in einem Wunder auflöste.

»Ja …«, wiederholte Talitha so vage wie zuvor. Doch mit plötzlich erwachendem Enthusiasmus fügte sie hinzu: »Ich werde Paul einen Entzug anbieten. Den sollten wir beide machen. Das wird am besten für uns sein, oder?«

»Sicher …«

»Ja«, sagte Talitha zum dritten Mal. Dann ließ sie Loulous Hände los, richtete sich auf und straffte die Schultern.

Als die beiden zurück an den Tisch kamen, wirkte Talitha, als wäre sie von einem Sonnenstrahl erfasst worden. Nicht nur ihr Kleid glänzte, sie leuchtete von innen, so wie früher. Sie plauderte mit erwachter Energie, flirtete sogar ein wenig mit Nurejew. Loulou war sich nicht sicher, wie lange dieses heitere Gefühl bei Talitha anhalten würde, aber es stand in deutlichem Kontrast zu der grauen Vision seiner selbst, die Paul abgab.

Nach Dessert und Mokka beschloss die kleine Gesellschaft, zu Régine aufzubrechen. Loulou wusste nicht genau, wessen Idee der Besuch der Diskothek war, aber sie hielt es für einen gelungenen Ausklang dieses Abends. Vor allem amüsierte sie der Gedanke, bald die Bewegungen eines berühmten Balletttänzers unter der sich im Rhythmus der Popmusik drehenden Spiegelkugel beobachten zu dürfen.

Es war eine kalte Nacht. Über der Place Vendôme breitete sich ein Sternenzelt fast wie über Nordafrika aus. Selbst die Straßenbeleuchtung und die Lampen, die aus den Fenstern der prächtigen klassizistischen Gebäude nach draußen schienen, störten das Himmelslicht nicht. Nur wenige gelbe Scheinwerfer vorüberfahrender Autos glitten über das Straßenpflaster und die Fassaden. Unter dem Baldachin vor dem Hotelportal warteten Loulou und ihre Freunde auf die nötigen Taxis, die zehn Personen in den nicht weit von hier entfernten Nachtclub nahe dem Kreisverkehr der Champs-Élysées bringen sollten.

Nurejew sprach leise mit Talitha und Yves. Sie lachte – und im nächsten Moment sprang der Ballettstar auf die Kopfsteine. Er sprang mit dem rechten Fuß ab und warf gleichzeitig das linke Bein in die Luft.

Ailes de Pigeon, fuhr es Loulou automatisch durch den Kopf. Gleichzeitig wunderte sie sich, dass die vor Jahren gelernten Begriffe aus dem klassischen Ballett noch immer präsent in ihrem Hirn waren.

Fasziniert beobachtete sie die Tanzeinlage. Nurejew präsentierte sein Können auf atemberaubende Weise. Sprünge, Drehungen und selbst Spitzen in seinen Lederschuhen gelangen ihm beeindruckend perfekt. Dabei schien alles leicht zu sein, und nichts erinnerte an das Training, von dem Loulou wusste, dass es hart und blutig war und täglich über Stunden gehen musste, um diese Klasse zu erreichen.

»Das ist eine Kostprobe aus *Petruschka*, dem Ballett von Igor Strawinsky«, sagte Thadée neben ihr. »Rudolf brillierte darin in einer Choreografie von Roland Petit.«

Überrascht wandte Loulou den Kopf. »Danke«, antwortete sie und lächelte ihn an.

Er erwiderte ihr Lächeln – auf eine seltsam eindringliche Art, die sie veranlasste, ihren Blick wieder abzuwenden.

Sie sah zu Yves.

Waren es seine Brillengläser, die das Licht einfingen? Oder funkelten seine sonst häufig traurigen Augen?

Yves stand neben Talitha und verfolgte hingerissen die Privatvorstellung. Er wirkte so glücklich, wie Loulou ihn nur am Ende seiner Präsentation auf dem Laufsteg erlebt hatte.

Ich werde dich vermissen, wenn ich fort bin, rief sie ihm still zu. Und: Ich komme wieder!

London

33

Ein halbes Jahr später stand Desmond hinter der Absperrung in der Ankunftshalle des Flughafens Heathrow. Seine hünenhafte Gestalt überragte die anderen Wartenden, trotz der Augusthitze wirkte er lässig und elegant. Loulou entdeckte ihn, kaum dass sie Passkontrolle und Zoll hinter sich gelassen hatte, während sie noch im Strom ihrer Mitreisenden aus New York langsam in Richtung Ausgang schlappte. Sie hatte ihm zwar ihre Ankunftszeit mitgeteilt, aber erwartet, dass sie sich erst morgen bei dem verabredeten Anwaltstermin wiedersehen würden, nicht, dass er sie abholte. Eine gewisse Aufmerksamkeit hatte ihn schon immer ausgezeichnet, auf Höflichkeit verstand er sich.

Sie stellte sich auf die Zehenspitzen, um ihn auf die Wange zu küssen. »Du siehst gut aus«, sagte sie zur Begrüßung.

»Du auch«, gab er zurück.

Wahrscheinlich hatte er ein anderes Bild von ihr in Erinnerung, dachte sie. Die Blumenkleider waren zwar nicht passé, aber für die Reise trug sie einen Hosenanzug von YSL im Safaristil. Die Strenge nahm sie durch ihre Ketten und Armreife und den bunten Schal, den sie sich als Turban um den Kopf geschlungen hatte. Das war schick, aber auch weit entfernt von dem britischen

Landhauslook, an den sie sich seinetwegen zu gewöhnen versucht hatte.

Verlegen musterten sie einander. Neben ihnen versank ein junges Paar vor lauter Wiedersehensfreude in eine innige Umarmung. Weiter hinten lief ein kleines Mädchen kreischend vor Glück auf seinen Daddy zu. Eine Durchsage kündigte die Landung eines Flugs aus Madrid an, die Frauenstimme drang knarzend durch die Lautsprecher. Irgendwo rief jemand einen fremdländischen Namen, möglicherweise ein Chauffeur auf der Suche nach seinem Fahrgast.

»Wir sollten zum Wagen gehen«, meinte Desmond.

»Ja, natürlich«, stimmte Loulou zu.

Er nahm ihr die Reisetasche ab, und kurz berührten sich ihre Hände.

Wie seltsam, dachte Loulou, dass sie nichts dabei empfand. Kein Knistern, nicht die Erinnerung an die Zärtlichkeiten, die sie ausgetauscht hatten. Es war nichts mehr da. Aber sie fühlte sich Desmond trotzdem verbunden, und wenn sie in sich hineinhorchte, spürte sie den aufrichtigen Wunsch nach der Freundschaft dieses Mannes. Es gab wohl keinen Menschen auf der Welt, dem sie mehr vertraute als ihm. Daran änderte auch die Scheidung nichts, die er anstrebte. Er hatte ihr geschrieben, dass er mit einer gewissen Olda, einer Offizierstochter, eine Frau kennengelernt habe, die er heiraten wolle. Das war kein Problem für Loulou. Um ihn freizugeben, war sie nach London geflogen, morgen würden sie mit ihren Anwälten die juristischen Formalitäten erledigen und damit das Ende ihrer Ehe einläuten.

Still gingen sie nebeneinander in Richtung Parkplatz. Taxis hielten und fuhren an, Busse rumpelten vorbei, dazwischen liefen Reisende über die Zufahrtstraßen. Als ihr das Schweigen zwischen ihnen zu belastend erschien, fragte Loulou leutselig: »Was gibt es Neues in London?«

»Hast du gehört, dass Brian Jones tot ist?«

Das war kein Thema, das ihre Laune hob. »Ja. Natürlich. In Manhattan sind wir nicht hinter dem Mond. Das Unglück ist doch aber schon vier Wochen her.«

»Unglück?!«, schnaubte Desmond. »Er ist ermordet worden, Louise.«

»Wie bitte? Warum sagst du das?«

»Beweise gibt es nicht«, räumte Desmond ein. »Als offizielle Todesursache wurde Ertrinken bestätigt. Scotland Yard hat den Fall zu den Akten gelegt. Aber eine Menge Gerüchte kursieren. Und die sind nicht von der Hand zu weisen.«

Stumm hörte sie an, was Desmond offenbar so beschäftigte, dass es förmlich aus ihm herausbrach: »Nach seinem Ausstieg bei den Rolling Stones hatte sich Brian dieses Anwesen in Sussex gekauft und schuldete einem Bauunternehmer noch Geld für den Umbau. Brian lud den Mann zu sich ein und war mit ihm nachts allein im oder am Pool. Bis hierhin ist alles durch Zeugenaussagen bestätigt, aber warum Brian zehn Minuten später auf dem Grund des Schwimmbeckens lag und nicht mehr wiederbelebt werden konnte, ist unklar. Zehn Minuten, Louise. Zehn Minuten, die über Leben und Tod entschieden. Stash war außer sich, als er es mir erzählte.« Mit einer heftigen Bewegung warf er Loulous Reisetasche auf den Rücksitz seines Sportwagens.

Loulou hasste traurige Geschichten. Sie wollte nicht darüber nachdenken, ob nicht doch ein Drogenrausch als Todesursache wahrscheinlicher war. Nicht nur Desmond hörte allerlei Klatsch, sie wusste, dass neben Mick Jagger, Keith Richards und Charlie Watts auch Suki inzwischen ihre eigenen Wege ging. Da es keine Mordermittlungen gegeben hatte, war alles andere Spekulation. Das wollte sie Desmond jedoch nicht so hart sagen. Um seinen Bericht etwas aufzulockern, sagte sie: »In Paris habe ich den Bruder von Stash kennengelernt, Thadée Klossowski.«

»Und?« Der Mann, mit dem sie noch verheiratet war, hielt ihr die Beifahrertür auf. »Seid ihr zusammen?«

»Nein«, lachend stieg sie in sein Auto. »Nein, nein, nein. Ich bin mit niemandem zusammen.«

Einen Moment unschlüssig, rührte er sich nicht vom Fleck. »Deine Mutter hatte mir die Adresse eines Mannes gegeben, bei dem du wohnst. Ich dachte …« In beredtem Schweigen brach er ab.

»Das ist weder eine Anschrift in Paris, noch taucht irgendwo Thadées Name auf«, erklärte sie nach einem deutlichen, leicht entnervten Seufzen. Dieser Anflug von Eifersucht war definitiv nicht angebracht. Außerdem wollte *er* sich scheiden lassen, um eine zweite Ehe zu schließen, nicht sie. »Ich bin in New York im Apartment eines Illustrators untergekommen, in dem auch noch zeitweise ein Fotograf schläft, wenn er aus Los Angeles in die Stadt kommt. Wir sind eine tolle Wohngemeinschaft. Der Fotograf – er heißt Milton Greene – ist verheiratet, und Joe Eula ist – nun ja, nicht mein Liebhaber, wenn du das meinst. Er ist mein Lehrer und Mentor. Ich nehme Zeichenunterricht bei ihm. Er bringt mir bei, meine Ideen in Designs umzusetzen.« Unwillkürlich dachte sie an Fernando, der zwischen New York und Paris pendelte, zumal er inzwischen nicht nur Dessous für einen amerikanischen Konzern entwarf, sondern auch Pelze für den noblen Rauchwarenhändler Revillon, der im Kürschnerviertel Manhattans ansässig war. Sie beide waren nach wie vor Freunde, aber kein Liebespaar.

Desmond lächelte. »Ist Mode immer noch dein Hauptthema?«

»Was sonst?« Sie lachte. »Inzwischen kann ich aber auch ganz gut Spaghetti zubereiten. Das habe ich auch von Joe gelernt. Er veranstaltet einmal die Woche eine Pastaparty.«

»Das klingt gut.«

»Ja …« Wieder sahen sie einander an, unendlich vertraut und doch so fremd. »Komm, steig ein, Desmond, und lass uns fahren.«

Er schlug die Autotür zu. »Wo wirst du wohnen?«

»Ich komme bei meiner Großmutter unter.«

Nach einem Nicken ging er um den Wagen herum und setzte sich hinter das Steuer. Dann drehte er sich zu Loulou. »Es ist wie damals am Anfang, oder?«

Sie zuckte scheinbar gleichgültig mit den Schultern. Sentimentalität war das Letzte, was sie jetzt wollte. Um die Erinnerungen an ihre gemeinsame Zeit zu verscheuchen, sagte sie: »Thadée Klossowski de Rola lebt in Paris mit einer der Pressesprecherinnen von Yves Saint Laurent zusammen. Diese Frau ist so taff, die kann ich nicht ersetzen. Außerdem sind wir Freundinnen. Bei Thadée bist du auf der völlig falschen Fährte.«

»Ich werde Stash von dir grüßen«, beschloss Desmond, bevor er den Motor startete und losbrauste.

34

»Ich kann nicht fassen«, sagte Desmond vierundzwanzig Stunden später, »dass du bei deiner Meinung geblieben bist und auf jegliche Zuwendungen verzichtest.«

Loulou schüttelte den Kopf unter dem altmodischen schwarz lackierten Strohhut, der eine Dame der Belle Époque zweifellos auch geschmückt hätte. »Was hast du von mir gedacht? Ich bin doch nicht hierhergekommen, weil ich etwas von dir will!«

»Glin Castle, die ganzen Antiquitäten – du hättest Forderungen stellen können.«

»Was? Du versuchst das Anwesen doch seit Jahren zu verkaufen und wirst es nicht los. Also wirklich, Knighty, muss ich mich jetzt dafür rechtfertigen, dass ich dir nicht in die leere Tasche gegriffen habe?«

Sie standen in der Augustsonne vor einem hochherrschaftlichen Gebäude, dem Hamilton House, zwischen Themse und

The Inner Temple Garden gelegen. Vor wenigen Minuten hatten sie in einem Konferenzraum im Beisein ihrer Anwälte die Papiere unterschrieben, die bei Gericht für ihre reibungslose Scheidung sorgen würden. Sie waren getrennt gekommen, aber zusammen gegangen.

Loulou war es eine Herzensangelegenheit, dass sie sich nicht im Streit trennten. Desmond war so wichtig für ihre Entwicklung gewesen, und sie war ihm aufrichtig dankbar für die gemeinsame Zeit. Wer konnte schon wissen, was sonst aus ihr geworden wäre? Durch ihn hatte sie viel erlebt und erfahren, inspirierende Leute kennengelernt und schließlich das Selbstbewusstsein gewonnen, sich auf einen eigenen Weg zu begeben. Sie war zwar nicht die Madam geworden, die er sich erhofft hatte, aber für sie gab es keinen Grund, dass sie keine Freunde bleiben sollten.

Er räusperte sich, blickte kurz auf seine glänzend polierten Schuhspitzen, dann in ihre Augen. »Es beeindruckt mich jedenfalls sehr, dass du tatsächlich auf alles verzichtet hast, was dir gesetzlich zustehen würde. Du hast zwar einen wunderschönen, klangvollen Mädchennamen mit einem respektablen Stammbaum, aber die Aussicht auf ein großes Vermögen hast du nicht.«

»Ich bitte dich, ich kann für meinen Lebensunterhalt arbeiten. Dafür brauchst du nicht mehr aufzukommen.« Als hätten sie dieses Gespräch nicht schon geführt, dachte Loulou mit einem innerlichen Aufstöhnen. Es ehrte Desmond, dass er sie anscheinend versorgt wissen wollte, aber eine Scheidung bedeutete für sie eben auch die Trennung ihrer finanziellen Verhältnisse. Außerdem hatten sie gerade einmal ein Jahr zusammengelebt, daraus wollte Loulou keine Ansprüche auf wirtschaftliche Zuwendungen ableiten. Ihr Anwalt mochte darüber anderer Meinung sein, aber sie hatte sich eben in dem Gespräch kurz und knapp geäußert – und natürlich durchgesetzt.

Desmond zog das Einstecktuch aus der Seitentasche seines Blazers und wischte sich den Schweiß von der Stirn. »Es ist so schwül. Wollen wir auf ein paar Schritte in den Park gehen? Dort ist es schattiger.«

Seite an Seite spazierten sie wie einst als jung verliebtes Paar des Wegs. The Inner Temple Garden war eine etwas versteckt liegende bezaubernde Anlage mit wunderschönen Blumenrabatten, weitläufigen Wiesen und einem großen Schachspiel darauf. Desmond steuerte jedoch zielsicher auf die Allee mit den alten Walnuss- und Maulbeerbäumen zu, deren Kronen sich zueinander neigten wie die Köpfe Liebender. An diesem Wochentag in der Urlaubszeit herrschte wenig Betrieb, ein alter Herr schob die Figuren einer Schachpartie von Feld zu Feld, auf einer der Parkbänke saß eine junge Frau und blätterte in einem Magazin.

Ihr Anblick mochte Desmond an Loulous Zeit bei *Queen* erinnern, denn er fragte: »Hast du drüben in Amerika einen Job?«

»Noch nicht.« Es war, als würde sie aus einer gewissen Traurigkeit geweckt, denn plötzlich sprühte sie vor Energie. »Wenn ich Glück habe, komme ich bei einem wunderbaren Modeschöpfer unter. Mein Vermieter und Mentor will ein gutes Wort für mich einlegen. Joe Eula arbeitet zuweilen freiberuflich als Artdirector für diesen Mann namens Halston. Du kennst ihn wahrscheinlich nicht, aber er hat den Pillboxhut für Jackie Kennedy entworfen und voriges Jahr ein eigenes Modelabel gegründet! Inzwischen arbeitet er in einem eleganten Salon an der Madison Avenue.« Atemlos brach sie ab.

»Du bleibst also in Manhattan?«

»Vorläufig – ja. Ich habe irgendwann einmal gedacht, dass ich in Paris leben könnte, aber das ließ sich nicht verwirklichen. Die Jobs fliegen mir nicht zu, das weißt du ja. Wahrscheinlich bekomme ich nun in New York eine neue Chance.« Sie lachte. »Und so lange Pan American und Air France über den großen

Teich fliegen, kann ich meine Freunde diesseits des Atlantiks immer besuchen.«

»Du wirkst so zart, Loulou, aber du bist eine beeindruckend starke Frau.« Zögernd, weil er vermutlich nicht wusste, ob das richtig war, griff er nach ihrer Hand. Sie überließ sie ihm jedoch widerstandslos, und er schloss seine Finger darum.

»Ach, Knighty, lass uns Freunde bleiben!«

Er lächelte. »Wenn du auch British Airways oder Aer Lingus in Betracht ziehen könntest, steht dem nichts im Wege.«

Die irische Fluggesellschaft wohl weniger, dachte sie belustigt, sprach es jedoch nicht laut aus. Sie erwiderte den Druck seiner Hand. »Natürlich fliege ich auch wieder nach London. Ich kenne so viele Menschen hier, die mir am Herzen liegen. Und Rom liegt auch auf meiner Route. Alitalia, du weißt schon.« Sie kicherte, weil sie sich seltsam aufgekratzt fühlte. »Ich sollte endlich Talitha und Paul ...«

»Sie haben sich getrennt«, unterbrach Desmond ihre Reisepläne. »Talitha lebt jetzt mit ihrem kleinen Sohn ausschließlich in London, Paul bleibt in Rom.«

»Oh!« Loulou schwankte zwischen Entsetzen und Verständnis. Nach ihrer letzten Begegnung hätte sie damit rechnen können, dass die Ehe der Gettys vor dem Aus stand. Aber da war dieser kleine Junge, der nun unter ähnlichen Bedingungen aufwachsen würde wie sie selbst. »Ich habe lange nichts mehr von den beiden gehört. Als ich sie im Februar in Paris traf, ging es Talitha nicht besonders gut.«

»Die Therapie, der sie sich unterzieht, ist erfolgreich«, erwiderte Desmond ernst. »Sogar der alte Getty, der lange nichts von ihr und schon gar nichts von seinem Sohn wissen wollte, lädt Talitha gelegentlich zum Mittagessen ein. Seine Meinung über Paul hat sich allerdings nicht geändert, wie man hört.«

»Siehst du, alles Geld der Welt nutzt nichts, wenn die Rahmenbedingungen nicht stimmen.« Loulou lächelte versonnen.

»Deshalb ist mir unsere Freundschaft wichtiger als Unterhaltszahlungen oder Abfindungen.«

Stumm hob er ihre Hand an seine Lippen und drückte einen Kuss darauf.

DRITTER TEIL

Wenn man im Schatten steht,
ist es manchmal sehr kalt.
Aber ich weiß, was passiert,
wenn man immer in der Sonne steht.

Pierre Bergé

1971

New York City

35

Das Läuten des Telefons riss Loulou aus tiefem Traum. Schlaftrunken wälzte sie sich in ihrem Bett auf die Seite, in der Hoffnung, dass das Klingeln aufhören möge und sie weiterschlafen könnte. Doch der Anrufer erwies sich als penetrant. Sie fragte sich, warum ihre Mitbewohnerin nicht endlich abhob. Nach weiteren schrillen Tönen fiel ihr ein, dass Berry, die eigentlich Berinthia hieß und die Schwester von Marisa Berenson war, über ein langes Wochenende nach Los Angeles geflogen war und erst am Dienstag zurückkommen würde. Morgen oder übermorgen. Heute war noch Sonntag oder zumindest die Nacht zum Montag, und sie wollte noch ein wenig ruhen, bevor ihr Wecker sie zur Arbeit rief.

Sie zog sich ein Kissen über den Kopf, versuchte weiterzuschlafen. Inzwischen war sie jedoch so munter, dass an eine Fortsetzung ihrer Nachtruhe nicht zu denken war. Sie schaltete ihre Nachttischlampe ein, und mit vor Müdigkeit schweren Lidern stand sie auf, tappte auf bloßen Füßen in den Flur, dem unaufhörlichen Schellen entgegen. Ihr war kalt, sie hatte ihren Bademantel im Schlafzimmer vergessen und begann zu zittern. Schließlich riss sie den Hörer von der Gabel. »Hallo?!« Ihre Stimme klang noch rauer als sonst, sie war ein einziges Krächzen.

»Loulou? Hier ist Pierre. Pierre Bergé.«

»Weißt du, wie spät es ist?«

»Hier ist es Montagvormittag. Ich habe die Zeitverschiebung wohl falsch berechnet. Entschuldige, wenn ich dich gestört habe. Ich wollte dich unbedingt erreichen, bevor du zu Halston gehst.« Pierres Ton war hastig und für diesen besonnenen Mann ungewöhnlich aufgeregt.

Mit einem Mal war sie hellwach. »Was ist passiert?«

»Coco Chanel ist gestern Abend verstorben ...«

»Oh!«

»Paris trägt Trauer. Wir sind alle untröstlich, und Yves ...«, Pierre legte eine kleine Pause ein, dann: »Yves ist am Boden zerstört. Anders kann man es nicht bezeichnen. Er redet davon, dass er als letzter lebender Modeschöpfer einer Ära übrig geblieben ist. Alle anderen sind tot, und er denkt, er sei nun ein Denkmal. Du weißt, was solche Gedanken mit ihm machen.«

»Aber Mademoiselle Chanel war achtundachtzig Jahre alt, und Yves wird am ersten August erst fünfunddreißig!«

»Das weiß ich doch, aber er hört nicht auf mich. Kannst du ihm beistehen?«

Es war nach ihrer Zeit mitten in der Nacht, und sie war zu verwirrt, um zu begreifen, was Pierre von ihr wollte. Da ihr nichts Besseres einfiel, fragte sie: »Wie ist sie denn gestorben?«

»Mademoiselle soll sich nach einem Spaziergang noch vollständig angezogen auf ihr Bett im Ritz gelegt haben und eingeschlafen sein. Einfach so. In einem Chanel-Kostüm. Man stelle sich das vor!«

Loulou sah förmlich den verwunderten Gesichtsausdruck von Pierre vor sich, der aus seinen Worten sprach. Da Yves derzeit an einer Herrenmodekollektion arbeitete, fantasierte er womöglich über sich selbst im Anzug auf dem Totenlager. Sie schob diese morbide Überlegung jedoch rasch beiseite. Bevor sie allerdings etwas sagen konnte, hörte sie Pierre eindringlich ankündigen:

»Die Totenmesse ist am Mittwoch in La Madeleine. Kannst du es einrichten, hier zu sein?«

Unwillkürlich schnappte sie nach Luft. Das also war der Grund seines Anrufs!

Sie hätte einwenden können, dass sie einen Job hatte und nicht einfach freinehmen konnte. Sie durfte für Halston mittlerweile hin und wieder erste Entwürfe beisteuern, vor allem für Stoffe. Die schlichte, fließende Eleganz der Kollektionen entsprach nicht ihren persönlichen Vorlieben, aber Halston machte eine wundervolle tragbare Mode für Frauen wie etwa Greta Garbo, Elizabeth Taylor oder Liza Minnelli, die Zeitschrift *Newsweek* bezeichnete ihn als »führenden Modedesigner in Amerika«. Halston hatte Loulous Zeichnungen von süßen Tiermotiven tatsächlich auf Seide drucken lassen, was ein großer Erfolg geworden war, aber eigentlich träumte sie davon, Schmuck zu designen.

Für Loulou gab es vermutlich keine bessere Adresse in New York, um zu lernen, wie ein Modehaus funktionierte. Sie feierte viel, die Partys, die Halston abends in seinem Salon gab, waren über die Grenzen Manhattans hinaus legendär. Trotzdem arbeitete sie hart. Gelegentlich nahm sie auch noch Aufträge für Shootings als Model an, die ihre Mutter vermittelte, wenn Loulou dringend Geld brauchte. Zuletzt hatte sie die Kollektion der jungen Modeschöpferin Diane von Fürstenberg in der amerikanischen *Vogue* präsentiert. Sie hätte also auf ihren Terminplan hinweisen können und darauf, dass sie nicht einfach nach Europa fliegen konnte, wie es ihr beliebte. Doch nun ging es um mehr als ihre eigenen Vorlieben – und für Yves würde sie fliegen, wenn es notwendig war. Daran bestand kein Zweifel.

»Mach dir keine Sorgen, Pierre. Ich rufe nachher zurück, um dir zu sagen, auf welchem Flug ich einen Platz reservieren konnte.«

»Du bist eine wahre Freundin. *Au revoir*, Loulou, *à bientôt*.«

Nachdem sie aufgelegt hatte, rieb sie sich die Augen. Dann blickte sie endlich auf die Wanduhr. Es war halb fünf Uhr, und typisch für Januar wurde Manhattan noch von einer dunstigen Dunkelheit umhüllt. Sie war erst um zwei ins Bett gekommen, und es blieb noch genug Zeit für etwas Schlaf. Doch Loulou war zu aufgewühlt, um sich wieder hinzulegen. Sie wünschte, ihre Mitbewohnerin wäre hier. Berry und Loulou standen sich sehr nahe, und Berry hätte bestimmt gewusst, was ihre Freundin gerade brauchte.

Ihre Wohngemeinschaft war ein großes Glück. Nach Loulous Zwischenstopp bei Joe Eula und Milton Greene hatten sie und Berry dieses Apartment über einem Lebensmittelladen an der 58. Straße nahe der Second Avenue gefunden, das sehr hübsch und bezahlbar war. Berry arbeitete als Fotografin und gehörte auch zu den jungen Frauen, die Halston umschwärmten. Inzwischen wurde sie häufig von Filmproduktionsfirmen gebucht, sodass sie immer wieder in eines der Studios nach Hollywood flog und Loulou die Wohnung für sich allein hatte.

Sie schlang eine Wolldecke, die über der Sofalehne hing, um ihren Körper und trat an die Küchenzeile, um sich einen schwarzen Tee aufzubrühen, ihre tief verwurzelten britischen Angewohnheiten würde sie nie aufgeben. Nur bei dem Geschirr war sie nicht ganz konsequent, denn sie benutzte Teegläser, die eigentlich für Minze vorgesehen waren und aus Marokko stammten.

Mit dem Becher in der Hand schaltete sie den Fernseher ein. Auf CBS wurden gerade die Nachrichten gesendet. Sie hörte halbherzig zu, als der Moderator Neuigkeiten aus dem Kulturbereich ankündigte. Die nächsten Sendeminuten galten Gabrielle Chanel, die als »Coco« weltberühmt geworden war: »Ihr Name stand für Prestige, Qualität, Geschmack und Stil«, hörte Loulou durch den Lautsprecher. »Diesem Anspruch wird niemand in der Pariser Modeszene künftig gerecht werden können. Die Ausnahme bildet dabei zweifellos Yves Saint Laurent …«

Loulou saß in ihrer Wolldecke auf dem Sofa, die Beine unter sich angezogen, die Hände wärmte sie an ihrem Teeglas. Doch plötzlich fröstelte sie wieder. Die Kälte, die sie erfasste, lag aber weniger an den winterlichen Temperaturen als an der Sorge um ihren Freund. Der Druck, der auf Yves lastete, hatte sich im Lauf eines Jahrzehnts stetig gesteigert und kulminierte nun in dem unmittelbaren Vergleich mit der Ikone. Pierre hatte recht, wenn er sich fragte, ob Yves das aushalten könnte.

Paris

36

Yves rebellierte, indem er sich die Haare bis fast auf die Schultern wachsen und einen Bart stehen ließ. Der neue Look veränderte jedoch weder seine Eleganz noch wirkte er an ihm irgendwie ungepflegt. Dazu trug vermutlich bei, dass er sich nach wie vor konservativ kleidete. In seinem dunklen Mantel hätte er in der grauen Menge, die dem Sarg von Coco Chanel folgte, unsichtbar sein können, doch seine große Gestalt überragte viele andere Trauergäste, und das berühmte Gesicht machte ihn zum Hauptmotiv für die vielen anwesenden Pressevertreter. Seine Schritte über die Treppe von La Madeleine schienen der Weg zu jenem Sockel zu sein, den das Denkmal Mademoiselle Chanel nunmehr verlassen hatte.

Als Loulou ihn später in einem Film über die Totenmesse im Fernsehen sah, wirkte Yves unendlich einsam. Weder Pierre noch sie selbst waren zu erkennen, obwohl sie sich an seiner Seite, wenn auch im Hintergrund gehalten hatten. Sie selbst suchte ebenso wenig die Publicity wie Betty, und Pierre blieb trotz seines enormen Einflusses auf Yves persönlich, die Marke YSL insbesondere und die Pariser Modeszene ganz allgemein wie immer im Schatten seiner großen Liebe.

Während die sterblichen Überreste von Mademoiselle Chanel auf dem Weg zu einem Friedhof im schweizerischen Lausanne waren, hob Yves sein Glas Champagner im Restaurant Maxim's auf das Wohl der Modeschöpferin. Er stieß mit Pierre, Loulou und Betty an und goss sich nach einem großen Schluck gleich nach, ohne auf den Kellner zu warten.

»Coco Chanel schenkte den Frauen mit ihren Kleidern die Freiheit«, sinnierte Pierre. »Du gibst den Frauen mit deinen Hosenanzügen eine neue Stärke, ja, sogar Macht. Das ist wie eine Fortsetzung.«

»Am meisten brauchen wir alle – Männer wie Frauen – großes Selbstvertrauen«, erwiderte Yves. »Deshalb habe ich beschlossen, mit Aktaufnahmen für unseren neuen Herrenduft zu werben.«

Pierre schnappte nach Luft, und Loulou brach in schallendes Gelächter aus. Betty traf mit ihrer Bemerkung den Punkt: »Das wird einen Skandal verursachen«, warnte sie.

»Ich weiß«, Yves lächelte geheimnisvoll, »damit sparen wir uns viel Geld für die Werbung.«

»Und wer soll sich für ›L'Homme Le Parfum‹ ausziehen?«, wollte Pierre sachlich wissen.

»*Moi!*« Yves schien plötzlich vor dem Selbstvertrauen zu sprühen, das er zuvor angesprochen hatte. Er trank sein Glas aus und goss sich wieder nach. Mit einer kleinen Geste, die er sonst Pierre überließ, bestellte er eine neue Flasche Champagner. »Wir sparen bei der Werbung, Pierre, wie ich schon anmerkte. Das heißt, ich werde mich fotografieren lassen. Der Designer trägt nichts als seinen neuen Duft. Das ist das Thema.«

Eigentlich war Loulou sprachlos angesichts des neuen Yves Saint Laurent, den sie gerade erlebte. Er schien seine Schüchternheit verloren zu haben, revoltierte mit seinem Äußeren, begegnete voller Energie dem Starkult – und trank definitiv zu viel. Ohne sonderlich darüber nachzudenken, entfuhr ihr: »Sagte Marilyn Monroe nicht einmal, sie trage im Bett nichts außer Chanel No 5?«

»Exakt!«, stimmte Yves strahlend zu.

»Wer soll das Foto machen?« Pierres Stimme klang tonlos. Offenbar war er alles andere als überzeugt von Yves' Strategie.

»Ich dachte an Jeanloup Sieff, einen Freund von Clara …«

»Oh, den kenne ich«, warf Loulou ein. »Jeanloup fotografierte auch für das *Queen*-Magazin. Er macht sehr schöne Modefotos, hat einen guten Blick für ein interessantes Konzept aus Licht und Schatten.«

»Das klingt nach einem gewissen künstlerischen Aspekt«, meinte Pierre. Offenbar gefiel ihm dieser Gedanke.

»Genau so will ich es«, bestätigte Yves. »Das Atelier von Jeanloup Sieff befindet sich in der Rue Ampère, das ist nicht weit von der Rue Pereire, wo sich meine erste Wohnung hier in der Stadt befand. Diese Gegend bringt mir Glück!«

Pierre zerbröselte ein Stückchen Baguette auf seinem Teller. »Noch nie hat sich ein prominenter Mensch nackt für eine Anzeige fotografieren lassen. Weder Frau noch Mann. Bist du sicher, dass du einen Skandal willst, Yves? Hältst du das aus? Und was machen wir, wenn sich die Zeitungen weigern, das Foto abzudrucken?«

»Dann wird der Presserummel umso größer sein«, antwortete Yves und fügte voller Überzeugung hinzu: »Und die jungen Leute werden die Rive-Gauche-Boutiquen stürmen, wie es immer geschieht, wenn die Bourgeoisie mit neuen Ideen durchbrochen wird.«

Loulou hob ihr Glas. »Also trinken wir auf dich und Jeanloup!«

Seufzend schloss sich Pierre ihnen an.

»Bleibst du noch zur Modewoche?«, erkundigte sich Yves unvermittelt bei Loulou. »Meine neue Haute-Couture-Kollektion wird großartig. Sie wird dir gefallen. Paloma hat mich inspiriert. Du musst unbedingt bei der Präsentation dabei sein. Ich wünsche es mir sehr.«

»Ich weiß nicht …« Sie zögerte. Der Termin war erst in etwa zwei Wochen. Nicht dass sie nicht gewusst hätte, was sie bis dahin in Paris tun sollte. Es war vielmehr so, dass sie sich einen so langen Aufenthalt nicht leisten konnte. Da sie erst heute früh angekommen war und diese Nacht bei Clara und Thadée unterkommen würde, hatte sie sich noch keine Gedanken über ein Quartier für längere Zeit gemacht. Aber natürlich würde sie die beiden fragen und danach entscheiden, ob sie so lange von New York fortbleiben durfte. Im Grunde ihres Herzens wusste sie jedoch, dass sie Yves keinen Wunsch abschlagen konnte. Ebenso wenig wie Pierre.

37

»Als ich ein kleiner Junge war«, erzählte Yves versonnen, »wollte ich meine Mutter tanzen sehen. Die Fenster in unserem Haus in Oran lagen so weit oben, dass ein Diener mich hochheben musste, damit ich sie beobachten konnte, wenn sie ausging. Ich erinnere mich an ein knielanges schwarzes Kleid aus Krepp mit breiten Schultern und spitzem Ausschnitt, an dem sie ein Bouquet aus Gänseblümchen, Kornblumen und rotem Mohn angesteckt hatte. Sie sah wundervoll aus. Genau wie Joan Crawford im Kino.« Er lächelte Loulou an. »Die trug auch häufig einen Turban.«

Ihre Hände flogen an ihren Kopf. »Ich habe das nie als eine Reminiszenz an die Vierzigerjahre verstanden.«

»Wenn du in der Stadt gewesen wärst, hätte ich auch dich gebeten, mir bei den Entwürfen für die Kollektion zu helfen, *Chérie*. Du warst aber nicht da, und deshalb stand nur Paloma in den Kleidern und Hüten von irgendeinem Flohmarkt Patin. Das war sehr inspirierend.«

Loulou betrachtete Paloma, die in einem schwarzen Kleid, das dem von Yves beschriebenen seiner Mutter sehr ähnelte, neben einem Gemälde ihres Vaters stand, in ein leises Gespräch mit Fernando vertieft. Pierre hatte für sich und Yves vor gut einem Jahr ein neues Refugium an der Rue de Babylone geschaffen, eine große Wohnung, die nicht mehr einer gemütlichen Junggesellenbude ähnelte, sondern den ebenso erlesenen wie schmückenden Rahmen für zwei höchst intellektuelle, kunstinteressierte Männer bildete. Auf gewisse Weise fühlte sie sich an das mit kostbaren Antiquitäten vollgestopfte Zuhause erinnert, das sie mit Desmond geteilt hatte. Dieses Gefühl war sie erst losgeworden, als sie bei der von Pierre geführten Besichtigung durch die Räume in der kleinen Bibliothek ankam, die sich Yves neben seinem Schlafzimmer eingerichtet hatte. Hier fand sie Gemütlichkeit und all den persönlichen Nippes wie die gerahmten Fotografien von früher vor. Jetzt saß sie neben Yves auf einem der weiß bezogenen Sofas im Salon und dachte nicht daran, darauf zu lümmeln. Dabei hätte sie sich nicht zurückhalten müssen, es waren nur die engsten Mitglieder des alten Freundeskreises zusammengekommen, um Yves' Nerven vor der Präsentation morgen früh zu beruhigen. Doch in einem Museum saß frau anständig mit nicht einmal überschlagenen, sondern vornehm abgewinkelten Beinen.

»Ich fürchte mich ein wenig«, gestand Yves. »Mir ist klar, dass eine Kollektion wie aus den Dreißiger- und Vierzigerjahren ein Risiko birgt. Aber es ist die Mode von Marlene Dietrich, Gloria Swanson und Rita Hayworth. Sie birgt wunderschöne Erinnerungen an meine Kindheit. Du weißt genau, was ich meine, denn es ist auch die Mode von Elsa Schiaparelli.«

»Es wird alles gut gehen, Yves. Dein Instinkt hat dich noch nie getrogen!«

»Um den Hals trug meine Mutter damals ein schwarzes Samtband mit einem weißen Kreuz«, sinnierte er weiter.

»Hm«, machte Loulou. Sie überlegte einen Moment: »Wären ein paar Ketten mit bunten Perlen nicht lustiger gewesen? Ich meine, so in den Farben der Blumen an ihrem Ausschnitt …«

Endlich lächelte er. »Du solltest Schmuck entwerfen.«
»Das habe ich vor. Wart's nur ab …«
»*Voilà!*« Betty, die im Salon auftauchte, unterbrach sie. »Meine Damen und Herren, das Menü ist fertig. Ich glaube, Pierre hat wieder einmal fabelhaft gekocht. Bitte kommt ins Speisezimmer und nehmt Platz.«
Yves griff nach Loulous Hand und zog sie hoch, während er selbst aufstand. »Wir sollten Pierres Köstlichkeiten nicht kalt werden lassen.«
Schnaubend und schnüffelnd folgte ihnen sein kleiner Hund an den Tisch. Loulous im wahrsten Sinne des Wortes glänzende Zukunft war für den Augenblick vergessen.

*

Vor der Haute-Couture-Show im Hôtel Forain wiederholte sich zweimal im Jahr das gleiche Schauspiel. Loulou verstand natürlich Yves' Anspannung, aber sie war längst nicht mehr so aufgeregt wie bei ihrem ersten Besuch. Sie kam mit Paloma, die heute tatsächlich aussah wie die Reinkarnation eines Hollywoodstars der Vierzigerjahre. Loulou indes wollte nicht ganz dem Stil der Kriegsjahre entsprechen und trug weite schwarze Hosen und eine fast zwanzig Jahre alte Jacke, die ihrer Mutter gehört hatte, dazu einen farbenfrohen Turban und wie immer ziemlich viele Ketten und Armreife. Diese bunte Mischung aus purer Eleganz, verschiedenen Jahrzehnten und Kulturen, sorgte heute bei den anwesenden Pressevertretern und anderen Gästen für weniger Aufsehen als der ziemlich originäre Stil ihrer Freundin.
Als sie den Salon betraten, traf Loulou auf Joe Eula, der wieder zur Modewoche nach Paris geflogen war. Sie umarmten einander, aber ihre Plätze waren gegenüber am jeweils anderen Rand des Laufstegs reserviert worden. Von hier aus konnte Loulou nicht nur den Modezeichner und dessen Kolleginnen und Kollegen,

sondern auch die Vertreter der schreibenden Zunft gut im Auge behalten. Wahrscheinlich war es Pierres Wunsch, dass sie ihm nachher von deren Reaktionen berichtete.

Dann erschien Lucienne Mathieu-Saint Laurent, eine sympathische kleine Dame, recht attraktiv mit ihrem brünetten halblangen, toupierten Haar. Sie war Mitte fünfzig, wie Loulou wusste, und wirkte in dem dunkelblauen Kostüm, das zweifellos aus der neuen Kollektion ihres berühmten Sohnes stammte, und der mehrreihigen Perlenkette auf eine bürgerliche Art bodenständig hübsch. Sie besaß nicht den Glamour, den Yves verkörperte, strahlte jedoch eine Freundlichkeit aus, die berührte. Lucienne war sichtlich stolz, aber sie lächelte jeden und jede an, egal ob Gäste oder Angestellte, und grüßte höflich. Schließlich setzte sie sich auf einen der zierlichen goldenen Stühle mit Samtbezug, ihren Ehrenplatz. Dabei wirkte sie, als wäre sie die Hausherrin.

»Wenn Madame zu Besuch ins Atelier kommt, begrüßt sie jede Mitarbeiterin und jeden Mitarbeiter von Yves mit Handschlag«, raunte Paloma.

»Immerhin hat sie so viel Stil, nicht abgehoben zu sein«, erwiderte Loulou leise.

Das allgemeine Stimmengewirr senkte sich, als das erste Mannequin den Laufsteg betrat, ihm folgte ein zweites, dann ein drittes. Die Stille, die sich über das Publikum legte, wurde plötzlich bedrückend. Waren es die ernsten Gesichter der Models mit den schwarz umrandeten Augen und blutrot geschminkten Lippen, die verstörend wirkten? Oder die Anzüge mit weiten Hosen und wattierten Schultern, die nach dem enormen Erfolg des Smokings vor einigen Jahren nicht mehr anzukommen schienen? Loulou sah das Entsetzen in den Gesichtern einiger älterer Journalistinnen, als Yves taillierte, schmal fließende Kleider aus Crêpe de Chine zu kleinen Hüten, wie sie in jedem Film noir auftauchten, und Sandalen mit Plateausohlen brachte. In diesem Moment kippte die Stimmung noch mehr.

Ein Gemurmel erhob sich wie das leise Rauschen einer herannahenden Brandung. Die erste Dame – Loulou kannte sie nicht – erhob sich von ihrem Platz in der zweiten Reihe, drängte an Knien vorbei in Richtung Ausgang. Sie blieb nicht allein, andere gingen ebenfalls mit raschen Schritten und gesenktem Kopf zur Tür. Das Füßescharren wurde lauter. Joe Eula, Loulou gegenüber, schüttelte den Kopf. Er sah niemanden an. Dann stand auch er auf und verließ die Schau.

»Um Himmels willen!«, flüsterte Loulou.

»Das ist eine Katastrophe«, stellte Paloma erschrocken fest.

Begriffe wie *schlechter Geschmack*, *stillos*, *hässlich* und *versponnen* drangen auf Englisch und Französisch zu Loulou. Sie sah sich um und konnte kaum fassen, was hier gerade geschah.

Die Kollektion fiel nicht nur durch, sie machte das Publikum wütend. Obwohl die Mannequins unverdrossen ihrem Job nachgingen, leerten sich immer mehr Plätze. Es dauerte eine Weile, bis Loulou begriff, dass vor allem die jüngeren Frauen am Rande des Laufstegs blieben. Den Vertreterinnen ihrer eigenen Generation fiel die Inspiration der Dreißiger- und vor allem Vierzigerjahre offenbar weit weniger negativ auf als jenen Damen und Herren, die diese Mode im Original erlebt hatten. Und dann dachte sie an den Zweiten Weltkrieg, den sie natürlich nicht erlebt hatte, an die Besetzung Frankreichs, Widerstand, Hunger und Tod. Erinnerten diese schönen neuen Kleider die Protestierenden an solch eine dunkle Epoche? Das konnte doch nicht wahr sein!

*

Nach dem Misserfolg war Yves und keinem seiner Freunde nach feiern zumute. Er und seine Clique gingen hauptsächlich deshalb in die neue In-Diskothek Le Sept, um nach dem anstrengenden Tag zu entspannen, sich zu betrinken und für eine Weile den Flop zu vergessen, der sie alle getroffen hatte. Loulou und die anderen konnten sich kaum dem Schmerz entziehen, erleben zu müssen, wie sich Yves zum ersten Mal in seiner Karriere weigerte, sich nach der Show zu verbeugen. Als sie den verspiegelten Nachtclub mit den im Rhythmus der Musik blinkenden bunten Neonlichtern betraten, hatte die Desillusionierung ihren Höhepunkt erreicht. Die ersten Zeitungen mit Kritiken waren erschienen, und dass *France Soir* Yves' Kollektion bitterböse »einen großen Witz« nannte, hatten sie alle gelesen, die erste Abendausgabe war durch ihre Hände gewandert. Vielleicht würde die sogenannte schwarze amerikanische Musik, die hier meist aufgelegt wurde, für Trost sorgen.

Vor allem Männer bewegten sich im Takt von Motown und Stax auf der Tanzfläche und küssten sich unbekümmert, was in dem Gedränge gar nicht so auffiel oder zumindest als selbstverständlich angesehen wurde. Die Stimmung war großartig. Loulou verspürte trotzdem seit heute Vormittag Kopfschmerzen und nahm gleich zwei Optalidontabletten zu ihrem Wodka-Campari. Als sich ihre Migräne lichtete, bestellte sie sich weitere Drinks. Nur so konnte sie die Schmach vergessen.

Sie sah zu Yves, der ebenfalls in einem Meer aus Alkohol zu versinken schien, wie stets beschützt von dem umsichtigen Pierre, aber immerhin nicht mehr ganz so deprimiert. Erleichtert tanzte sie mit Kenzō Takada, einem jungen japanischen Designer, den Karl mitgebracht hatte. Kenzō war nett, homosexuell und ausnehmend hübsch. Ihre Ausgelassenheit wurde zur Wildheit, sie stolperte und fiel dabei zwar nicht hin, weil Kenzō sie auffing, aber ein Absatz brach ab. Egal. Wie so vieles heute. Sie tanzte auf einem Bein, humpelte, hopste herum. Das Dumme war nur, dass ihr irgendwann schwindelig wurde.

Die bunten Lichter flackerten ein wenig zu aufgeregt für ihren Geschmack und drehten sich wie bei einer Diskokugel. Sie taumelte, ohnehin nicht ganz sicher auf ihren Beinen mit einem

Schuh mit Absatz und einem ohne. Verwirrt fragte sie sich, warum sie nicht einfach barfuß tanzte. Aber es war Januar und kalt und überhaupt …

Zwei Arme legten sich um sie. Es war eine seltsam vertraute Geste, die ihr wie selbstverständlich erschien. Sie lehnte sich an den dazugehörenden Körper, ein Gesicht konnte sie auf Anhieb nicht erkennen, nur einen dunklen Lockenkopf, da der Mann sich ihrem Ohr zugeneigt hatte. Anders konnten sie sich bei dem Song der Temptations auch nicht verständigen.

»Komm, Loulou, ich bringe dich nach Hause«, sagte Thadée.

»Guter Vorschlag«, stimmte sie mit verwaschener Stimme zu. Es war so angenehm, von einem Mann durch die Menge geschoben zu werden, dem sie vollends vertraute. Sie humpelte mit ihrem kaputten Schuh, aber das war eigentlich ganz lustig. Sie kicherte. Erst als sie in die im Schneegriesel erstarrende Dunkelheit hinaustraten, fiel ihr auf, dass etwas fehlte. Oder jemand. Verwundert drehte sie sich um. »Wo ist Clara?«

»Sie kommt nach«, versicherte Thadée. Er hielt sie mit dem einen Arm fest, während er mit der anderen Hand ein freies Taxi herbeirief.

Im Fonds des Wagens legte Loulou den Kopf an seine Schulter – und schlief ein. Sie spürte nicht das Rucken, den für Pariser Chauffeure typischen sportlichen Fahrstil, das Rutschen um eine glatte Kurve. Sie fühlte sich geborgen neben Thadée, friedlich und sicher.

Loulou erwachte, als Thadée sie aus dem Wagen zog. Ihre Lider flatterten, waren aber so schwer, dass sie sie am liebsten gleich wieder geschlossen hätte. Bevor sie das tat, bemerkte sie im Licht der Straßenlaternen das feine Lächeln auf seinen Lippen. Sie hatte zwar keine Ahnung, was so amüsant war, aber das kümmerte sie nicht weiter. Er hob sie hoch, um sie ins Haus zu tragen – und das war das definitiv beste Gefühl der vergangenen vierundzwanzig Stunden.

Vielleicht war sie auf seinen Armen eingenickt, möglicherweise von Alkohol und Tabletten ohnmächtig geworden. Sie kam zu sich, als sie angezogen auf dem Bett lag. Diesmal öffnete sie die Augen und nahm Thadée wahr, der im Schein einer kleinen Nachttischlampe in einem Schrank hantierte. Sie wusste selbst nicht, warum sie nichts sagte, warum sie ihm nicht dankte. Jedenfalls schloss sie ganz schnell die Augen und stellte sich schlafend.

Thadée breitete eine Wolldecke über ihrem Körper aus. Dann beugte er sich hinunter und küsste sie sanft auf die Stirn. »Gute Nacht, Loulou«, raunte er.

Sie lauschte auf seine Schritte, die sich entfernten.

Dann schlief sie wieder ein. In ihrem Traum begleitete sie noch die Verwunderung über seine Zärtlichkeit und das wohlige Gefühl, das der Kuss bei ihr ausgelöst hatte.

New York City

38

Loulou bedauerte sehr, dass sie nicht länger bei Yves bleiben konnte. Aber außer dem ersten Trost nach seinem Misserfolg konnte sie ihm nichts bieten – sie musste zurück in ihr eigenes Leben.

Auf ihrem Flug zum Kennedy Airport ließ sie sich alle Zeitungen geben, in denen sie einen Bericht über seine Haute-Couture-Schau vermutete. Die Meinungen, die sie las, waren einhellig: *Le Figaro* warf Yves Saint Laurent vor, seine Zuschauer an der Nase herumgeführt zu haben, der britische *Guardian* tadelte seinen schlechten Geschmack, *Daily Telegraph* urteilte gleich in der Überschrift: »Widerlich!« Nachdem Loulou in New York gelandet war, kaufte sie sich die gerade erschienene Ausgabe des *International Herald Tribune*. In ihrer berühmten Kolumne schrieb Eugenia Sheppard in aller Deutlichkeit, die neue Kollektion sei »definitiv und komplett grässlich«. Unisono wurde Yves vorgeworfen, er habe mit den Vierzigerjahren nicht nur ein wenig rumgespielt, sondern eine Epoche zum Leben erweckt, an die sich niemand, der sie erleben musste, erinnern wollte. Paloma hatte recht behalten – es war eine Katastrophe.

Angesichts dieser verheerenden Kritiken wäre Loulou am liebsten sofort umgedreht und nach Paris zurückgeflogen. Sie wollte Yves in den Arm nehmen, ihn ihrer ungebrochen loyalen Freundschaft versichern. Natürlich war das nicht nötig, nicht nur weil sie ihm Derartiges vor ihrer Abreise gesagt hatte, sondern weil er um ihre Verlässlichkeit wusste. Aus diesem Grund waren sie ja Freunde. Sie konnte nur hoffen, dass sich die Wogen bis zu ihrem Wiedersehen glätteten – und alle anderen aus seinem Clan verhinderten, dass er das gerade gewonnene Selbstvertrauen wieder verlor. Bei diesem Gedanken fiel ihr Clara ein, die wütend auf die Presse war, aber nichts gegen die Berichte unternehmen konnte. Sie hatte Yves geraten, sich mehr auf die für einen jüngeren Kundenkreis abgestimmte Rive-Gauche-Kollektion zu konzentrieren, was sicher sehr klug war.

Unwillkürlich dachte Loulou an Thadée. Während sie in einem der für die Stadt typischen gelben Taxis über die Williamsburg Bridge fuhr, versuchte sie sich diese ungewöhnliche Begebenheit neulich in der Nacht ins Gedächtnis zu rufen. Sie hatte das inzwischen mehrmals versucht, konnte sich aber nicht erklären, was genau vorgefallen war. Thadée lebte schließlich mit Clara zusammen – und am nächsten Tag hatte es keinerlei Anzeichen für diesen einen innigen Moment mit Loulou gegeben. Als sie sich deutlich nüchterner in der Küche begegneten, benahm er sich wie immer: höflich, still und mit funkelnden Augen, die sie eindringlich betrachteten. Er war ein Freund. Genauso wie Yves. Und gute Freunde kümmerten sich umeinander. So war das eben. Es war nichts Besonderes und keiner weiteren Überlegung wert.

※

Wenn Loulou nicht im Salon von Halston arbeitete oder feierte, verbrachte sie ihre Zeit im Studio von Andy Warhol oder bei ihrer Mutter, wobei das inzwischen fast das Gleiche war. Maxime hatte sich zu einer Küchenfee entwickelt, die nicht nur eine Kolumne mit Rezepten für die amerikanische *Vogue* schrieb, sondern auch eine Art Hausfrau in der Factory war. Wann immer Loulou in Andy Warhols Loft im sechsten Stock des Decker Buildings am Union Square West ankam, ihre Ma war schon da und kümmerte sich mit erstaunlich mütterlicher Energie um den Hausherrn, dessen Mitarbeiter und Freunde. All das, was Loulou und ihr Bruder vermisst hatten, schenkte Maxime nun diesem Kreis von Künstlern, denen sie Zwiebelkuchen, Fischfrikadellen oder Hackbraten kredenzte. Und Loulou nahm daran teil, weil sie ein Stückchen von der Zuwendung mitnehmen wollte.

Maximes Upperclass-Erziehung verhinderte, dass sie sich neben ihrer neuen Aufgabe als Köchin auch noch als Dienstmädchen andiente. Loulou dachte, dass die Freundschaft zwischen ihr und Andy auch deshalb so gut funktionierte, weil Maxime seine Kaufsucht und Sammelleidenschaft widerspruchslos akzeptierte. Wenn sie mal wieder über einen der zahllosen herumstehenden Umzugskartons stolperte, in denen Andy seine Errungenschaften aufbewahrte, lachte sie lediglich, eine abfällige Bemerkung machte sie nicht, räumte nicht um. Er dankte es ihr mit der größten Aufmerksamkeit, die er ihr zu geben imstande war – er holte sie vor die Linse seiner Schmalfilmkamera. Mit der Botex drehte Andy mehr oder weniger lange Sequenzen über seine Besucher, Künstlerfreunde, Prominente, Mitarbeiter, es waren Dokumente über die Alltäglichkeit des Seins. In dem als Fernsehproduktion geplanten Video mit dem Titel »Nothing Serious« durfte auch Maxime auftreten, woraufhin sie sich natürlich als Filmstar gebärdete, was Loulou ihr nicht verdenken konnte.

Für Loulou öffnete sich in diesem Frühling noch weiter als zuvor das Fenster zur Eigenständigkeit. Sie arbeitete inzwischen nicht mehr nur freiberuflich als Assistentin für Halston, sondern auch für den aufstrebenden Modeschöpfer Giorgio di Sant' Angelo. Der entwarf vor allem Mode, die dem Stil der Bohème der Jahrhundertwende und der Hippies nachempfunden war, seine Stoffe orientierten sich an Naturmaterialien und Mustern der

Navajos sowie der Gipsykultur. Das entsprach natürlich genau Loulous Geschmack, doch Giorgio beteiligte sie auch an den Entwürfen für seine Accessoires: Modeschmuck aus Plastik.

In der Factory traf sie Mick Jagger wieder, der sie vermutlich zum ersten Mal als eigenständige Persönlichkeit und nicht als Anhängsel von Desmond wahrnahm, und außerdem begegnete sie dem spanischen Surrealisten Salvador Dalí, der sie in ihren bunten Klamotten unglaublich anziehend und exzentrisch fand. Eine Sympathie, auf die Fernando ausgesprochen amüsiert reagierte, als er wieder einmal in Manhattan und zu Gast in Warhols Atelier war.

Wie immer herrschte eine seltsam magische Stimmung. Das lag an den silbernen Wänden und Alufolien, die die Fenster bedeckten, sodass in dem riesigen Raum immer dieselbe künstliche Beleuchtung herrschte und die Tageszeit irrelevant wurde. Die Sofas waren mit Plastik überzogen, ein paar wenige Beistelltische und Stühle aus Kunststoff standen herum, ein Arbeitstisch und Stative für Kameras und Fotoapparate, eine Staffelei. Die meisten Besucherinnen und Besucher setzten sich nicht hin, standen mit einem Glas, mit Zigarette oder Joint einfach nur herum, redeten, diskutierten, flirteten, während aus den Lautsprechern die Stimmen von Lou Reed oder David Bowie dröhnten.

»Bist du glücklich?«, fragte Fernando plötzlich.

Loulou lachte. »Natürlich. Warum?«

»Ich fragte mich gerade, ob du zu dieser amerikanischen Künstlichkeit passt. Auf Dauer, meine ich. Du bist wie ein Rolls-Royce, Loulou, nicht wie ein Station Car …«

»Danke, dass du mich nicht für einen Fiat 500 hältst.« Sie fand den Vergleich amüsant, obwohl sie sich noch niemals als Automobil gesehen hatte. Volle Fahrt voraus, das meinte Fernando wohl. Und die britische Luxuslimousine war natürlich deutlich eleganter und exklusiver als ein amerikanischer Mittelklassekombi.

»Ich wollte damit sagen, dass du nach Paris gehörst.«

»Also Citroën«, schmunzelte Loulou.

Grinsend zuckte Fernando mit den Achseln.

Um das Thema zu wechseln, fragte sie: »Hast du das Interview gelesen, das Lucienne Mathieu-Saint Laurent der *New York Times* gegeben hat?«

»›Kritisiere Yves Saint Laurent, und es trifft seine Mutter‹«, zitierte Fernando.

Nachdenklich zog Loulou an ihrer Zigarette. Bei ihr war es andersherum. Wer immer es wagte, Maxime zu kritisieren, wurde von Loulou zurechtgewiesen. Allerdings waren sowohl Lucienne als auch Yves wohl empathischer als ihre Mutter. Sie schüttelte den Vergleich mit der Asche ab. »Ich verstehe die Aufregung um seine Kollektion ebenso wenig wie Madame.«

»Es ist wohl eine Frage des Alters. Die jüngeren Kundinnen nehmen dieses Yves-Saint-Laurent-Debakel nicht so genau. Bianca – du kennst sie bestimmt, das ist das Model aus Nicaragua, das überall Furore macht … Also Bianca ist nun mit Mick verlobt und hat für ihre Hochzeit einen weißen Hosenanzug aus der aktuellen Kollektion bei Yves bestellt.«

»Das ist doch eine großartige Publicity!«

»Leider hat Pierre schon vor ein paar Wochen auf einer Pressekonferenz verkündet, dass das Haus Yves Saint Laurent bis auf Weiteres keine Haute-Couture-Schauen mehr veranstalten wird …«

Vor Schreck nahm sie einen zu großen Schluck Gimlet aus ihrem Cocktailglas. Der Zitronensaft machte den Gin zu sauer, und sie verzog das Gesicht, hustete. Nach einer Weile meinte sie bekümmert: »Es kommt mir vor wie das Ende einer Ära. Meine Güte, Fernando, so alt sind wir doch noch nicht!«

Zärtlich strich er mit der Fingerspitze über ihre Wange. »Ganz bestimmt nicht. Yves will sich künftig einfach mehr auf die Prêt-à-porter konzentrieren. Clara ist ihm da natürlich eine Fürsprecherin und große Hilfe. Ende Oktober wird er seine erste

Rive-Gauche-Modenschau zeigen. Das gibt ihm die Möglichkeit, etwas weniger zu arbeiten und mehr privat zu unternehmen. Im Moment ist er ja mit Pierre auf Reisen. Zuletzt hörte ich von den beiden aus Venedig.«

»Das klingt nach einer ganz erheblichen Veränderung«, resümierte sie.

»Ich kann dir noch mehr berichten.« Fernando schmunzelte wieder so schelmisch wie zuvor. »Im Oktober bringe ich in Paris meine erste eigene Schau. Ist das nicht großartig?«

Spontan warf sie die Arme um seinen Hals. In der einen Hand hielt sie ihre qualmende Zigarette, deren Rauch sich wie bei einem Heiligenschein um Fernandos Kopf kringelte, in der anderen ihr fast ausgetrunkenes Glas. »Ich gratuliere dir! Und ich verspreche, dass ich dann in Paris sein werde.«

Fernandos Lächeln wurde breiter. »Ich sage doch, dass du dorthin gehörst …«

London

39

Auf einem Beistelltischchen im Queen's House am Cheyne Walk lag eine aufgeschlagene Zeitschrift, das schwarz-weiße Foto eines nackten Mannes nahm die ganze Seite ein. Mit angewinkelten Beinen saß der Protagonist auf einem Lederkissen, das Gesicht mit der Hornbrille ernst, umrahmt von seinem langen Haar und dem Bart, der sehnige, muskulöse Körper angespannt, im Hintergrund ein Lichtkegel.

Talitha sah das Bild immer wieder an und fragte sich, was in den einst so schüchternen Yves gefahren war, sich auf diese Weise darzustellen. Dem Aufruhr um seine Frühjahr/Sommer-Kollektion, den sie von hier über die Presse, über Briefe und Telefonate mitbekommen hatte, folgte ein nicht geringerer Wirbel um das Foto von Jeanloup Sieff. Viele Zeitungen und Zeitschriften weigerten sich, eine Anzeige für das Parfüm »L'Homme« mit dem Designer, wie Gott ihn geschaffen hatte, zu schalten. Andere Presseorgane diskutierten öffentlich das Für und Wider dieser Präsentation und druckten das Aktbild in ihrem redaktionellen Teil, was eine enorme kostenlose Werbung bedeutete. Yves hatte Talitha geschrieben, dass er den Zeitpunkt für gekommen hielt, die Welt hinter seine Fassade aus Scheu, Fleiß und Genialität blicken zu lassen. Wie auf dem Foto sah er sich selbst – und er wollte, dass ihn alle anderen auch so sahen. Yves mochte die Lust an der Haute Couture vergangen sein, nicht aber an dem Starkult um seine Person. Und es schien ihn nicht einmal zu stören, dass er nun auch von den letzten Verweigerern der Mode- und Klatschpresse erkannt wurde.

Neben der Zeitschrift lag ein kleiner Stapel mit Briefen und Einladungen, die Talitha vernachlässigte, aber auch zwei Karten, die ihr am Herzen lagen.

Das eine war eine Geburtsanzeige: Desmond FitzGerald, 29. Ritter von Glin, und seine Frau Olda freuten sich über eine Tochter, der sie den Namen Catherine Celinda Leopoldine gaben.

Die zweite Karte war die Ankündigung der Präsentation der Rive-Gauche-Kollektion von Yves Saint Laurent am achtundzwanzigsten Oktober in Paris.

Talitha hatte Desmond und Olda ein Geschenk geschickt, ihre Teilnahme an der Modenschau hatte sie noch nicht zugesagt, sie war aber fest entschlossen, dabei zu sein. Es ging ihr inzwischen so viel besser als damals nach ihrer Rückkehr aus Asien. Die Trennung von Paul war schmerzhaft gewesen, der Entzug noch schlimmer, aber sie hatte wieder den Boden unter ihren Füßen gefunden.

Sie lebte nun schon eine Weile lang clean und glücklich mit ihrem kleinen Sohn in dem wunderschönen Haus aus dem 18. Jahrhundert, das Paul für sie gekauft hatte. Ihr Mann kam gelegentlich auf einen Besuch vorbei, um Tara Gabriel zu sehen, doch er erschien ihr jedes Mal verwirrter und verzweifelter. Schließlich wurden seine Reisen nach London seltener. Und dann kam der Wunsch nach Scheidung auf, bei ihm ebenso wie bei ihr. Talitha wurde in der Presse vermehrt als weibliche Begleitung von Rudolf Nurejew wahrgenommen, und Paul hatte wohl eine andere Frau kennengelernt, die das rauschhafte Leben mit ihm zu teilen bereit war. Nachdem Talitha einen Anwalt eingeschaltet hatte, der sich um die Scheidungspapiere kümmern sollte, zeigte sich Paul plötzlich bestürzt. Er rief sie Tag und Nacht an, schrieb flehentliche Briefe und bestürmte sie, es sich noch einmal zu überlegen. Doch es war gerade diese Wankelmütigkeit, die Talitha daran erinnerte, dass auf Paul in seinem derzeitigen Zustand kein Verlass war. Deshalb bestand sie auf der juristischen Trennung.

Ihr Anwalt erklärte ihr, dass es in Anbetracht der Versuche des Ehemanns, die Familie wiederherzustellen, vor Gericht von Vorteil für Talitha sei, wenn sie ein letztes Versöhnungsgespräch zuließe. Sollte dieses schlecht laufen, was sie erwartete, könne ihr niemand mehr böswilliges Verlassen vorwerfen. Darauf könnten dann die Verhandlungen sowohl über ihre finanzielle Versorgung als auch um das Sorgerecht für ihr Kind basieren. Immerhin war sie noch mit dem Sohn des reichsten Mannes der Erde verheiratet – und es spielte dabei keine Rolle, dass Getty senior den Kontakt zu John Paul II. abgebrochen hatte. Geld war genug da, und das Erbe musste bei dem achtzigjährigen Patriarchen einkalkuliert werden.

Eigentlich hatte Talitha keine Lust, ausgerechnet im heißen Juli mit einer Maschine voller Touristinnen und Touristen nach Fiumicino zu fliegen, aber wenn es ihrer und Taras Zukunft diente, nahm sie diese Unannehmlichkeit hin. Danach sollte es sich nur um Formalien handeln, die ihre Vergangenheit abschlossen. Und deshalb lag neben der Zeitschrift, der Geburtsanzeige und der Einladung ein Ticket für den zehnten Juli nach Rom.

Sie atmete tief durch. Sie würde dafür sorgen, dass sich alles regelte. Wenn sie zurückkam, konnte ihr Leben neu beginnen.

New York City

40

»Wie unangenehm, in einer Badewanne zu sterben«, meinte Maxime und reichte Loulou mit einer gewissen Abscheu die Zeitung, in der sie eben gelesen hatte. »Janis Joplin und Jimi Hendrix im vorigen Herbst, und nun ist auch noch Jim Morrison tot – es kommt mir so vor, als läge ein Fluch auf der Popmusik dieser Zeit. Ich mag gar nicht wissen, was sonst in der Welt geschehen ist. Der Vietnamkrieg fordert so viele Opfer. Ich kann diese vielen schlimmen Nachrichten nicht mehr lesen.«

Loulou wollte sich nicht den dunklen Gedanken anschließen, sie antwortete leichthin: »Ach was, die Rolling Stones sind ziemlich lebendig, und die ehemaligen Mitglieder der Beatles haben die Trennung im vorigen Jahr anscheinend auch bei bester Gesundheit überstanden.«

Sie saß in der Wohnung ihrer Mutter am Küchentresen vor einer Tasse Tee. Maxime hatte eine Wand herausbrechen lassen und die Küchenzeile in ihr und Johns Wohnzimmer integriert, die Bereiche waren nur durch eine Bar und Stühle getrennt. Auf diese Weise machte Maxime ihre entflammte Leidenschaft für das Kochen zu einer öffentlichen, geselligen Angelegenheit und bereitete die Menüs für ihre Gäste nicht mehr hinter verschlossenen Türen wie eine

Dienstbotin zu. Maxime hatte Loulou zu sich gebeten, um ihr das Ergebnis eines neuen Rezepts aufzutischen, während ihr Mann seinem Job am Metropolitan Museum nachging. Loulou sollte die Tarte mit grünen Bohnen probieren, die gerade im Ofen brutzelte.

»Du hast bessere Nerven als ich«, behauptete Maxime. »Am besten, du siehst die Meldungen durch und sagst mir am Ende, was ich verkraften kann. Aber bitte nur die guten Nachrichten.«

Ergeben schlug Loulou die Zeitung auf, blätterte über den politischen Teil zu den Gesellschaftsnachrichten. Obwohl sie es abgetan hatte, interessierte sie, was mit Jim Morrison passiert war. Doch bevor sie das Feuilleton erreichte, stutzte sie.

Ein lächelndes Paar schien sie aus dem Blatt heraus direkt anzusehen: Talitha und Paul Getty. Es war das fünf Jahre alte Hochzeitsfoto, das Loulou damals so bewundert hatte. Und darunter stand in geschwungenen Lettern:

Talitha Getty in Rom verstorben

Ihr stockte der Atem, die Hand, die die Zeitung hielt, zitterte, hinter ihren Schläfen trommelten plötzlich Kopfschmerzen. Mit wachsendem Entsetzen las sie den Bericht.

Talitha war zwei Tage nach ihrer Ankunft in der Ewigen Stadt leblos auf der Dachterrasse ihrer ehelichen Wohnung an der Piazza d'Aracoeli aufgefunden worden. Paul hatte die Ambulanz verständigt, und seine Frau wurde mit einem Krankenwagen in die Clinica Villa del Rosario gebracht, wo die Ärzte sie wiederzubeleben versuchten. Ohne aus dem Koma zu erwachen, verstarb sie. Als Todesursache wurde Herzstillstand attestiert. Sie war dreißig Jahre alt geworden und hinterließ einen dreijährigen Sohn, der in London bei seinen Großeltern weilte. Der Witwer war untröstlich. Und so weiter. Und so fort.

»Was ist mit dir?«, fragte Maxime. »Du bist ganz bleich. Ist irgendetwas mit meinem Tee?«

Loulou schluckte, fuhr sich mit der Hand an die Stirn. »Eine Freundin von mir ist plötzlich verstorben.«

»Noch ein Todesfall!« Maxime stöhnte leise auf. »Du solltest mir doch nur von den guten Nachrichten erzählen.«

Ohne darauf einzugehen, rutschte Loulou von dem Barhocker. Sie überlegte, wie spät es gerade in Frankreich war. Dann: »Ich muss dringend telefonieren.«

Ohne eine Antwort oder auch nur das Einverständnis ihrer Mutter abzuwarten, schritt sie zu dem Apparat auf Maximes Sekretär. Die Nummer, die sie wählte, kannte sie auswendig. Eine lange Reihe von Ziffern, die sie schließlich mit dem Hôtel Forain in Paris verband. Es war Dienstag, und die Bürozeit hatte dort sicher schon begonnen. Als sich eine Telefonistin meldete, bat sie, mit Mademoiselle Saint verbunden zu werden.

»*Hâllo, qui …*«

Es tat Loulou wohl, Claras Stimme zu hören. Loulou stützte sich mit der einen Hand auf dem Schreibtisch ab, in der anderen hielt sie den Hörer. »Hier ist Loulou. Ich habe gerade durch die Zeitung von Talithas Tod erfahren. Um Himmels willen, Clara, was ist passiert?«

»Ich weiß nicht mehr als das, was die Presse schreibt. Yves sagt, Talitha sei zu einer letzten Aussprache mit Paul nach Rom geflogen. Sie wollte heute schon wieder zurück in London sein.«

»Wie geht es Yves?«

»Er ist am Boden zerstört, wie du dir sicher vorstellen kannst. Pierre kümmert sich um ihn. Wie immer.«

Loulou dachte unwillkürlich an die Todesfälle in der Musikszene, die ihre Mutter beklagt hatte. Automatisch drängte sich die Frage auf: »Meinst du, es waren Drogen im Spiel? Eine Überdosis vielleicht?«

»Nein, ich glaube nicht. Talitha hatte die Sucht gut überwunden, soviel ich weiß. Sie trank gerne und viel Alkohol, aber wer tut das nicht?« Ein leises bitteres Lachen folgte.

»Es tut mir unendlich leid. Ich sollte mit Yves sprechen …«

»Er ist nicht hier«, unterbrach Clara. »Pierre hat ihn nach Hause gebracht. Ich glaube, er will erst einmal gemeinsam mit Rudolf um Talitha trauern. Ruf ihn später in der Rue Babylone an, wenn du magst. Yves braucht jetzt seine Freunde.«

»Ja. Danke. *Au revoir.*«

Als sie auflegte, bemerkte sie, dass ihre Mutter hinter ihr stand. Still sah sie sie an.

Im nächsten Moment ließ Loulou den aufsteigenden Tränen freien Lauf.

Maxime breitete ihre Arme aus und zog sie an sich.

Loulou konnte sich nicht erinnern, wann sie jemals an der Schulter ihrer Mutter hemmungslos hatte weinen dürfen. Heute jedoch hielt sie sie ganz fest.

VIERTER TEIL

Für mich sieht eine Muse glamourös aus,
ist aber ziemlich passiv.
Ich arbeitete zwölf Stunden täglich,
manchmal noch mehr.
Ich war sicherlich niemals passiv,
ich war immer fleißig.

Loulou de la Falaise

1972

Costa Smeralda, Sardinien

41

In ihrer Reisetasche befanden sich ein Haufen bunter Tücher. Loulou hatte vorigen Herbst auf einer Reise nach Griechenland entdeckt, dass das als Urlaubsgarderobe völlig ausreichte. Ihr Gepäck war in Athen verloren gegangen, und sie musste improvisieren. Diesmal nahm sie gar nicht erst mehr mit als die vielen Schals, die sie sich elegant um den Körper schlang. Das genügte für ein paar Wochen Ferien in dem Haus, das Karim Aga Khan ihrer neuen Freundin Diane von Fürstenberg in Porto Cervo zur Verfügung gestellt hatte.

Der im traditionellen sardischen Stil erbaute Ort war noch nicht einmal acht Jahre alt, der Jachthafen erst vor fünf Jahren eröffnet worden. Alles wirkte noch ein wenig arg neu, doch das störte anscheinend niemanden, Piazza und Gassen waren gut besucht. Durch Gäste wie die Fürstenbergs und deren Freunde versuchte Karim Aga Khan den Jetset für den eigentlich einsamen felsigen Küstenstreifen, vor dem das Meer tatsächlich smaragdgrün schimmerte, zu interessieren. Der Erfolg gab dem Geschäftsmann und Imam der Glaubensgemeinschaft der ismailitischen Nizariten recht. Als Loulou eintraf, wimmelte die Gegend von Menschen mit klangvollen Namen und locker sitzenden Kreditkarten.

Im Gegensatz zu vielen anderen jungen New Yorkerinnen, die sich als Musen oder mit gelegentlichen Modeljobs ein Taschengeld verdienten und im Grunde nur auf einen wohlhabenden Mann warteten, der sie zum Traualter führte, hatte Loulou kein Interesse daran, zwischen Motorbootausflügen samt Wasserski, Sonnenbädern am Swimmingpool und alkoholhaltigen Cocktails an den diversen Bars einen Heiratskandidaten zu finden. Auf gewisse Weise war ihr Herz Fernando treu, ihren Körper schenkte sie dem einen oder anderen Flirt, der ihr gefiel. Ernst nahm sie diese Affären nicht, sie hatte aus der Vergangenheit gelernt. Ihre größten Ziele waren zweifellos nicht die Liebe oder gar Versorgung fürs Leben, sondern Selbstständigkeit und Erfolg. Noch immer litt Loulou unter dem langen Schatten ihrer Mutter, nicht mehr ganz so wie vor ein paar Jahren, aber ihr Selbstbewusstsein befand sich noch lange nicht auf einem Niveau wie etwa das von Marisa Berenson, die sie auf dieser Reise begleitete. Berry hätte auch mitkommen sollen, doch sie war lieber nach Los Angeles geflogen, um ihren neuen Geliebten zu treffen, den Filmstar Anthony Perkins.

Angezogen mit einem Schal, den sie sich um die Hüften gebunden hatte, und einem großen Carré, dessen Zipfel jeweils in ihrem Nacken und in ihrer Taille verknotet waren, döste sie nun ihrer hellen Haut zuliebe auf einem Liegestuhl im Schatten, in der einen Hand ein Glas mit Ginfizz auf Eis und in der anderen eine Zigarette. Es war wundervoll, nichts zu tun.

Lange hatte sie sich mit dem Gedanken an Talithas Tod gequält und nur schwer Ruhe gefunden, doch die Zeit linderte ihren Schmerz. Sie hörte, dass Paul nach Bangkok gefahren war, um seine Trauer zu bewältigen, dann aber nach Rom zurückgekehrt war. Über den Hergang seiner Begegnung mit Talitha schwieg er. Was immer an jenem Tag in der Wohnung geschehen war, nur er wusste es, er sagte aber kein Wort, zu niemandem. Der kleine Tara Gabriel wurde von Pauls erster Frau mit den vier Kindern aus dieser Ehe großgezogen, was sich anscheinend als glückliche Fügung erwies. Inzwischen verfolgten Loulou keine schrecklichen Bilder mehr von Talitha, die mehr an einen Horrorfilm erinnerten und wohl nicht der Realität entsprochen hatten. Die ganze Geschichte bestätigte nur wieder einmal ihre Vorbehalte gegen die Ehe und einen möglichen Kinderwunsch.

»Loulou!« Diane winkte von der Terrassentür heraus. »Telefon für dich. Ein Anruf aus Paris.«

Als sie ihr Glas abstellte und aufstand, die Zigarette klemmte zwischen ihren Lippen, überlegte sie, dass vielleicht Fernando mit der Nachricht anrief, ebenfalls ein paar Tage auf Sardinien verbringen zu wollen. Dieser Gedanke beschwingte sie und beschleunigte ihre Schritte.

»Hallo?!«

»Loulou? Hier ist Clara Saint.«

Von der hatte sie schon ewig nichts mehr gehört! »Das ist ja eine schöne Überraschung!«, rief Loulou erfreut aus. »Woher weißt du, wo ich bin?«

»Fernando hat es uns verraten.«

»Uns?«

»Yves, Pierre und mir. Thadée auch, nehme ich an. Es ist gut, dass ich dich erreiche, Yves will dich sehen.«

Claras Formulierung irritierte Loulou. Sie zog an ihrer Zigarette. »Warum ruft er mich nicht selbst an?«, fragte sie verwundert, während sie den Stummel in dem Aschenbecher, der neben dem Telefon stand, ausdrückte.

»Es ist ein wenig kompliziert. Er will dich nicht als Freundin treffen, sondern dir ein Jobangebot unterbreiten. Du sollst zu einem Vorstellungsgespräch herkommen. Und du weißt, wie Yves Privates und Berufliches zuweilen trennt. Da er die Sache sehr diskret behandeln möchte, bat er mich, mit dir zu sprechen.«

Meine Güte, dachte Loulou, sie hatte bisher doch nur ein paar Entwürfe für Halston gezeichnet, was konnte sie schon tun, das ein Modezar wie Yves Saint Laurent benötigte? »Um welchen Job handelt es sich, bitte?«

»Das kann ich dir nicht sagen, Loulou, tut mir leid.«

Eine Frau, die einen russischen Balletttänzer aus den Klauen sowjetischer Agenten befreite, war verschwiegen. Daran bestand für Loulou kein Zweifel. Und für Yves wohl auch nicht. Außerdem waren sie alle befreundet. Deshalb hatte er Clara gebeten, sich mit ihr in Verbindung zu setzen, und nicht Fernando, der in seiner Unbekümmertheit manchmal ein wenig geschwätzig war. Nur, was um alles in der Welt war bloß so wichtig, dass Yves derartige Maßnahmen ergriff? Ihre Neugier wuchs. Dennoch zögerte sie. Was sollte sie mit einem Job in Paris? Sie hatte sich in New York ein Leben aufgebaut. »Tja, ich weiß nicht …«

»Wann kannst du kommen?«, drängte Clara.

Ach was, fuhr es Loulou durch den Kopf, wenn sie schon einmal in Europa war, konnte sie auch einen Ausflug nach Paris unternehmen. So weit war es ja nicht, und sie würde ihre alten Freunde wiedersehen. Was immer Yves von ihr wollte, sie hatten bestimmt wieder Spaß miteinander. Jedenfalls nach dem offenbar ernsten Gespräch, über das sie im Moment eigentlich nur lachen konnte, weil es so unwirklich erschien.

»Ich erkundige mich gleich nach den Verbindungen zum Festland«, versprach sie, »und rufe dich wieder an, wenn ich dir einen Termin nennen kann. Richte Yves schöne Grüße aus, ich komme, so schnell ich kann.« Hin- und hergerissen zwischen ihrem Staunen, einer gewissen Vorfreude und unendlicher Spannung legte sie auf. Dann sah sie sich nach einem Zigarettenetui und einem Feuerzeug um. Bevor sie sich nach der Reise erkundigte, musste sie erst einmal zur Beruhigung eine rauchen. Was auch immer bei Yves los war, aufregend war es allemal.

Paris

42

Nachdem sie dem Taxifahrer die Adresse Rue de Babylone 55 genannt hatte, lehnte sich Loulou im Fond des Wagens zurück und überlegte zum x-ten Male, was Yves zu dieser Geheimniskrämerei bewogen haben mochte. Auf der einen Seite überließ er das Angebot und die Terminvereinbarung einer verlässlichen Mitarbeiterin, auf der anderen bat er Loulou zu dem Gespräch in seine Privatwohnung und nicht in sein Büro im Hôtel Forain. Was, um alles in der Welt, war das für ein Job? Es war fast ein bisschen unheimlich.

Eine halbe Stunde später schritt sie unter dem Jugendstilvordach aus Glas und Schmiedeeisen entlang, Pierre öffnete ihr die schwarz lackierte Eingangstür zu seiner und Yves' Wohnung, die kleine Bulldogge schnüffelte an Loulous Schuhen. Der Hausherr küsste sie auf beide Wangen und nahm ihr die Reisetasche ab, die sie, da sie direkt vom Flughafen kam, bei sich hatte.

»Yves erwartet dich im Salon«, sagte er und ging voraus durch die in leuchtendem Lippenstiftrot gestrichene Halle, dicht gefolgt von seinem Hund.

Loulou musterte Pierres Rücken und dachte amüsiert, dass er im legeren Polohemd und Blazer einem Landedelmann heute ähnlicher sah als dem Staatspräsidenten, den sie in der Vergangenheit so oft an ihm entdeckt hatte.

Yves schien in die Betrachtung seiner Sammlung afrikanischer Schnitzereien versunken, als Pierre und Loulou den Salon betraten. Wie immer an seinen Arbeitstagen war er formell gekleidet, trug einen Anzug, weißes Hemd und eine dunkle Krawatte. Er wandte sich zu ihr um, beugte sich herunter und küsste sie ebenfalls auf beide Wangen. »Wie schön, dass du kommen konntest, Loulou.«

»Ich bitte dich, mach es nicht so spannend: Was ist los?«

Mit ausgesuchter Höflichkeit deutete er auf die Sitzgelegenheiten. »Bitte, nimm Platz.« Und nachdem sie sich gesetzt hatte, ließen er und Pierre sich ebenfalls nieder.

»Nach dem Missverständnis um die Couture-Show vor eineinhalb Jahren wollte Yves dergleichen nicht mehr präsentieren«, hob Pierre an. »Es ging in den folgenden Saisons zwar nicht ganz ohne Haute Couture, aber Yves brachte deutlich kleinere Kollektionen auf stark reduzierten Veranstaltungen. Das Hauptaugenmerk lag in dieser Zeit vollständig auf der Marke Rive Gauche.«

»Davon habe ich gehört.« Loulou schlug die Beine übereinander. »Leider konnte ich vorigen Herbst nicht nach Paris fliegen, aber ihr beide hattet ja offensichtlich großen Erfolg!«

»Die Prêt-à-porter läuft großartig«, stimmte Yves mit seinem typischen stillen, stolzen Lächeln zu. »Rive Gauche verlangt inzwischen dreihundert Entwürfe pro Saison. Das ist ziemlich viel …«

»Wow! Ich fand ja schon die einhundertachtzig Entwürfe für die Haute Couture sehr viel, aber wenn du die herunterfährst, dann …«

»Das will ich eben nicht mehr«, unterbrach Yves. »Ich möchte zur Modewoche im Januar wieder eine vollständige Haute-Couture-Kollektion zeigen, aber die erfolgreiche Prêt-à-porter darüber natürlich nicht vernachlässigen.«

Insgesamt etwa fünfhundert Entwürfe pro Saison, rechnete Loulou im Kopf nach und dachte: Wahnsinn! Stumm wartete sie die weiteren Erläuterungen ab.

Yves rückte seine Brille zurecht, als Pierre erklärte: »Das Haus Saint Laurent wird immer größer. Das bedeutet mehr Arbeit. Vor allem für Yves. Deshalb braucht er Unterstützung …«

»Ich brauche Hilfe«, korrigierte der Modeschöpfer. »Ich brauche jemanden an meiner Seite, auf den ich mich hundertprozentig verlassen kann. Jemand, der mit mir auf einer Wellenlänge ist. Eine Freundin wie dich.«

Erst als sie sich, tief durchatmend, zurücklehnte, fiel ihr auf, wie angespannt sie den Ausführungen gefolgt war und dass sie die Luft angehalten hatte. Sie verstand sein Ansinnen, aber sie sah sich nicht in der Position, die er zu vergeben hatte. Dafür verfügte sie ja über viel zu wenig Erfahrung in der Modebranche. Mit großen Augen sah sie von Yves zu Pierre. Sie war vollkommen ratlos.

Als hätte er ihre Gedanken erraten, sagte Pierre: »Die Branche ändert sich gerade sehr. Eine junge, frische Sicht auf die Dinge kann nur förderlich sein. Yves hat im Lauf der Jahre ein Team von Designassistenten aufgebaut, die ihm Vorschläge unterbreiten, aber das genügt nicht. Er braucht jemanden, der uneingeschränkt loyal zu ihm steht und ihm an den anderen Mitarbeitern vorbei direkt zuarbeitet. Fernando meinte, dass du die ideale Besetzung dafür bist.«

»Oh!«, entfuhr es ihr. »Fernando hat mich empfohlen?«

Yves schmunzelte. »Halston schwärmte auch sehr von deiner Arbeit.«

»Tatsächlich?« Loulou schüttelte den Kopf. »Ich hatte keine Ahnung, dass ihr euch bereits alle einig geworden seid. Okay, dann fliege ich eben ein wenig öfter von New York nach Paris und zurück.«

»Loulou, es geht hier um einen Vollzeitjob«, stellte Pierre richtig. »Nicht um eine freiberufliche Tätigkeit.«

Für *Queen* hatte sie täglich mindestens acht Stunden gearbeitet, aber seitdem war sie wie ein Schmetterling durch die Szene geflattert. Sie wusste nicht, ob sie geeignet war für ein Arbeitsleben, das morgens um neun Uhr begann und um siebzehn Uhr endete. Vor allem aber wusste sie nicht, ob sie ausschließlich in Paris leben wollte, der Stadt, die sie niemals als ihr Zuhause betrachtet hatte. Stimmt nicht, protestierte eine innere Stimme. Unwillkürlich erinnerte sie sich an die Geborgenheit, die sie damals sofort bei Fernando und im Kreis seiner Freunde empfunden hatte. Selbst die legendäre Factory von Andy Warhol ersetzte dieses Gefühl nicht. Außerdem gab in Manhattan Maxime den Ton an, deren Dominanz jeden von Loulous Schritten zu bestimmen schien. Im Grunde war sie dort wieder eine Marionette ihrer Mutter. Bot ihr Yves nun die Freiheit? Würde sie sich in Paris selbst finden können? Und war sie nicht eigentlich schon längst von New York gelangweilt?

»Ich muss darüber nachdenken«, sagte Loulou. Sie hob ihre Hand und massierte ihre Stirn, als könnte ihr diese Bewegung nützlich sein.

»Es wäre wichtig, dass du bald anfangen kannst«, meinte Yves. »Auf jeden Fall bevor die Arbeit an der neuen Haute-Couture-Kollektion beginnt. Ich brauche dich im Herbst.«

»Mich hält nichts in New York«, entfuhr es ihr. Mit einem kleinen Lächeln fügte sie hinzu: »Aber trotzdem muss ich drüben ein paar Dinge regeln.«

»Du solltest dir alles noch einmal in Ruhe überlegen.« Pierre erhob sich von seinem Platz – ganz der Chef, der das Einstellungsgespräch als beendet betrachtete. »Ich bitte dich nur um absolute Diskretion. Einen Wirbel über eine mögliche Veränderung im Personal braucht das Haus Saint Laurent nicht.«

»Natürlich«, stimmte sie zu.

*

Erst als sie die Wohnung verlassen hatte, wurde ihr die Aufregung bewusst, die von ihr Besitz ergriff. Sie machte ein paar Schritte durch die Sommerhitze, die sich in den engen Straßen fing und von den Sandsteinwänden der Gebäude reflektiert wurde. Sie zog das Sakko aus, das sie über dem Schal trug, den sie sich als Ersatz für eine Bluse um den Oberkörper gebunden hatte. Schweiß brach ihr aus allen Poren, aber sie ignorierte die Hitze, versunken in ihren Gedanken und der alles entscheidenden Frage, was sie tun sollte.

Sie lenkte ihre Schritte zu dem Haus, in dem Clara und Thadée wohnten. Am Telefon hatte sie mit Clara vereinbart, dass sie bei den beiden unterkommen könnte, wenn sie für eine Nacht in Paris blieb. Ihr fiel ein, dass sie ein Zimmer brauchte, wenn sie hierherziehen wollte. Zum ersten Mal in ihrem Leben musste sie sich etwas Eigenes suchen. Wenn sie das Angebot annahm, als persönliche Assistentin von Yves Saint Laurent zu arbeiten. Wenn sie sich für Paris entschied. Himmel, was für eine Veränderung stünde ihr da bevor!

Es war früher Nachmittag, und Clara war natürlich im Büro, aber Loulou hoffte, Thadée anzutreffen, der als einziger ihrer Freunde keiner festen Beschäftigung nachging. Er schrieb Texte, die nicht veröffentlicht wurden, und dafür brauchte er keine feste Arbeitszeit – das hatte er ihr selbst einmal so erklärt.

Thadée öffnete ihr in einem langen Morgenmantel aus Brokat, den er sich anscheinend gerade übergeworfen hatte. Sein Haar war zerzaust, seine Augen leuchteten auf, als er sie sah. Er breitete die Arme aus.

»Loulou! Willkommen zu Hause!«

In diesem Moment wusste sie, dass sie nach Paris gehörte.

43

Zwei Monate später betrat Loulou das Hôtel Forain zum ersten Mal als Mitarbeiterin von Yves Saint Laurent – und spürte nichts als Panik. In der Zeit, in der sie ihre Zelte in New York abgebrochen hatte, standen sie zwar in Kontakt, doch mit seiner Jobbeschreibung war Yves bis heute recht vage geblieben. Aus der Ferne wirkte die Unsicherheit aufregend und neu, inzwischen war Loulou nur noch nervös und ratlos.

Als sie sich für ihren ersten Arbeitstag zurechtmachte, orientierte sie sich deshalb am äußeren Erscheinungsbild von Pierre, Yves und Clara, die alle so konservativ gekleidet in ihre Büros gingen, als arbeiteten sie bei einer Bank. Sie trug einen grauen Faltenrock, eine weiße Bluse und eine bordeauxrote Jacke und sah darin wie die einstige Absolventin des Lycée Français aus, dazu viel jünger als ihre fünfundzwanzig Jahre. Auf Schmuck verzichtete sie ganz. In ihrer bunten Aufmachung hätte sie sich wohler gefühlt, aber sie wollte um keinen Preis einen falschen Eindruck erwecken, zumal sie ja nicht wusste, wie sie eingesetzt würde.

Bei ihrer Ankunft saß Yves an seinem schlichten modernen Schreibtisch. Vor ihm auf der mit Filz bespannten Arbeitsplatte lag wie abgezirkelt eine Reihe frisch angespitzter Stifte, daneben Papier auf einem ordentlichen Stapel, in Bechern und Ablagekästen befanden sich weiteres Schreibzeug und Zeichenutensilien, an einer Pinnwand hinter ihm waren Skizzen von Kleidern, Schuhen und Hüten befestigt. Ein bisschen wirkte sein kreativer Raum wie das Sprechzimmer eines Arztes, klar, hell und fast karg. Der ganze Nippes, mit dem er sich in seiner Privatwohnung umgab, fehlte hier völlig.

»*Bonjour*, Loulou«, grüßte er sie mit seinem sanften, schüchternen Schmunzeln. »Wir sollten gleich ins Atelier gehen, damit ich dich vorstelle. Bis jetzt habe ich noch niemandem verraten, dass du ab heute für mich arbeitest.«

Loulou wusste nicht, ob sie über diese Information lachen oder weinen sollte. Seine nach wie vor bestehende Geheimniskrämerei machte sie noch nervöser, als sie eh schon war. »Ja, gehen wir«, antwortete sie mit einer Munterkeit, die sie nicht empfand.

Das Atelier war ein großer, heller Raum mit hohen Fenstern, der vor allem aus Regalwänden, Kleiderstangen, Schneiderpuppen und ein paar Tischen bestand, die fast unter Rollen und Ballen mit den verschiedensten Stoffen verschwanden. Eine schlanke, etwa vierzigjährige Frau mit halblangen, glänzenden schwarzen Haaren und in einem weißen Kittel, die zuvor bei einer kleinen Gruppe ebenso gekleideter Frauen an einem Tisch gestanden hatte, kam eilig auf Yves zu.

»*Maître?*«

Loulou blinzelte. Diese überaus respektvolle Anrede irritierte sie.

»Madame Muñoz«, hob Yves unbeeindruckt an, »darf ich vorstellen? Das ist Loulou de la Falaise. Ich habe diese wilde junge Freundin als Assistentin engagiert.«

Jung traf natürlich zu, aber Loulou sah an sich hinunter und fand sich in ihrer Schuluniform alles andere als wild. Die Mitarbeiterinnen, die die Köpfe reckten, ließen sich nicht anmerken, wie verwundert sie waren. Loulou schenkte der Runde ein freundliches Lächeln, dann streckte sie Madame Muñoz die Hand entgegen. »Ich freue mich, Sie kennenzulernen.«

Ein warmer Händedruck antwortete ihr. Und: »Ganz meinerseits, Mademoiselle.«

»Anne-Marie Muñoz ist die Leiterin des Ateliers«, erklärte Yves. »Ihr werdet eng zusammenarbeiten.«

»Wenn Sie das wünschen, werden wir es gut machen«, versicherte Anne-Marie Muñoz.

Yves stellte Loulou die anderen Mitarbeiterinnen vor, dann verließen sie das Atelier und durchquerten andere Büros und Werkstätten mit weiteren Angestellten. Ihr schwirrte bald der

Kopf von den vielen Gesichtern und Namen. Genau genommen hatte sie sich außer dem von Madame Muñoz keinen einzigen gemerkt. Etwas war ihr jedoch aufgefallen. »Hier duzt sich niemand«, bemerkte sie, als sie neben Yves auf dem Weg zurück in sein Arbeitszimmer waren.

»Ich lege Wert auf gewisse Förmlichkeiten. Viele meiner Leute kenne ich schon lange, Madame Muñoz arbeitete bereits bei Dior mit mir zusammen. Aber es gehört sich doch so, dass man sich siezt, nicht wahr? Das sorgt für ein besseres Klima.« Er lächelte sie an. »Es sei denn, es handelt sich um eine alte Freundin wie dich, Loulou.«

Die französischen Traditionen hatte Loulou zweifellos noch nicht verinnerlicht. Die lockere Atmosphäre der Amerikaner war noch weiter entfernt als Swinging London. Obwohl sie so viel Spießigkeit nicht gewohnt war, würde sie sich natürlich fügen. Eine neue Zeit begann.

※

Loulous Befürchtung, dass es sich um einen langweiligen Nine-to-five-Job handeln könnte, wurde enttäuscht. Ihre Tätigkeit ging weit darüber hinaus. Wie Yves und die anderen begann sie morgens pünktlich, aber am späten Nachmittag war ihre Arbeit noch nicht beendet, sie ging meist nahtlos in die Freundschaft mit ihrem Chef über, und nicht selten endete ihr Zusammensein mitten in der Nacht vor einem Club, wenn sie in verschiedenen Taxen in ihre jeweiligen Wohnungen fuhren. Loulou schlief in diesen ersten Wochen bei Clara und Thadée, ihr tägliches Dasein bestand jedoch vor allem daraus, der Schatten von Yves Saint Laurent zu sein.

Er wünschte, dass sie sich ständig an seiner Seite aufhielt. Ein zweiter Schreibtischstuhl war in sein Arbeitszimmer gebracht worden, sodass sie neben ihm saß, wenn er an seinen Entwürfen arbeitete. Die meisten Modelle der noch immer im Gegensatz zu früher etwas kleineren Kollektion für Frühjahr/Sommer 1973 hatte er in den Ferien in Marrakesch kreiert, achtundsechzig Designs, weich fallende Hosenanzüge im Stil eines Herrenpyjamas, schmale Röcke, die die Knie bedeckten, bodenlange, luftig wirkende Kleider. Jetzt überlegte er Verbesserungen.

Wenn sie die Köpfe über einer Skizze zusammensteckten, fragte er sie um ihren Rat, und manchmal antwortete sie: »Das ist ein wirklich toller Ärmel, aber warum machst du die Naht nicht anders?« Anfangs war ihre Antwort eine mehr oder weniger unüberlegte Reaktion, die ihr sogar ein wenig peinlich war. Als er sie aber ermunterte, einen Stift zur Hand zu nehmen und ihre Meinung umzusetzen, strichelte sie auf seinen Papieren, genau so, wie Joe Eula es ihr beigebracht hatte. Schon bald wurde sie mutiger und stellte eigene Ideen dar. Es waren nur Kleinigkeiten, ein Strich dort, mehr Lebendigkeit in einem Faltenwurf an einer anderen Stelle.

Er trieb sie mit seinem Lob an: »Die Haute Couture ist eine ziemlich altmodische Angelegenheit, und der Ablauf in der Herstellung eines Kleides ist seit Jahrzehnten derselbe, deshalb ist dein frischer Blick äußerst hilfreich.«

Loulou fühlte sich geschmeichelt, es bereitete ihr Freude, mit Yves an seinen Entwürfen zu feilen. Trotzdem fühlte sie sich am Ende eines Tages überflüssig. Sie ertappte sich bei dem Gedanken, dass diese Arbeit unmöglich von Dauer sein konnte. Mit der nächsten Modenschau in ein paar Wochen war es sicher vorbei mit ihrem Job bei Yves Saint Laurent, der ihrer Ansicht nach mehr ein Freundschaftsdienst war. Sie hatte jedoch keine Zeit, sich ernsthaft zu sorgen oder gar ihre Zukunft zu überdenken, denn so oder so war ihr Einsatz gefordert.

Zunächst modellierte Yves mit Unterstützung von Anne-Marie Muñoz seine Kreationen. An einer Schneiderpuppe drapierte er große Rechtecke aus Schleiernessel zu Ärmeln und Kragen,

Rückenteilen und Vorderseiten, Röcken und Hosenbeinen nebst dem jeweiligen Bund, malte mit Kreide die Linienführung auf. Das weich fließende, relativ dünne Material ersetzte die Stoffe aus Chiffon und Seide, aus denen die Modelle später genäht würden.

Loulou stand neben dem Designer und seiner Direktrice, meist eine Zigarette zwischen den Lippen, den Blick konzentriert auf die Hände des Meisters gerichtet, und reichte ihm Stecknadeln an, mit denen er aus dem leichten Baumwollgewebe einen ersten greifbaren Eindruck seiner Entwürfe schuf. Sie dachte kaum darüber nach, was sie tat, es entwickelte sich eine Art stiller Automatismus im Zusammenspiel zwischen ihr und Yves, dem sich Madame Muñoz klaglos unterordnete. Am Ende eines Tages wunderte sich Loulou, dass sie so lange durchgehalten hatte. Eigentlich hatte sie bis jetzt angenommen, dass ihre Aufmerksamkeit nicht über Stunden auf eine bestimmte Tätigkeit ausgerichtet sein könnte. Durch ihre Arbeit lernte sie eine neue Seite an sich kennen.

Aus den an der Büste modellierten Kunstwerken entwickelte Anne-Marie die Schnitte. Gemeinsam mit ihrem Team machte sie daraus die ersten Abbildungen der Entwürfe, aus Nessel geschneiderte Versionen des Designs. Gleichzeitig mussten die Originalstoffe bestellt werden, ebenso Knöpfe, Garne, Bandwaren, Reißverschlüsse. Eine Aufgabe, bei der Loulou assistierte. Unerwartet fand sie sich in stundenlangen Telefongesprächen mit Fabrikanten in der Schweiz und den unterschiedlichsten Kunsthandwerkern in Frankreich über die Liefertermine wieder. Sie setzte Listen auf, kontrollierte mit Anne-Marie die nach und nach eingehenden Pakete. Darüber hinaus entwickelte sie sich zu einer Art Mädchen für alles, das auch einmal einen Drink für Yves mixte, wenn der notwendig wurde. Sie wuselte ständig herum, trug längst wieder ihre bunte Garderobe und sorgte in dem schwarz-blau-beigen Alltag des Hauses Yves Saint Laurent für farbige Präsenz.

Die für die Modenschau gebuchten Mannequins tauchten

nach und nach auf. Sie zogen die auf ihre Maße gefertigten Entwürfe an, Yves inspizierte die provisorischen Modelle, riss Ärmel raus, wo ihm die Nahtführung nicht gefiel, überdachte Schnitte, Loulou stets neben sich. Sie rollte Stoffe auf und reichte ihm die Bahnen, wenn er sich einen Eindruck von der Wirkung eines Materials oder Musters verschaffen wollte, und gab ihm immer wieder Stecknadeln, die sie sich statt einer Zigarette zwischen die Lippen geklemmt hatte oder in den Taschen des weißen Kittels aufbewahrte, den sie wie alle anderen im Atelier trug. Es wiederholte sich das Drapieren und Feststecken, diesmal an einem lebendigen Körper mit teurer Seide und Chiffon. Häufig fragte er Loulou um Rat, und sie schlug die eine oder andere winzige Änderung vor. Dabei behielt sie eine Neuerung in der Wahrnehmung der Haute Couture im Auge, die Yves erkannt und an einem Abend auf dem weißen Sofa in seiner gemütlichen Bibliothek mit ihr besprochen hatte: Der damenhafte Look der Vergangenheit hatte keine Zukunft, auch in der höchsten Kategorie der Mode wollten sich die Frauen nicht mehr den Zwängen der Vergangenheit unterwerfen, alles musste lockerer wirken und wie selbstverständlich die Figuren umschmeicheln.

Stunden vergingen in tiefster Konzentration, die damit endeten, dass Loulou Whisky Sour oder Gin-Cocktails für alle zubereitete. Sie bemerkte, wie sehr Yves von seinen Models geliebt und wie viel Respekt Pierre entgegengebracht wurde. Yves' Partner gab sich in diesen Wochen der Vorbereitung relativ unnahbar, er spielte den kühlen Geschäftsführer eines internationalen Unternehmens, der auch mal die Stimme erhob, wenn eine seiner Anforderungen nicht wie gewünscht erledigt wurde. Loulou, die Pierre durchaus als sehr nachsichtigen Freund erlebt hatte, amüsierte sich heimlich über den herrischen Ton, mit dem er die Mitarbeiterinnen und Mitarbeiter herumscheuchte. Sie selbst beggnete der Hektik mit der Gelassenheit einer Britin aus der Oberschicht. Ihre Großmutter wäre stolz auf sie gewesen.

1973

Paris

44

Die Modelle hingen nebeneinander auf einer Kleiderstange, die Accessoires lagen in offenen Schachteln auf einem Tisch. Längst waren die Anproben erledigt, letzte Nähte und Säume umgenäht und gebügelt. Jedes Mannequin wusste exakt, was es in welcher Reihenfolge anziehen sollte. Gemeinsam mit Loulou und Anne-Marie entschied Yves, welche Gürtel, Schals, Hüte und Ketten zu den jeweiligen Anzügen und Kleidern auf dem Laufsteg getragen werden sollten. Zuvor hatte er Loulou eine Polaroid in die Hand gedrückt und gebeten, mit der Sofortbildkamera Aufnahmen von den ersten Versuchen zu machen. Anhand dieser Fotos besprachen sie die Wirkung der einzelnen Teile, tauschten etwas aus oder beließen es bei dem Eindruck. Es war Yves' Weg in die Perfektion.

»Karl geht da ganz anders vor«, sagte er beiläufig zu Loulou, als sie von dem Zimmer, in dem alles für die Modenschau bereitstand, Seite an Seite zurück in Yves' Büro liefen. »Der rollt unmittelbar vor jeder Schau von Chloé einen Kleiderständer in die Garderobe, und die Mädchen dürfen sich nehmen, was sie tragen möchten. Das ist reinstes Chaos, findest du nicht auch?«

»Ich hielt Karl immer für sehr ordentlich«, erwiderte Loulou lächelnd. »So kann man sich irren.«

Yves rückte seine Brille zurecht. »Er sagt, seine Präsentationen sollen Spaß machen und avantgardistisch sein. Neulich holte er sich sogar eine Passantin von der Straße, um sie auf den Laufsteg zu schicken. Das bedeutet Unsicherheit, aber auch Aufmerksamkeit um jeden Preis.«

»Und das funktioniert?«, fragte Loulou erstaunt, während sie ihren weißen Kittel aufknöpfte.

»Frag ihn selbst.« Yves streckte die Hand aus, um ihr den Arbeitsmantel abzunehmen. »Wir treffen uns gleich im Café de Flore. Karl will uns seine Muse vorstellen.«

»Oh! Hat er einen neuen Freund? Was ist mit Antonio Lopez?«

»Ach, das soll seit Monaten vorbei sein. Karl ist verrückt nach dem Neuen.« Yves lächelte verschmitzt. »Er soll kurzzeitig Steward bei Air France gewesen sein. Nun ja, ich liebe diese blauen Uniformen auch. Lassen wir uns überraschen, *Chérie*.«

»Ja, komm. Die anderen warten sicher schon in der Halle auf uns.« In Gedanken fügte Loulou hinzu, dass sie alle dringend eine Pause brauchten. Die letzten Tage vor der Präsentation waren eine nicht enden wollende Fortsetzung von Stress und mangelndem Schlaf, der allmählich sogar sie angriff. Mit guter Laune, ein paar hilfreichen Pillen und viel Stehvermögen hielt sie sich auf den Beinen, einfach war das jedoch nicht. Und zum ersten Mal fragte sich Loulou ernsthaft, was aus ihr werden würde, wenn die Ruhe nach dem Sturm eintrat, die Aufträge durch die Kunden erteilt und die Interviews mit den wichtigsten Modejournalisten geführt worden waren, wenn Yves mit Pierre in die Ferien nach Marokko flog. Sie hatten bisher nicht über die Zukunft gesprochen, und genau genommen konnte sie sich nach den vergangenen Monaten nicht mehr vorstellen, irgendwo anders zu arbeiten als an der Seite von Yves Saint Laurent. Sie verscheuchte die trüben Gedanken jedoch sofort und reihte sich wie immer mit großem Hallo in seine Entourage ein. Pierre, Clara und Thadée, Betty und Paloma warteten tatsächlich schon auf sie beide.

Karl thronte bereits am Kopfende eines langen Tischs. In seiner Gesellschaft befand sich ein sehr junger, sehr schlanker, sehr schöner Mann, der wie aus einem klassischen Gemälde entsprungen wirkte – oder wie aus einer Gruppe, die zu einer Studentenverbindung gehörte, dachte Loulou. Seine konservative Garderobe war vorbildlich geschnitten und aus hervorragenden Materialien, schien jedoch aus einer anderen Zeit zu stammen. Seine Gesten waren ebenso manieriert wie das dunkle Menjoubärtchen, das er trug. Er hob ihre Hand und hielt sie länger als nötig ein paar Zentimeter unter seinem Bärtchen in der Luft.

»Jacques de Bascher«, stellte Karl seinen Freund mit einem gewissen Unterton vor. Offensichtlich war er stolz auf seine Eroberung.

»Mademoiselle de la Falaise, Sie sind schön wie eine Figur von Marcel Proust«, sagte der junge Mann.

»Ich habe Proust nicht gelesen«, erwiderte Loulou lächelnd, entzog ihm sanft ihre Hand und setzte sich an den Tisch.

»Wahrscheinlich fehlte dir dafür die Zeit«, warf Thadée spöttisch ein, der neben ihr Platz nahm.

Die Gespräche drehten sich für einen Moment um die Bestellung, ein Kellner kam und ging, brachte die Getränke. Während Loulou mit Paloma über die Herkunft einer Kette scherzte, die ihre Freundin trug, spürte sie, wie Yves sie nachdenklich betrachtete. Schließlich sah sie auf und traf seinen Blick.

»In der Tat«, meinte Yves versonnen. »Du hast etwas von Odette.«

»*Eine Liebe Swanns* ist Yves' Lieblingsgeschichte von Proust«, erklärte Pierre amüsiert. »Wenn er irgendwo inkognito sein möchte, nennt er sich Monsieur Swann.«

»Also sind Sie ein Lebemann, Yves Saint Laurent«, stellte Jacques de Bascher fest. Offensichtlich erfreute oder beeindruckte ihn diese Erkenntnis.

»Dafür arbeitet er viel zu viel«, widersprach Karl.

Alle lachten und wandten sich anderen Themen zu. Es wurde einer dieser Abende, an denen viel Unsinn geredet wurde, jeder zu viel trank und rauchte und Loulou zu wenig aß. Als das Café de Flore schloss, zogen sie weiter in die nahe gelegene Bar la Mine, ein Schwulenclub, in dem Loulou sich köstlich amüsierte.

Wenn sie später an diese Nacht dachte, tauchte in ihrer Erinnerung vor allem eine Szene auf, die sie in dem Moment für gänzlich unwichtig gehalten hatte: Jacques de Bascher, der Yves mit einem geheimnisvollen Lächeln und vertrauensvollem Gehabe eine kleine goldene Dose zeigte, die er aus seiner Westentasche gezogen hatte. Auf den ersten Blick war es nur eines jener Schmuckstücke, mit denen sich Dandys der vergangenen Jahrhunderte gebrüstet hatten. Damals enthielten diese Büchsen Schnupftabak, der junge Mann verwahrte darin jedoch ein weißes Pulver: Kokain.

45

Durch einen Spalt in dem beigen Vorhang, der an dem Triumphbogen am oberen Ende des Laufstegs befestigt war, spähte Loulou zu den Zuschauerinnen und Zuschauern und versuchte, die Stimmung der Gäste von Yves Saint Laurents erster großer Haute-Couture-Show nach zwei Jahren Pause einzuschätzen. Sie bemerkte eine gewisse Unruhe im Publikum, schrieb diese jedoch den hohen Erwartungen zu, die an die Präsentation gestellt wurden.

Ihr fiel Eugenia Sheppard vom *International Herald Tribune* auf einem der bestplatzierten Stühle auf. Die über siebzigjährige Ikone des Modejournalismus wirkte mit ihrer blondierten, toupierten Frisur über einem freundlichen Gesicht und in einem pastellfarbenen Kostüm von Chanel wie die nette, wohlhabende Amerikanerin von nebenan. Doch Loulou wusste ja, wie bissig gerade diese Kolumnistin sein konnte: Überraschenderweise schien die Grande Dame des Modejournalismus jegliche Empörtheit abgelegt zu haben. Eugenia lächelte versonnen, wirkte ruhig und entspannt, als könnte sie kein Wässerchen trüben. An welch glückliches Ereignis sie sich auch erinnern mochte, es war ein gutes Zeichen, dass sie keine schlechten Gedanken umtrieben. Eine stille Heiterkeit lag auf der alten Dame, deren Betrachtung auch Loulou wohltat.

»Offensichtlich hat Madame Sheppard die Neuigkeit noch nicht erreicht«, flüsterte eine Frauenstimme in Loulous Rücken.

Überrascht fuhr Loulou herum. »Was ist los?«

Clara hinter ihr schlug sich erschrocken die Hand vor den Mund. »Oh, du weißt es auch noch nicht? Dann habe ich ja Hoffnung, dass Yves erst nach der Show erfährt, was passiert ist.«

Stumm hob Loulou die Schultern und ließ sie ratlos wieder fallen.

»Es geht um den Tod von Talitha«, raunte Clara. »Die Behörden in Rom haben eine neue Untersuchung eingeleitet. Paul Getty soll zur Befragung vorgeladen werden.«

»Aber die Staatsanwaltschaft hat ihn doch bereits vernom…«

»Die italienische Presse setzte die Ermittler wohl unter Druck«, unterbrach Clara leise. »Es scheint neue Erkenntnisse zu geben, wie sie verstorben ist und dass der Totenschein zu leichtfertig ausgestellt wurde. Die Vermutungen, dass irgendjemand ihr eine tödliche Dosis Heroin gespritzt haben könnte, werden in den Klatschspalten so oder so wieder hochkochen, was immer die Polizei herausfindet.«

Mit ihrem unerschütterlichen Hang, selbst schlechte Nachrichten in ein positives Licht zu wenden, erwiderte Loulou: »Ich bin sicher, Paul wird beweisen können, dass an den Gerüchten kein Funken Wahrheit ist.«

»Keine Ahnung, ob er das kann. Jedenfalls sieht es schlecht aus. Er befindet sich auf der Flucht.«

Loulou schnappte nach Luft. Was immer Paul bewogen haben mochte, sich einer Aussage vor den italienischen Behörden zu entziehen, es war fatal. Alles Mögliche konnte in sein Verhalten hineininterpretiert werden, und sicher betrachteten es manche Leute als ein Schuldeingeständnis. War Paul verantwortlich für den Tod seiner Frau? Nur er wusste, was damals geschehen war, aber er schwieg bislang beharrlich. Falls sich Yves so kurz vor seiner Präsentation erneut mit dieser Frage auseinandersetzen müsste, käme es einer Katastrophe gleich.

Unwillkürlich flogen Loulous Augen zu dem nur mittelgroßen Mann in einem exzellent geschnittenen Blazer, der zwischen den Mannequins stand und Nummern verteilte wie ein Oberster Richter Gesetzesblätter. »Weiß Pierre es schon?«

»Er bat mich, die Sache von Yves fernzuhalten.«

Loulou ließ sich nicht anmerken, wie schockiert sie selbst über die Nachricht war. »Was bedeutet, dass es neue Erkenntnisse gibt?«, wollte sie sachlich wissen.

»Talitha ist obduziert worden …«

»Um Himmels willen!« Loulou dachte an die Beerdigung im kleinen Familienkreis der Pols auf einem Friedhof in Amsterdam, von der sie nur gehört hatte, weil Desmond dabei gewesen war. »Wurde ihr Leichnam etwa exhumiert?«

Stumm nickte Clara.

Hinter ihnen klatschte Pierre in die Hände. »Meine Damen, jetzt wird nicht mehr geratscht. Bitte alles auf Position!«

Mit der Konzentration, die Loulou in den vergangenen Monaten bei Yves gelernt hatte, wandte sie sich ihren Aufgaben zu. Anfangs etwas langsamer, dann aber doch tatkräftig.

Sie ging in den Ankleideraum zu Yves und Anne-Marie Muñoz. Dort zupfte sie Schals zurecht, setzte den Mannequins die Hüte auf, legte Ketten an und nahm sie wieder ab, wenn die Mädchen atemlos zurückkamen. Dabei beachtete sie, dass die Reihenfolge, wie Yves sie festgelegt hatte, streng eingehalten wurde. Für den

Notfall hielt sie eine Puderquaste bereit, um eine glänzende Nase zu mattieren, und griff auch mal nach einer Dose mit Haarspray, wenn es notwendig war, weil sich eine Frisur auflöste. Im Grunde agierte sie wie damals als Stylistin für Helmut Newton.

Wie durch einen Nebelschleier wehte gelegentlicher Applaus nach hinten, offensichtlich gefiel die eine oder andere Kreation dem Publikum. Loulous Herz stolperte in diesen Momenten ein wenig, ihre Knie wurden weich, doch sie ließ sich die Aufregung nicht anmerken. Dann drang Pierres Poltern herein, und ihr kam es vor, als würde in ihrem Kopf ein Schalter umgestellt, der die Präsentation auf Anfang brachte. Ein neues Modell war das Äquivalent zu neuem Glück.

Yves betrachtete seine Mode mit dem skeptischen Blick der Unsicherheit, sprach wenig, die Anspannung stand ihm ins Gesicht geschrieben. Er überließ die fachlichen Kommentare seiner Direktrice und den einen oder anderen Scherz Loulou. Wenn er ein Mädchen rausschickte, wirkte er kurz wie verloren, als wäre ihm ein enger Freund in Form etwa eines Hosenanzugs genommen worden. Das änderte sich rasch, die nächste Robe musste angezogen und vorgeführt werden. Bis am Schluss das Brautkleid das Finale einläutete.

Tosender Beifall erfüllte das Hôtel Forain. Wie lange vor dem Debakel der Vierzigerjahrekollektion schallten Hoch- und Bravorufe durch die Etagen. Die Mannequins stellten sich zu einem Schlussdefilee auf.

Zum ersten Mal wandte sich Pierre um. Ein Lächeln wischte die Strapazen aus seinem Gesicht. »Yves, komm, du musst raus!« Der Klang seiner Stimme war noch energisch, ein wenig hektisch, aber nicht mehr so herrisch und angespannt wie zuvor.

Anne-Marie Muñoz atmete tief durch. Sie begann wie die Mannequins, die noch nicht wieder hinausgegangen waren, zu klatschen. Die Mitarbeiterinnen und Mitarbeiter, die sich hinter der Bühne versammelt hatten, fielen in den Applaus ein, strahlende Augen richteten sich auf Yves. Loulous Armreife klirrten.

Noch ein wenig verlegen drängte sich Yves durch die Menge, irgendjemand hielt ihm den Vorhang auf. Dann ein leichter Schubs von Pierre – und Yves ging unter dem allgemeinen Jubel nach draußen.

Loulou sah seine gerade Haltung, die stolz gestrafften Schultern. Sie wusste, dass er jetzt strahlen würde wie sonst fast nie. Die Katastrophe ist ausgeblieben, fuhr es ihr durch den Kopf. Und sie dachte an Talitha, die sie sich an einem solchen Tag in Yves' Nähe gewünscht hätte.

*

Es war alles wie früher: die Cocktailparty nach der Show, das Essen, zu dem Yves und Pierre jeden einluden, der auf irgendeine Weise an der Kollektion mitgearbeitet hatte, der Auftritt von Lucienne, die sich wie einer Königsmutter huldigen ließ. Als sie endlich Luft holte, kam Loulou nicht umhin, sich wieder zu fragen, ob sie nun Abschied nehmen musste – und an Talitha und Paul zu denken.

Auf der Suche nach ihrem Handtäschchen, das sie verlegt hatte, streifte sie am späten Nachmittag durch die nun verlassene Ankleide. Alles war aufgeräumt, die Accessoires waren in die Schachteln zurückgelegt, die Kleider, Hosen, Röcke und Jacken hingen unter Baumwollsäcken ordentlich aufgereiht an den Ständern. Es roch nach Puder, Parfüm, Kreide, Schweiß, Staub und der Gasheizung: ein seltsam magischer Duft, der durch die Luft flirrte und in dieser stillen Szene einen großen Zauber verbreitete. Für einen Moment dachte sie, es müssten goldene Sterne von der Decke rieseln. Wie einst als Ballerina drehte sie sich um die eigene Achse ...

Ein Geräusch ließ sie aufhorchen. Es klang, als stieße Holz aneinander, dann ein Scharren auf dem Boden. Offenbar machte sich jemand an den Stühlen im Salon zu schaffen. Sicherheitsdienst oder Spediteure, Loulou wusste es nicht. Ganz selbstverständlich nahm sie den Weg der Mannequins heute Morgen, ging durch den Triumphbogen und auf den Laufsteg hinaus.

Der Kronleuchter war ausgeschaltet, ein Lichtstreifen fiel durch die geöffnete Tür aus dem Korridor, durch ein Fenster drang das gelbe Licht einer Straßenlaterne. Es war dämmrig, doch auf den zweiten Blick bemerkte Loulou die Silhouette eines einsamen Mannes, der auf einem der goldenen Samtstühle in der Mitte der zweiten Reihe saß und gedankenverloren ins Leere blickte.

»Pierre?!« Sie runzelte die Stirn, lief ein paar Schritte weiter nach vorn. »Was machst du denn noch hier?«

Er hob den Kopf. »Ich versuche, zur Ruhe zu kommen.«

»Wo ist Yves?«

»Im Le Sept, nehme ich an, mit den anderen. Warum bist du nicht dabei?«

Sie hob die Arme und ließ sie in einer Art Kapitulation wieder fallen. »Ich habe meine Handtasche vergessen«, erklärte sie lächelnd.

»Möchtest du dich einen Moment zu mir setzen?«

Die Frage überraschte sie. Für gewöhnlich war Yves ihr Anknüpfungspunkt, Pierre war ihr trotz vieler Jahre Freundschaft immer ein wenig fremd geblieben – wohl weil sie mit Yves mehr verband. Es war eigentlich wie immer: Yves stand in der Sonne, Pierre im Schatten. Doch das Angebot rührte sie. Sie ging ein paar Schritte weiter, sprang gelenkig vom Laufsteg und setzte sich auf einen Stuhl in der ersten Reihe direkt vor Pierre. Dann wandte sie sich zu ihm um.

»Hast du deine Tasche gefunden?«

»Noch nicht.«

»Hier geht nichts verloren …« Pierre unterbrach sich, schüttelte den Kopf. »Vor einiger Zeit fürchtete ich, Yves habe hier sein Genie verloren. Oder sein Glück. Die Schau damals war eine Katastrophe.«

»Ich hatte heute schreckliche Angst vor einem Zusammenbruch, als Clara mir die Neuigkeiten aus Rom berichtete. Weiß Yves es eigentlich inzwischen?«

»In dem ganzen Trubel hat er die Tragweite der Geschichte wohl nicht richtig wahrgenommen. Das ist gut so. Leider neigt er dazu, sich bei derartigen Nachrichten mit Drogen abzulenken – anstatt sich von den Stoffen fernzuhalten, die seiner Freundin wohl den Tod brachten. Wenn ihn die Verzweiflung erst morgen überkommt, ist es besser. Ich kümmere mich um ihn.«

»Du rettest ihn immer, nicht wahr? Vor sich selbst und vor allem Möglichen.«

»Yves Saint Laurent ist mein Leben«, antwortete Pierre einfach.

Loulou nickte. »Ich glaube, meines auch.«

In stillem Einvernehmen sahen sie einander an. Auf der Straße heulte die Sirene eines vorbeifahrenden Polizeifahrzeugs, in der Ferne erscholl ein Hupkonzert.

»Weißt du«, hob Pierre nach einer Weile an, »das Defilee heute erinnerte mich an unseren Anfang. Ich fühlte mich wie vor elf Jahren, als Yves hier seine erste eigene Kollektion präsentierte – seine erste Show nach dem Rauswurf bei Dior damals. Es war fantastisch. So wie heute.«

Stumm hörte sie zu, wartete geduldig, dass er fortfuhr.

»Hinter Yves lagen sehr schwere Zeiten. Das Trauma hat er bis heute nicht überwunden. Es ist verantwortlich für seine Labilität, vor allem Drogen gegenüber.« Pierre sprach wie zu sich selbst. Er starrte vor sich hin, sah vielleicht irgendwo in diesem Saal etwas, von dem Loulou nichts wusste, und führte seinen Monolog fort: »Als Christian Dior plötzlich verstarb und Yves zu seinem

Nachfolger ernannt wurde, war das natürlich eine Sensation. Mit dem Brautkleid, das er für Farah Diba entwarf, als sie den Schah von Persien heiratete, wurde Yves Saint Laurent als Leiter von Dior weltberühmt. Er konnte kaum damit umgehen, ein schüchternes, blutjunges Genie, das er war. Doch dann wurde er zum Militärdienst und in den Algerienkrieg eingezogen. Dafür war er nicht geschaffen. Er brachte gerade einmal zwanzig Tage der Grundausbildung hinter sich, dann erlitt er einen Nervenzusammenbruch.«

Loulou holte tief Luft. Sie wünschte, sie hätte eine Zigarette bei sich, aber ihr Etui war in der vermissten Handtasche. Betroffen murmelte sie: »Ich kann mir vorstellen, dass es ihm dabei schlecht ging …«

»Yves erhielt hohe Dosen von Beruhigungsmitteln und Psychopharmaka und wurde einer Elektroschocktherapie unterzogen. Es war ein Albtraum. Für ihn, aber auch für mich. Ich habe ihn im Militärhospital in Val-de-Grâce besucht, sooft es erlaubt war. Gleichzeitig kümmerte ich mich um seine Angelegenheiten hier in Paris, seine Eltern waren ja in Oran, und sonst hatte er niemanden. Marcel Boussac, der Eigentümer des Hauses Dior, entließ Yves in dieser Zeit fristlos. Also klagte ich – und Yves bekam Recht und eine sechsstellige Abfindung.«

Sie erinnerte sich, dass ihr Fernando vor langer Zeit einmal erzählt hatte, Pierre sei manchmal wie ein Vater für Yves. Freund, Geschäftspartner und auch noch Vaterfigur war ziemlich viel für eine Person, hatte sie damals gedacht, möglicherweise zu viel für eine Beziehung. Doch nun verstand sie, wie besonders das Verhältnis der beiden war. Es war so anders als das, was ihre Eltern trotz zweier Kinder jemals gehabt hatten. Sie schluckte die Tränen, die in ihr aufstiegen, hinunter und fragte: »Habt ihr von der Abfindung das Modehaus aufgebaut?«

»Es war ein Anfang, aber es reichte nicht. Wir benötigten ein paar Geldgeber mehr, aber die habe ich aufgetrieben.« Pierre breitete seine Arme aus, als wollte er den Salon umarmen. »Wie du siehst.«

Sie nickte. Inzwischen wusste sie, dass die Kosten jeder einzelnen Kollektion enorm waren. Viel interessanter als die wirtschaftlichen Belange war für sie jedoch die Vorgeschichte. »Meinst du, in diesem Militärhospital wurde Yves süchtig gemacht?« Der Gedanke war schockierend.

»Er ist selbst davon überzeugt, Loulou. Deshalb müssen wir auf ihn aufpassen.«

»Da hast du recht …« Sie atmete tief durch.

Pierre blickte wieder in eine unsichtbare Ferne, dann schien er sich ihrer Gegenwart und der verstrichenen Zeit bewusst zu werden. Er legte seine Hände auf die Knie und richtete sich auf. »Wir sollten gehen, Yves wird schon auf uns warten. Ich kann deine Handtasche bestimmt finden!«

46

Nach der Modenschau trat im Hôtel Fornier keine Entspannung ein, denn dieser Abschluss war verbunden mit den Vorbereitungen auf die nächste Modenschau. Im April stand das Defilee der Rive-Gauche-Kollektion an. Weniger Eleganz, mehr Masse, das war Pierres Devise. Rund zweitausend Zuschauer waren in dem gemieteten Zelt an der Porte de Versailles zugelassen, und die Präsentation umfasste fast dreihundert Teile, einschließlich der Accessoires. Yves schien Tag und Nacht an seinen Entwürfen zu arbeiten – mit Loulou an seiner Seite, die ebenso tapfer wie diszipliniert seinetwegen auf ihren ohnehin knapp bemessenen Schlaf verzichtete. Die Mannequins saßen in der Zwischenzeit wieder in ihren weißen Bademänteln in der Garderobe und warteten darauf, dass der Meister bereit war, seine Kreationen zu modellieren. Alles ging ein wenig schneller als bei der Haute Couture, die Schnitte waren einfacher, die Eleganz wich einer gewissen Modernität. Aber gerade das fiel Yves nicht immer leicht.

»Diese Bluse ist toll, aber mach sie lieber etwas schlichter«, schlug Loulou vor, während im runden Licht der Schreibtischlampe auf dem Skizzenblock vor ihr ein Oberteil mit vielen Details entstand. Sie hockte auf der Schreibtischkante und sah seinen langen schmalen Fingern zu, die schnelle und anscheinend simple, aber im Ergebnis doch ziemliche komplexe Striche auf das Papier warfen. Bis zu ihrer Arbeit in seinem Atelier hatte sie sich nie so lange auf eine bestimmte Sache konzentrieren können. Doch seine Fokussierung schien ansteckend zu sein, seine Aufmerksamkeitsspanne übertrug sich auf sie. »Wenn du den Kragen änderst, würde diese Bluse bestimmt noch besser aussehen…«

»Meine Mutter würde das niemals tragen«, warf er ein. Dabei wirkte er nicht rechthaberisch, sondern fast ein wenig verwundert darüber, dass sie nicht einer Meinung waren.

»Natürlich nicht, deine Mutter ist eine Dame, die Haute Couture trägt, und nicht die junge Frau von der Straße, die deine Prêt-à-porter liebt.« Lebhaft gestikulierend fuhr sie ernst, aber leidenschaftlich fort: »Wir erleben gerade die größte Veränderung, seit es Mode gibt: Die jungen Frauen wollen nicht mehr wie eine Comtesse de Paris aussehen, sondern wie alle anderen jungen Frauen auf der Straße. Das ist eine vollkommen neue Einstellung.«

»In diesem Haus arbeiten viele Leute für mich«, erwiderte Yves nachdenklich, während er seine Brille zurechtrückte. »Es sind hervorragende Mitarbeiter …«, er legte eine Kunstpause ein, »aber kein einziger würde es wagen, mich zu korrigieren. Alle erzählen mir ständig, wie genial ich bin.«

Unwillkürlich schnappte sie nach Luft. War das seine Art, ihr einen Vorwurf zu machen? Yves war sensibel, aber auch harmoniesüchtig, er klagte niemals direkt an, das überließ er notfalls

Pierre. Nun hatte die wochenlange Zusammenarbeit Loulou in ihren Ausführungen mutiger werden lassen als bei der Haute Couture. Da hatte sie zwar auch ihre Meinung gesagt, aber anfangs nicht ganz so deutlich. War sie zu weit gegangen?

»Yves«, hob sie vorsichtig an, »ich will nur helfen …«

Ihren Einwand ignorierend, unterbrach er sie: »Du bist näher an der Jugend und an der internationalen Szene als ich.« Plötzlich lächelte er. »Ich vertraue dir. Es wird der Tag kommen, an dem ich nicht mehr weiß, wie ich ohne dich in meiner Nähe arbeiten soll. Es ist ja jetzt schon fast so weit. Danke, Loulou!«

Natürlich verlangte ihre Erziehung, dass sie das, was wie eine Liebeserklärung klang, ein wenig herunterspielte. Aber sie war sprachlos. Sie war berührt von dem, was er gesagt hatte, und ihr fehlten die Worte für eine angemessene Antwort. Deshalb rettete sie sich in Sachlichkeit: Sie tippte mit dem Zeigefinger auf die Zeichnung.

»Ein paar prägnante Accessoires würden den Eindruck verschwinden lassen, dass es sich um eine Kollektion für Damen von vortrefflicher Eleganz handelt. Ich meine, auffallender Schmuck im Ethnostil …«, wie zur Untermalung klapperten ihre vielen Armreife, »… ist schick und modern und etwas ganz anderes als dieses Bling-Bling am Hals und den Ohren von Cartier und …«

»Ich weiß, dass die wohlhabende Kundin der Haute Couture in der Regel echte Juwelen trägt. Leider habe ich gerade keine Möglichkeit, deine Idee umsetzen zu lassen. Der Mitarbeiter, der für diese Linie zuständig ist, ist nicht da.«

»Wenn du möchtest, kann ich mich an ein paar Entwürfen versuchen.«

Erst als sie es ausgesprochen hatte, wurde ihr bewusst, dass sie Yves Saint Laurent gerade vorgeschlagen hatte, Modeschmuck zu entwerfen, angelehnt an Stücke aus verschiedenen Jahrhunderten und Kulturen, eben genau das, was sie selbst gerne trug.

War das anmaßend? Sie besaß noch sehr wenig Erfahrung im Designen, obwohl sie in den letzten Monaten immer wieder das Zeichnen geübt hatte. Es war arrogant von ihr, sich überhaupt ins Gespräch bringen zu wollen. Eine Abfuhr wäre dennoch schwer zu ertragen. Sie rutschte von ihrem Platz, rang hilflos die Hände. Jetzt klapperten ihre Armreife plötzlich hektisch.

»Wir haben denselben Blick für Ästhetik«, behauptete Yves. Sein Lächeln wurde ein breites Grinsen. »Dann mach den Schmuck für Rive Gauche, Loulou. Aber du solltest dich beeilen, die Kollektion muss bald fertig sein.«

Es war kaum vorstellbar, wie schnell es ging, ihre Träume zu verwirklichen. Es war so einfach. Vollkommen verrückt.

Sie brach in schallendes Gelächter aus. »Du bist ulkig.«

Die Brille wurde wieder auf dem Rücken der schmalen Nase hin und her gerückt. »Findest du?«, gab er irritiert zurück.

»Natürlich. Du machst Witze. Ich habe schließlich nie gelernt, Schmuck zu entwerfen.«

»Dann wird es höchste Zeit, dass du es tust.« Er lächelte sie zuversichtlich an, bevor er den Blick wieder auf seinen eigenen Entwurf senkte. »Vorher jedoch sollten wir uns über diese Bluse hier einigen und ein paar weitere Modelle besprechen …«

Ihr Herz raste, ihre Hände zitterten vor Aufregung. Am liebsten hätte sie einen Bleistift aus der Box auf seinem Schreibtisch genommen, Yves um ein Blatt Papier gebeten und begonnen, ihre Ideen umzusetzen. Doch es war nicht die Gelegenheit für so viel Spontaneität. Sie versuchte, sich zusammenzunehmen und ihre Gedanken auf die Rive-Gauche-Modelle zu konzentrieren, doch sie schweiften immer wieder ab, hin zu der ungeheuerlichen Möglichkeit, die ihr Yves eben geboten hatte. Sie wollte ihm um den Hals fallen, um ihm zu danken, unterließ es jedoch. Im Grunde konnte sie ihm vor allem damit danken, dass sie die Rolle als Ratgeberin ausfüllte, die er von ihr verlangte. Sie atmete tief durch.

»Nachher fahren wir ins Cabaret«, entschied Yves unvermittelt. »Im Michou soll eine vortreffliche Persiflage auf Mireille Mathieu gezeigt werden …«

Obwohl alles sie dazu drängte, zu zeichnen, nickte Loulou. Die Travestieshows, die im Cabaret Michou am Montmartre gezeigt wurden, waren erstklassig und perfekt dazu geeignet, den Stress eines langen Arbeitstages abzuwerfen.

»Großartig«, versicherte sie. »Wenn du nicht erwartest, dass ich bei ›Akropolis Adieu‹ mitsinge, bin ich natürlich dabei.«

»Karl will auch da sein und Jacques de Bascher mitbringen«, erwiderte er.

Verwundert registrierte sie den angespannten Unterton in seiner Stimme. Es hatte in der Vergangenheit hin und wieder Auseinandersetzungen zwischen Yves und Karl Lagerfeld gegeben. Die beiden hatten sich gestritten und irgendwann wieder versöhnt, ihr jeweils engster Kreis den des anderen kurzfristig gemieden, bevor man einander erneut umarmte und so tat, als wäre alles nur ein Missverständnis gewesen oder – noch besser – gar nichts passiert. Offenbar lag schon wieder eine Unstimmigkeit in der Luft. Was immer es war, sie stand an Yves' Seite.

Liebevoll legte sie ihm die Hand auf die Schulter.

Er hob seine Hand ebenfalls und umschloss ihre Finger. Es war wie ein stiller Pakt.

Marrakesch, Marokko

47

Mitte Mai stand Loulou vor einer Aleppokiefer im Zitronengarten von Dar el Hanch und betrachtete hingerissen die Bienenfresser, die sich auf einem Ast sammelten. Grün, Braun, Sand, Gelb, Grau, Rostrot, Schwarz – die Natur hatte einen einzigen Vogel mit so vielen Farben ausgestattet, wie Loulou sie in ihren fröhlichsten Zeiten auf Stoff gedruckt trug. Wenn sie ein Vogel wäre, dachte sie, würde sie so aussehen wollen wie diese bunten kleinen Spechte.

Sie spitzte die Lippen, um ein Lied zu pfeifen. Es wurde ihr zwar mit einem wohlwollenden »krük-krük« geantwortet, doch so richtig traf sie die Tonlage der Bienenfresser anscheinend nicht. Vielleicht waren sie aber auch irritiert durch den Sopran der Maria Callas, der in voller Lautstärke von den Lautsprechern auf der Terrasse über das Grundstück wehte. Yves und die anderen Mitglieder ihrer Clique saßen jetzt sicher mit einem Drink auf den Poufs oder lagen in Liegestühlen, eingelullt vom Alkohol und von der Musik, rauchten Tabak oder Kräuter.

Loulou war zu nervös, um sich den anderen anzuschließen. Deshalb unternahm sie einen Spaziergang. Sie wartete auf einen neuen Gast – und wusste nicht, ob sie seine Ankunft herbeisehnen oder fürchten sollte.

Auf einer Party für Salvador Dalí im Hotel Meurice in Paris, zu der Fernando sie mitgenommen hatte, war ihr Ricardo Bofill begegnet, ein blendend aussehender Katalane, ein brillanter Architekt, der gerade von Barcelona an die Seine übersiedelte, charmant und erfolgreich. Er war an ihr interessiert – und sie fand ihn faszinierend. Als sie jetzt jedoch die Bienenfresser beobachtete und gespannt darauf wartete, ob er tatsächlich ihrer Einladung folgen und nach Marrakesch fliegen würde, überlegte sie sich auch, ob ein Mann wie Ricardo, der architektonisch sicher beeindruckende, aber auf sie streng und dunkel wirkende Vorortsiedlungen plante, der richtige Partner für einen bunten Vogel wie sie wäre. Sie flatterte nun einmal gerne herum. Sie war jung und ungebunden, das einzig Feste in ihrem Leben war der Job bei Yves Saint Laurent. Der hielt sich. Yves hatte ihr zu ihrer größten Erleichterung längst gesagt, dass er sich seine Arbeit ohne ihre Mitwirkung nicht mehr vorstellen könne.

Hinter sich nahm sie Schritte wahr. Wahrscheinlich war einer ihrer Freunde auf der Suche nach ihr. Und sofort rasten die Gedanken durch ihren Kopf. War Ricardo angekommen? Hatte er angerufen? Oder suchte nur ein anderer Spaziergänger ihre Gesellschaft? Sie drehte sich um.

Vor ihr stand mit einem kleinen verlegenen Lächeln – nicht Ricardo.

Thadée sah sie aus funkelnden Augen an. Er trug eine weiße, mit Silberfäden bestickte Gandoura, die ihm eine geheimnisvolle Aura verlieh. Wie ein Prinz aus Tausendundeiner Nacht.

Irgendetwas an seinem Blick war tief und verwirrend. Dennoch fragte sie: »Hast du Ricardo gesehen? Ist er schon angekommen?«

»Nein. Ich sehe immer nur dich.« Er legte seine Hände auf ihre Schultern, beugte sich leicht vor. Einen Atemzug später streiften seine Lippen ihren Nacken.

Unwillkürlich zuckte sie zusammen. Ein Prickeln strömte durch ihren Körper, das sie an die Bläschen in Champagner denken ließ. Doch der sinnliche Eindruck war so schnell vorbei wie der Einschnitt einer Schere in eine Bahn aus Seide.

»Was machst du hier?«, stieß sie hervor, obwohl sie eigentlich fragen wollte: »Warum hast du das gemacht?« Im Grunde aber spielte die eine Antwort ebenso wenig eine Rolle wie die andere. Der Kuss war bezaubernd gewesen. Amüsant. Zärtlich. Aufregend. Ungewöhnlich. Und angesichts der Person vollkommen deplatziert. Was sollte dieser Kuss? Der hatte nichts mit ihrer Freundschaft zu tun. Es war das erste Mal, dass er sich ihr auf diese intime Weise näherte. Dabei hatten sie sogar schon im selben Bett geschlafen. Mit Clara. Thadée provozierte ein reines Durcheinander …

Um ihre Verlegenheit zu überspielen, brach Loulou in schallendes Gelächter aus. »Du hast mich überrascht«, sagte sie kichernd.

Offenbar teilte er ihren Witz nicht, denn er antwortete ernst: »Weißt du eigentlich, dass ich seit dem Moment in dich verliebt bin, als ich dich bei Fernando das erste Mal sah?«

»Was?« Sie hörte auf zu lachen. »Das kann nicht sein. Ich hätte doch gemerkt, wenn …« Verwundert unterbrach sie sich. Ihr wurde mit einem Mal klar, dass sie seine Zuneigung wahrscheinlich niemals bemerkt hätte, weil sie einfach nicht damit rechnete. Ihre Stimme verlor sich, während sie in Thadées Augen blickte und sich fragte, warum dieser sonst so stille Mann sich ihr jetzt und hier öffnete. In diesem völlig falschen Moment, in dem sie eigentlich auf einen anderen wartete. Nein! Thadée gehörte zu Clara. Alles andere war lächerlich, absolut inakzeptabel.

Sie schnappte nach Luft. Ohne darüber nachzudenken, hob sie ihre Hand und berührte die noch immer seltsam glühende Stelle zwischen ihrem Turban und dem Kragen ihres Kaftans mit den Fingerspitzen.

»Ich möchte, dass du diesen Kuss nie vergisst. Er soll etwas Besonderes sein.« Und als wäre damit alles gesagt, wandte er sich um und schritt langsam zurück. Ein Mann mit gerader Haltung, lässig und elegant wie ein Model für nordafrikanische Herrenmode auf dem Laufsteg.

O nein!, rief sie ihm stumm nach. *Ich werde diese Szene ignorieren. Es ist nichts geschehen.*

Die Erinnerung würde ihre Freundschaft zerstören.

Es war nur ein Kuss.

Eine unvergessliche Zärtlichkeit.

*

Der Spaziergang brachte ihr nicht mehr die erhoffte Ruhe. Sie machte kehrt, stolperte mehr in Richtung Haus, als dass sie ruhig ausschritt wie Thadée zuvor. Dabei versuchte sie genaue Pläne für die nächsten Minuten zu machen: Sie wollte eine Zigarette rauchen, sich einen Drink nehmen und die anderen fragen, ob sie von Ricardo gehört hätten. Nein, sie würde sich erst nach Ricardo erkundigen, dann eine Zigarette anzünden – oder doch lieber erst einen Drink mixen? Wie, um alles in der Welt, sollte sie sich verhalten, wenn sie Thadée begegnete? Vielleicht war ein Drink zu Anfang die allerbeste Idee. Warum war sie nur so verwirrt? Es gab doch keinen Anlass!

Als sie von der Helligkeit des Sonnenlichts in die Dämmerung des Riads trat, hielt sie inne. Zuerst sah sie nichts, ihre Augen mussten sich an die veränderten Lichtverhältnisse gewöhnen. Doch nach kurzer Zeit wurden die Konturen wieder schärfer, die Farben der Fliesen leuchtender – und sie erkannte die schmale Gestalt von Yves in weißen Shorts und einer Tunika. Er schien konzentriert an einem Sekretär unter einem Fenster zu arbeiten, hinter dem sich ein Palmwedel wie ein Fächer bewegte, neben sich eine Laterne, in der eine Kerze flackerte.

Neugierig trat sie näher. »Entwirfst du deine neue Kollektion?«, fragte sie leise.

Er hob den Kopf, blickte sie durch seine Brillengläser erstaunt an. »Nein. Nein, nein. Keine Zeichnungen. Ich entwerfe einen Brief. Leider bin ich nicht sehr geübt im Verfassen von Liebesbriefen.«

»Wie originell«, kommentierte sie sein Ansinnen. Die Idee, dass Yves eine zärtliche Nachricht an Pierre verfasste, war bezaubernd. Helfen konnte sie ihm jedoch nicht dabei. Und wollte es natürlich auch nicht. Ihr eigenes Liebesleben entwickelte sich gerade derart unerwartet kompliziert, dass sie die letzte Person war, um Ratschläge zu erteilen.

»Er ist so gebildet wie eine Wiedergeburt von Oscar Wilde. Deshalb möchte ich mich gewählt ausdrücken.«

Aus den Gedanken gerissen, starrte sie Yves an. Pierre war belesen, doch gewiss keine Reinkarnation des berühmten Schriftstellers des Fin de Siècle. Aber an wen wollte er denn sonst schreiben?

Er schien ihre stumme Frage zu erraten, vielleicht war ihr die Bemerkung auch unbewusst über die Lippen gekommen – Yves' traurige Augen leuchteten auf, als er antwortete: »Ich habe mich in Jacques de Bascher verliebt. Er hat mich verhext mit seiner Sinnlichkeit und seiner Leidenschaft. Ich werde ihm Casablanca-Lilien schicken lassen und ihm schreiben, was ich fühle, verstehst du? Doch mir fehlen die richtigen Worte.«

Fassungslos starrte sie ihn an. Sollte die bewundernswerte Partnerschaft zwischen Yves und Pierre tatsächlich am Ende sein? Wegen eines einundzwanzigjährigen Dandys in Samtblazer und Fliege? Zog es Yves tatsächlich zu Jacques? Und Pierre? Was würde aus ihm werden, wenn Yves einen anderen Mann liebte? Außerdem war Jacques mit Karl liiert. Die beiden lebten in getrennten Wohnungen, die Karl bezahlte, und waren trotzdem ein Paar. Das änderte aber wohl wenig an den Gefühlen eines Menschen. Clara und Thadée wohnten in einem gemeinsamen Apartment, aber Thadée wollte sie, Loulou. Was sollte daraus werden?

Es war wie ein Kaleidoskop. Oder wie ein Puzzle, zu dem sie die passenden Teile nicht fand. Eine unsichtbare Hand schien alles falsch zusammenzusetzen.

EPILOG

Loulou ist Charme, Poesie, Exzess
und Extravaganz in einem.

Yves Saint Laurent

※

Yves ist Perfektion!
Er lehrte mich Gleichgewicht und Proportionen.
Er hat die formschönsten Augen,
die ich je gesehen habe.

Loulou de la Falaise

11. Juni 1977

Paris

Die Liebe geht seltsame Wege, sinnierte Loulou, während sie sich an ihrem Toilettentisch im Spiegel betrachtete. Eigentlich sah sie sich gar nicht richtig, nur die eigenen Umrisse und das Glühen ihrer Zigarette. Sie hatte kein Licht eingeschaltet, und das fahle, durch das Fenster hereinfallende Graurosa der Morgendämmerung genügte gerade einmal für ein paar Schatten. Für sie war es in Ordnung, denn sie war nicht hier, um sich für den wichtigsten Termin ihres Lebens zurechtzumachen, noch nicht, sondern weil sie im ersten Moment keinen anderen Platz gefunden hatte.

Sie konnte nicht schlafen, und statt sich im Bett hin und her zu wälzen oder mit Medikamenten zu beruhigen, hatte sie sich hierhergesetzt, wo sich ein Aschenbecher, Zigarettenetui und Feuerzeug befanden. Ein Drink wäre vielleicht auch noch ganz gut gewesen, aber sie verzichtete im Gedanken an den Kaffee, den sie sich irgendwann später zubereiten würde. Und außerdem müsste sie dazu ihr Schlafzimmer verlassen.

Eigentlich wollte sie ja auch nur ein wenig zurückblicken. Welcher Tag eignete sich besser zu dieser Reflexion als der eigene Hochzeitstag? Der Zeitpunkt, an dem sich alles veränderte. In zwölf Stunden war sie wieder eine verheiratete Frau, nicht mehr der bunte Vogel, der von Ort zu Ort flatterte, wild und frei sein wollte. Doch im Grunde hatte sie sich schon damals gebunden, als sie ihren Job im Haus Yves Saint Laurent antrat. Obwohl sie bis heute keine genaue Bezeichnung für ihre Tätigkeit kannte, war dies die beständigste Partnerschaft ihres Lebens.

Nein, korrigierte sie sich stumm, das stimmt so nicht. Die längste Beziehung war zweifellos ihre Freundschaft mit Desmond. Es war ihr wichtig gewesen, seinen Segen zu ihrer zweiten Ehe zu erhalten. Schließlich hatte er offenbar einiges richtig gemacht: Er war zur Ruhe gekommen. Olda erwies sich als perfekte Madam von Glin Castle, und inzwischen waren die beiden Eltern von drei kleinen Töchtern. Das waren definitiv gute Voraussetzungen für einen Rat.

Wen hätte Talitha wohl geheiratet, wenn sie die Chance auf eine zweite Ehe gehabt hätte? Die Erinnerung an ihre Freundin stimmte Loulou einen Moment traurig. Talithas Tod war nie aufgeklärt worden. Die Obduktion hatte nicht nur Alkohol und Barbiturate in ihrem Körper ergeben, sondern auch Rückstände von Heroin. Wann sie das Rauschgift genommen hatte, ließ sich nicht mehr feststellen. Und Paul schwieg weiterhin beharrlich. Die schreckliche Entführung seines ältesten Sohnes aus seiner ersten Ehe im Sommer vor vier Jahren hatte die öffentliche Sicht auf Paul und seine Familie verändert. Talithas Schicksal geriet angesichts des Verbrechens der kalabrischen Mafia in Vergessenheit. Inzwischen hatte er eine andere Frau geheiratet, ein ehemaliges Fotomodell namens Victoria Holdsworth, die er in Marrakesch kennengelernt hatte. Er stiftete Bibliotheken und lebte zurückgezogen in einem wunderschönen Anwesen nordwestlich von London, italienischen Boden betrat er nicht mehr.

Auf Yves hatte die Tragödie genau jene Auswirkung gehabt, die Pierre befürchtet hatte: Er flüchtete sich vor der Realität in den schillernden Nebel der Drogen. Hilfreich stand ihm Jacques de Bascher zur Seite, der junge Verführer, dem er in vielerlei Hinsicht hörig wurde. Zugegeben, Jacques war unterhaltsam, charmant, witzig und veranstaltete unglaublich originelle Partys – auf Kosten von Karl, der unverdrossen an seinem Gefährten festhielt. Es kam zu einem Eklat zwischen Yves und Pierre, der zu Pierres Umzug in das Hôtel Plaza Athénée führte. Aber Pierre kam zurück und vertrieb Jacques kürzlich mit einer Abfindung in unbekannter Höhe aus Yves' Leben. Aus den Freunden Yves und Karl wurden jedoch erbitterte Gegner. Der Liebeskummer machte Yves nicht glücklicher, aber langsam schienen sich sein Gemütszustand und seine Gesundheit etwas zu stabilisieren.

Immerhin arbeitete er wieder mit fast voller Kraft. Für alles andere hatte er Loulou an seiner Seite. Es hatte außer Frage gestanden, dass er ihr Brautkleid entwarf. Diesmal hatte nicht Maxime das Sagen! Von dem Schatten ihrer Mutter hatte sich Loulou nach und nach befreit, auch wenn dieser ziemlich lang war und sie Maxime gegenüber stets loyal blieb.

Loulou drückte die Zigarette in dem bereitstehenden Aschenbecher aus und erhob sich von dem Hocker. Der Himmel vor ihrem Schlafzimmerfenster hatte sich aus dem Graurosa in einen hellen Blauton verwandelt, der mit feinen gelben Schlieren durchzogen war. Wie sie diese Farben liebte!

Die Robe, die sie nachher anziehen würde, war jedoch weiß, eine Mischung aus französischem Barock und arabischer Kultur. Seide, Spitzen, Troddeln und ein Turban ersetzten ihre Affinität zu allem Bunten. Sogar ihr Schmuck würde uni und weiß sein. Bei der Anprobe hatte sie sich großartig gefühlt. Und unendlich glücklich! Kleid und Accessoires warteten in ihrem Ankleidezimmer auf den großen Moment. Yves und Pierre, die ihre Hochzeitsfeier ausrichteten, wollten daraus das tollste Fest dieses Jahrzehnts machen. Loulou kannte nicht alle Details, aber sie wusste, dass ihre Gäste mit Booten durch den Bois de Boulogne zu ihrem Ball gleiten würden. Was für ein Ereignis!

Zweifellos war dieser Tag der Höhepunkt einer großen Liebe. Meine Güte, was hatte sie für einen Umweg genommen! Vielleicht fühlte sich jetzt aber gerade deshalb alles so richtig und vollkommen an …

Während sie in Gedanken durch ihr Schlafzimmer wanderte, in das die ersten Sonnenstrahlen nun helle Streifen warfen, entdeckte sie einen Umschlag, der unter der Tür hindurchgeschoben worden war. Ein letzter Liebesbrief ihres Verlobten? Belustigt bückte sie sich nach dem Kuvert.

Die klare, wenn auch etwas schnörkelige Schrift, in der ihr Name darauf geschrieben stand, erkannte sie sofort. Und im selben Moment raubte ihr die Sorge den Atem, dass ihr Yves mitteilen würde, er könne nicht zu ihrer Feier kommen. Wie könnte sie ohne ihren Trauzeugen vor den Standesbeamten treten?

Zögernd blieb sie vor der Tür stehen, schlug den noch verschlossenen Brief auf den anderen Handrücken. Das raschelnde Geräusch machte sie nervöser, als sie mit einem Mal ohnehin war. Schließlich machte sie die wenigen Schritte zum Fenster, wo der Morgen über der Seine begann. Im Schein der aufgehenden Sonne riss sie den Umschlag auf, doch dann verlor sie wieder den Mut und wartete zwei oder drei Atemzüge, bis sie das Schreiben herauszog, das Papier auseinanderfaltete und zu lesen begann.

Loulou de la Falaise, in einem Wort: Loulou.
Du göttliche und glamouröse Loulou. In dieser Welt der
Mode bist Du der Star. Ich fühle mich unendlich glücklich,
Dich in all den Jahren an meiner Seite gewusst zu haben.
Es gab keinen einzigen Tag, an dem Du mein Leben
nicht mit einem Wunder erfüllt hast. Deine Unterstüt-
zung bleibt für mich unverzichtbar, wenn ich mich ab
sofort nur noch auf die Haute Couture konzentriere. Ich
übergebe Dir ab heute die alleinige Verantwortung als
Designerin für die Rive-Gauche-Kollektion …

Sie schnappte nach Luft. Das war keine Absage, sondern ein Geschenk! Das größte, das Yves Saint Laurent ihr machen konnte.

Loulou war angekommen. Ihre Arbeit war beständig gewesen,

böse Zungen behaupteten, das Haus YSL könne ohne sie nicht existieren, aber das stimmte nicht, denn da waren ja noch Anne-Marie Muñoz, Clara und all die anderen Mitarbeiterinnen und Mitarbeiter, die das Atelier und die Verwaltung jeden Tag aufs Neue am Laufen hielten, an oberster Position natürlich Pierre. Ab heute aber war sie nicht mehr die ständige berufliche Begleiterin von Yves, sondern eine Modeschöpferin mit einer eigenen Prêt-à-porter-Linie, der wahrscheinlich berühmtesten der Welt! Nun befand sie sich endlich auf Augenhöhe mit den Männern und Frauen, die sie schon lange vor jenem Herbst vor fünf Jahren aus ganzem Herzen bewundert hatte.

Ja, sie war angekommen in Paris, der Stadt, in der sie niemals hatte leben wollen, in einer Sprache, die sie lange Zeit mit dem Vokabular einer Fünfzehnjährigen gesprochen hatte. Inzwischen war ihr Französisch perfekt, und sie fand manchmal sogar ein englisches Wort nicht mehr, wenn sie es brauchte. Eigentlich hatte ihr Leben schon vor langer Zeit eine entscheidende Richtung genommen, doch heute begann es völlig neu.

Sie lächelte in sich hinein. Noch nie war sie so glücklich gewesen wie in diesem Moment. Wenn sie zurückdachte, hätte sie sich vielleicht den Umweg über Ricardo sparen können. Alle ihre Freunde sagten, sie hätten schon immer gewusst, dass Thadée sie wollte – und sonst nichts und niemanden. Nun, ihr waren seine Gefühle lange verborgen geblieben. Und Clara vermutlich auch. Zumindest hatten sie beide die Augen vor der Urgewalt verschlossen, die auf Loulou und Thadée zurollte.

Deshalb hatte sie seinem Kuss im Zitronengarten von Dar el Hanch keine Bedeutung beigemessen. Sie hatte ihn nicht vergessen können, natürlich nicht, aber sie hatte die Erinnerung daran unterdrückt, als sie Thadée wiedersah. Der Unterschied zu der Zeit davor bestand darin, dass sie die Beziehung zwischen Clara und Thadée genauer studierte und bemerkte, dass die beiden sich auseinandergelebt hatten. Schließlich gab sie seinem Werben nach – und stellte fest, dass Thadée Klossowski de Rola der einzig Richtige für sie war.

Sie ging zurück zu ihrem Toilettentisch, den Brief von Yves schob sie in die oberste Schublade. Dann steckte sie sich eine Zigarette an. Ruhig nahm sie den ersten Zug, inhalierte und blies den Rauch aus. Dabei ließ sie ihren Blick in unbestimmte Fernen schweifen. Wahrscheinlich würde ihre Wohnung gleich zum Leben erwachen, das Telefon klingeln, Blumenlieferungen würden eintreffen, dienstbare Geister herumschwirren. Dann würde Yves erscheinen und persönlich Hand anlegen, um ihr seine Kreation auf dem Leib anzupassen …

Ein wundervoller Tag begann.

NACHWORT

… und so ging es weiter mit den wichtigsten Personen meiner Geschichte:

LOULOU DE LA FALAISE (1947–2011) und **THADÉE KLOSSOWSKI DE ROLA** (*1946) führten eine ausgesprochen glückliche Ehe, die 1986 von der Geburt einer Tochter gekrönt wurde. Anna Klossowski de Rola erzählte einmal, ihre Freunde wunderten sich stets, dass ihre Eltern sich ständig berührten, wenn nicht mit ihren Händen, dann mit ihren Blicken, sie konnten nicht voneinander lassen. Annas Taufpate war übrigens Yves Saint Laurent. Für den Modeschöpfer und Freund arbeitete Loulou bis zu seinem Rückzug aus dem Haute-Couture-Haus im Jahr 2002, danach entwarf sie eine eigene Schmucklinie sowie Homeaccessoires wie Vasen und Dosen. Sie und Thadée waren zu dieser Zeit die ungekrönten Könige der Pariser Hautevolee. Auf ihren eigenen Wunsch hin sollte ihre Todesursache geheim bleiben, laut mehreren Medienberichten starb Loulou de la Falaise an Lungenkrebs.

YVES SAINT LAURENT (1936–2008) wurde noch zu Lebzeiten eine Legende und zählt neben Coco Chanel und Christian Dior zu den größten französischen Modeschöpfern des 20. Jahrhunderts. In den Siebzigerjahren fiel er durch seinen Drogenmissbrauch auf, Überforderung, Angstzustände und Depressionen führten anschließend immer häufiger zu Nervenzusammenbrüchen. Drei Jahre nachdem die Marke YSL 1999 von Gucci übernommen worden war, zog er sich aus dem Modegeschäft und von seinen gesellschaftlichen Verpflichtungen zurück. Er begann Gedichte zu schreiben. 2007 wurde bei ihm ein bösartiger Hirntumor diagnostiziert, der zu seinem Tod führte. Kurz zuvor heirateten er und Pierre Bergé. Nach einer großen Trauerfeier in Paris, die an die Beerdigung von Coco Chanel erinnerte, wurde seine Asche im Rosengarten seiner Villa Majorelle in Marrakesch verstreut. Dort befindet sich heute ein Yves Saint Laurent gewidmetes Museum.

PIERRE BERGÉ (1930–2017) verkaufte etwa ein halbes Jahr nach Yves Saint Laurents Tod die gemeinsame Kunstsammlung und zog aus der Wohnung in der Rue Babylone aus. Der Erlös ging zu fünfzig Prozent an Projekte der Aids-Forschung, die andere Hälfte soll in einer Stiftung das Lebenswerk von Yves Saint Laurent konservieren. In der Avenue Marceau 5 in Paris befindet sich ein Museum mit den Zeichnungen und Modellen. Hier war nach dem Umzug aus dem Hôtel Forain das Atelier von YSL untergebracht. Pierre Bergé setzte sich in seinem späteren Leben vehement für die Rechte von Homosexuellen in Frankreich ein, tat sehr viel als Mäzen für Kunst und Kultur und kaufte die wirtschaftlich angeschlagene Zeitung *Le Monde*.

DESMOND FITZGERALD, KNIGHT OF GLIN, (1937–2011) arbeitete nach seiner Zeit am Victoria and Albert Museum in London lange als Repräsentant des Auktionshauses Christie's in Irland. Seine Versuche, Glin Castle zu verkaufen, scheiterten immer wieder. Auch nach seinem Tod gelang es den Erbinnen nicht, sich von dem Anwesen zu trennen. Seine Tochter **CATHERINE** (*1971) wurde Gartenarchitektin und betreibt heute in dem Schloss ein Hotel, sie ist mit dem Schauspieler **DOMINIC WEST** (*1969) verheiratet.

MAXIME DE LA FALAISE (1922–2009) blieb vor allem **ANDY WARHOL** (1928–1987) eng verbunden und galt bis zu seinem Tod als Mutter seiner Factory. Sie schrieb mehrere Kochbücher und wurde mit ihrer Kochkolumne in der amerikanischen *Vogue* nach ihrer Modelkarriere noch einmal berühmt. Sie soll Affären mit dem Maler Max Ernst und dem Regisseur Louis Malle gehabt haben, nachdem ihre Ehe mit **JOHN MCKENDRY** (1933–1975) in eine Katastrophe gemündet war. Ihre Enkelin **LUCIE DE LA FALAISE** (*1973), die Nichte von Loulou, war ein bekanntes Model. Sie ist mit **MARLON RICHARDS** (*1969) verheiratet, dem Sohn von **KEITH RICHARDS** (*1943) und **ANITA PALLENBERG** (1942–2017).

JOHN PAUL GETTY II. (1932–2003) kehrte niemals nach Italien zurück; die Umstände, die zum Tod seiner zweiten Frau **TALITHA POL** führten, blieben für immer sein Geheimnis. 1994 heiratete er das englische Fotomodell Victoria Holdsworth, mit der er keine Kinder mehr hatte. Er spendete insgesamt einhundertdreiundachtzig Millionen Dollar für wohltätige Zwecke und baute in Wormsley Park in England eine beeindruckende Bibliothek auf. Auf Veranlassung seines Freundes **CHRISTOPHER GIBBS** (1938–2018) spendete er noch einmal fünfzig Millionen Dollar an die National Gallery in London. Talithas und sein Sohn **TARA GETTY** engagiert sich von Südafrika aus in der Organisation »Art for Afrika«, deren Mitbegründer er ist.

KARL LAGERFELD (1933–2019) wurde spätestens 1983 weltberühmt, als er seinen Job als Kreativdirektor des Hauses Chanel antrat. Als Allroundkünstler stieg er im Lauf der Jahre zum

Modezar auf und wurde die wahrscheinlich letzte lebende Legende der Pariser Modeszene, verbarg dabei aber niemals seine deutschen Wurzeln. Seinem Lebensgefährten **JACQUES DE BASCHER** (1951–1989) hielt er bis zu dessen Aids-Tod sechzehn Jahre lang die Treue; er setzte dem Gefährten sogar 1998 mit dem Duft »Jako« ein Denkmal. Daran änderte auch die Tatsache nichts, dass Jacques im Jahre 1973 alles versuchte, um Yves Saint Laurent zu verführen. Der junge Mann wurde Yves' große Liebe und gleichzeitig sein Verderben, führte er ihn doch in die Drogen- und Stricherszene ein. Die Beziehung endete nach vier Jahren, einem Machtwort und mittels einer Geldzahlung von Pierre Bergé – die Freundschaft von Yves und Karl war nunmehr auch für immer vorbei.

FERNANDO SÁNCHEZ (1935–2006) entwarf Bühnenoutfits für Madonna und Cher, die seine alltagstauglichen Dessous in den Achtziger- und Neunzigerjahren besonders bekannt machten. Inzwischen lebte er fast ausschließlich in New York, blieb aber Yves Saint Laurent eng verbunden. Als Pierre und Yves 1980 die Villa Majorelle in Marrakesch kauften, übernahm er Dar el Hanch. Er starb an einer Gehirnhautentzündung, mit der er sich durch den Stich eines marokkanischen Sandflohs infiziert hatte.

RUDOLF NUREJEW (1928–1993) gilt als größter Balletttänzer des 20. Jahrhunderts, 1983 wurde er Direktor des Pariser Opernballetts, eine Funktion, in der er vor allem junge Talente förderte. Zu diesem Zeitpunkt hatte er sich wahrscheinlich schon mit HIV infiziert. Er war bisexuell und liebte außer Talitha Getty wohl auch für eine kurze Zeit Lee Radziwill, die Schwester von Jacqueline Kennedy Onassis. Er starb nach langer schwerer Krankheit an Aids.

CLARA SAINT (*1942) wuchs als Tochter eines wohlhabenden chilenischen Künstlers in Paris auf. Sie war die Verlobte von Vincent Malraux, dem Sohn des französischen Kultusministers André Malraux, der 1961 bei einem Autounfall tödlich verunglückte. Von Thadées bevorstehender Hochzeit mit Loulou de la Falaise soll sie aus der Zeitung erfahren haben. Dennoch arbeitete sie weiter für Rive Gauche. Der breiten Öffentlichkeit wurde ihre Rolle bei der Flucht Rudolf Nurejews durch den Film »The White Crow« bekannt, der 2019 in die deutschen Kinos kam. Sie stand Regisseur Ralph Fiennes als Beraterin zur Seite.

MICK JAGGER (*1943) gründete 1962 zusammen mit seinem Jugendfreund **KEITH RICHARDS** (*1943) und dem Ausnahmemusiker **BRIAN JONES** (1942–1969) die Rolling Stones, eine der erfolgreichsten und bekanntesten Bands aller Zeiten. In den Sechzigerjahren wurde er zum Vorbild einer ganzen Generation. Er war zweimal verheiratet und wurde im Lauf der Zeit Vater von acht Kindern. 2003 wurde er vom damaligen Prinz Charles für seine »Verdienste um die populäre Musik« zum Ritter geschlagen.

ANDY WARHOL (1928–1987) war der wohl bedeutendste Künstler der amerikanischen Pop-Art-Szene, seine Siebdrucke sind bis heute weltberühmt und beliebte Sammlerstücke. Mit Yves Saint Laurent verband ihn eine lange Freundschaft, die auf einer Seelenverwandtschaft beruhte. Er starb unter bis heute ungeklärten Umständen an Komplikationen bei einer Gallenblasenoperation, sein Nachlass wird von einer Stiftung verwaltet.

DONALD CAMMELL (1934–1996) drehte 1970 den Film *Performance*, der heute zu den fünfhundert besten Spielfilmen aller Zeiten gezählt wird. Danach war er vor allem als Autor tätig, entwarf etwa mit seinem Freund Marlon Brando Drehbücher.

1978 heiratete er in Amerika die blutjunge **CHINA KONG** (*1960), mit der er eine Affäre begann, als sie erst vierzehn Jahre alt war.

SUKI POTIER (1947–1981) verliebte sich nach ihrer Beziehung mit Brian Jones in den ältesten Sohn des chinesischen Multimilliardärs Stanley Ho aus Hongkong, Robert Ho. Sie heirateten und bekamen zwei Kinder. Bei einem Autounfall im Urlaub in Portugal kamen Suki und Robert ums Leben.

MARISA BERENSON (*1947) machte nach ihrer Modelkarriere als Filmschauspielerin von sich reden, wurde für den Golden Globe nominiert und engagierte sich in verschiedenen Organisationen für Schauspieler und zur Erhaltung von Theaterbühnen. Sie lebt heute in Marrakesch.

BERINTHIA »BERRY« BERENSON (1948–2001) wurde in Hollywood auch als Schauspielerin bekannt, spielte etwa an der Seite ihres Ehemannes Anthony Perkins (1932–1992), mit dem sie zwei Söhne hatte. Sie befand sich am 11.9.2001 auf dem Flug von New York nach Los Angeles an Bord der American-Airlines-Maschine, die in den Nordturm des World Trade Centers gesteuert wurde.

PALOMA PICASSO (*1949) entwarf als Designerin Schmuck für Yves Saint Laurent und wurde ab 1980 mit ihren Entwürfen für Tiffany's weltberühmt. Sie war in erster Ehe mit einem argentinischen Geschäftsmann verheiratet, in zweiter mit einem französischen Arzt. Heute lebt sie in Lausanne in der Schweiz.

BETTY CATROUX (*1945) hat niemals als Model oder in einer anderen Funktion für Yves Saint Laurent gearbeitet, sie war immer seine Muse und beste Freundin. Als der amerikanische Modeschöpfer Tom Ford Kreativdirektor bei YSL wurde, ersuchte er ausdrücklich um ihren Rat. Mit ihrem 2020 verstorbenen Mann, dem Innenarchitekten François Catroux, hat sie zwei Töchter. Sie lebt zurückgezogen auf ihrem Anwesen in der Provence.

JOE EULA (1925–2004) war einer der gefragtesten Modezeichner seiner Zeit. Zudem entwarf er die Bühnenbilder und Kostüme für eine Reihe von Broadway-Aufführungen, für die er auch vielfach ausgezeichnet wurde. Später arbeitete er als Kreativdirektor bei Halston. Seiner Heimatstadt New York blieb er bis zu seinem Tod treu.

RAYMOND »OSSIE« CLARK (1942–1996) gilt als eine der führenden Personen des Swinging London, seine Mode galt als »magisch«. Seine Ehefrau, die Designerin Celia Birtwell (*1941), fand seine Entwürfe genialer als die von Yves Saint Laurent. Ossie Clark wurde von seinem Liebhaber Diego Cogolato erstochen. Der Italiener wurde wegen Totschlags zu sechs Jahren Gefängnis verurteilt.

CAMILLA SHAND (*1947) nahm an der Hochzeit von Loulou de la Falaise und Desmond FitzGerald noch als Single teil, vier Jahre später begegnete sie der großen Liebe ihres Lebens. Doch da die Beziehung zu Prinz Charles von England wenig aussichtsreich schien, heiratete sie Andrew Parker Bowles, mit dem sie zwei Kinder bekam. Nach dem Wiedersehen mit Charles 1979/80 und einer Wiederbelebung ihrer Beziehung ließ sie sich 1995 scheiden. Seit 2005 sind Camilla und Charles verheiratet, heute ist sie an seiner Seite Königin von England.

*

Als mir der Verlag vorschlug, über Yves Saint Laurent zu schreiben, lehnte ich zunächst ab, weil ich der Meinung war, mich nicht in diesen genialen, sensiblen Mann hineinversetzen zu können. Dann recherchierte ich ein bisschen über die Frauen in seinem Leben und blieb bei Loulou de la Falaise hängen, dieser zarten Person, einem Sinnbild für Talent, Disziplin, Energie und Durchsetzungsvermögen. Sie war über dreißig Jahre ihres Lebens für Yves Saint Laurent da, als Freundin ebenso wie als Assistentin und Designerin. Yves sagte einmal über sie: »Es vergeht kein Tag, an dem sie mich nicht mit Staunen erfüllt.« Und so war ihre Zusammenarbeit voller Magie, ihre Freundschaft geprägt von Zuwendung und Loyalität. In der Fernsehdokumentation *L'Amour fou* spricht Pierre Bergé sogar von einer großen Liebe Yves Saint Laurents zu Loulou de la Falaise. Umso erstaunlicher ist, dass Loulou in den beiden Spielfilmen über Yves Saint Laurent kaum und mehr oder weniger nur als Drogendealerin von Yves auftaucht, die von Pierre Bergé gehasst wurde. Tatsächlich scheint er sie sehr gemocht zu haben, jedenfalls berichten das Zeitzeugen.

Obwohl ich mich bemüht habe, die gemeinsame Geschichte von Loulou und Yves so authentisch wie möglich zu erzählen, ist dies doch ein Roman. Es ist kein Sachbuch und keine Biografie, sondern Belletristik, die sich an wahren Begebenheiten orientiert. Deshalb war es mir aus dramaturgischen Gründen nicht immer möglich, den tatsächlichen Zeitablauf einzuhalten, und natürlich musste ich mich auf Überlieferungen, Interviews und Zitate von Zeitzeugen und Weggefährten beziehungsweise von Loulou de la Falaise und Yves Saint Laurent selbst verlassen; die meisten Gedanken und Monologe meiner Hauptfiguren habe ich der mir vorliegenden Basisliteratur entnommen – und bei manchen Unstimmigkeiten vertraute ich meiner Fantasie.

Die war bei dem vorliegenden Thema allerdings kein Problem. Meine wunderschöne Mutter arbeitete als junge Frau als

Mannequin, Mode war ihr ganz großes Thema. Sie galt zu einer gewissen Zeit als bestangezogene Frau in Hamburg, und ich bilde mir ein, als kleines Mädchen mehr Zeit in dem Atelier des Modeschöpfers Claus Leddin bei Anproben als in meinem Kinderzimmer verbracht zu haben (objektiv ist das natürlich nicht richtig). Claus Leddin hat übrigens später Stoffe für das Modehaus Chanel entworfen. Als Studentin habe ich auf der damals wichtigen Modewoche in München selbst als Mannequin gearbeitet, als Reporterin führte ich wunderbare Interviews mit Karl Lagerfeld, ich hatte einen väterlichen Freund, der mit der Pariser Modeszene vertraut und vor allem mit Christian Dior und Karl Lagerfeld verbunden war, und meine älteste, beste Freundin unterrichtete lange an der Meisterschule für Mode in München. Die Avenue Montaigne mit ihren großen Modehäusern ist eines meiner Lieblingsziele in Paris, natürlich stöberte ich früher gerne in den Rive-Gauche-Boutiquen, konnte mir aber niemals mehr als eine Seidenbluse oder ein Tuch leisten. Übrigens habe ich Rudolf Nurejew noch auf der Bühne erlebt, ich bin ihm sogar kurz begegnet, als ich Gast seiner Nachbarn am Quai Voltaire in Paris war, das war die Familie Fuchs, die Erben des Hauses Nina Ricci.

Mit Begeisterung habe ich über das Swinging London recherchiert, ließ mich von der Musik der Beatles und der Rolling Stones, aber vor allem von Maria Callas und Édith Piaf bei meiner Arbeit an diesem Buch begleiten. Ich war – und bin noch immer – begeistert von Loulou de la Falaise und Yves Saint Laurent und hoffe, dass ich wenigstens einen Teil dieser Bewunderung auf den vorliegenden Seiten zum Ausdruck bringen konnte.

Abschließend möchte ich mich bei ein paar Menschen bedanken, ohne die es diesen Roman nicht geben würde: Da sind meine Agentin Petra Hermanns, aber auch mein Verleger Jürgen Welte und vor allem meine Lektorin Monika Buchmeier sowie meine bewährte Außenredakteurin Marion Voigt. Ein ganz großes Dankeschön schicke ich deshalb in fast alle Himmelsrichtungen.

Das gilt auch für meine Freundinnen und Freunde, die mich auf die eine oder andere Weise mit Rat und Hilfe unterstützten. Und ich danke meiner Familie für die Geduld und Zuwendung, für Übersetzungen aus dem Französischen und Englischen, weil die jeweiligen Originaltexte manchmal zu einem Durcheinander in meinem Kopf führten, und für das eine oder andere Glas Wein nach einem langen Arbeitsprozess. Danke an alle!

Nun bleibt mir nur noch zu hoffen, dass ich Sie, liebe Leserin und lieber Leser, gut unterhalten konnte.

MICHELLE MARLY